Workbook/Laboratory Manual
Part 2

to accompany

Débuts

Workbook/Laboratory Manual
Part 2

to accompany

Débuts

An Introduction to French
THIRD EDITION

H. Jay Siskin
Cabrillo College

Ann Williams
Metropolitan State College, Denver

Elise C. Leahy, Jr.
Southern Utah University

Brian Arganbright
Transylvania University

Boston   Burr Ridge, IL   Dubuque, IA   New York   San Francisco   St. Louis
Bangkok   Bogotá   Caracas   Kuala Lumpur   Lisbon   London   Madrid   Mexico City
Milan   Montreal   New Delhi   Santiago   Seoul   Singapore   Sydney   Taipei   Toronto

Higher Education

Published by McGraw-Hill, an imprint of The McGraw-Hill Companies, Inc., 1221 Avenue of the Americas, New York, NY 10020. Copyright © 2010 by The McGraw-Hill Companies, Inc. All rights reserved. No part of this publication may be reproduced or distributed in any form or by any means, or stored in a database or retrieval system, without the prior written consent of The McGraw-Hill Companies, Inc., including, but not limited to, in any network or other electronic storage or transmission, or broadcast for distance learning.

This book is printed on acid-free paper.

1 2 3 4 5 6 7 8 9 0 QPD/QPD 0 9

ISBN: 978-0-07-727291-3 (Volume 1)
MHID: 0-07-727291-9
ISBN: 978-0-07-730558-1 (Volume 2)
MHID: 0-07-730558-2
ISBN: 9-78-0-07-727290-6 (Audioscript)
MHID: 0-07-727290-0

Editor-in-chief: *Michael Ryan*
Editorial director: *William R. Glass*
Sponsoring editor: *Katherine Crouch*
Marketing manager: *Jorge Arbujas*
Developmental editors: *Connie Anderson and Sylvie L. Waskiewicz*
Production editor: *Christina Gimlin*
Production service: *The Left Coast Group, Inc.*
Production supervisor: *Louis Swaim*
Composition: *10/12 Palatino by Eisner/Martin Typographics*
Printing: *50# Skyland Offset, Quebecor Dubuque*

Grateful acknowledgment is made for use of the following:
Page 70 Bibliothèque de l'Institut du monde arabe; **104** *Agrest Ariège,* no. 14 juin 2001, Service de Statistique Agricole, France; **121** Office de Tourisme, Toulouse; **137** "Occupation et Résistance: 1940–1944" from *L'Histoire de France,* p. 111 by G. Labrune and Ph. Tourain, © NATHAN, 1986.

www.mhhe.com

Table des matières

To the Student

Welcome to Part 2 of the *Workbook/Laboratory Manual* that accompanies **Débuts: An Introduction to French, Third Edition**. Each chapter of the *Workbook/Laboratory Manual* is based on the corresponding chapter of the textbook, so that you may practice and review on your own what you are learning in class.

To get the most out of the *Workbook/Laboratory Manual*, you should work on the exercises *after* your instructor covers the corresponding material in class.

INTEGRATED AUDIO AND WRITTEN ACTIVITIES

Because your different senses and skills (listening, speaking, reading, and writing) reinforce one another, the *Workbook/Laboratory Manual* includes exercises that strengthen and integrate all four skills. Audio activities are interspersed with those having only printed cues. Special sections focusing on pronunciation, written composition, and culture are also included.

Listening and pronunciation activities, which may have either written or oral responses, are coordinated with the Audio Program. You will need the *Workbook/Laboratory Manual* much of the time when you listen to the recordings, because many of the exercises are based on visuals and written cues.

Audio activities are marked with a headphone symbol. Take the time to listen to the Audio Program activities more than once: They will help you learn French more quickly.

You can access the Audio Program online at the *Débuts* website (**www.mhhe.com/debuts3**). If you wish, you can purchase your own copy of the Audio Program on CD at your campus bookstore, or by calling 1–800–338–3987 and asking for item number 0–07–730559–0 (Student Audio CD Program Part 2).

Written activities include a variety of multiple choice, matching, fill-in, and open-ended questions that give you a chance to practice your vocabulary, grammar, and reading and writing skills. Many include drawings that will help you know how to respond. The composition activities, called **À écrire**, are marked with a pencil symbol.

ORGANIZATION

The structure of the **Épilogue**, at the end of the *Workbook/Laboratory Manual Part 2*, parallels that of the textbook chapter but includes an additional section titled **À écrire** (see the description of this section within the bulleted list). **Chapitres 12–22** are organized as follows:

- **Vocabulaire en contexte** allows you to practice the thematic vocabulary of each chapter. This section, like the one in the textbook, is divided into subsections that focus on specific topics.
- **À l'affiche** helps you to practice your reading and listening skills as you review the content of the video episode. Additional background stories on each of the main characters in the film are included, with accompanying comprehension exercises.
- **Prononciation et orthographe** (Chapitres 12–15) presents basic principles of French phonetics and spelling, through concise rules, tips, and exercises. You will learn to distinguish specific sounds when you hear them and to pronounce them yourself.
- **Structure** sections practice each grammar point presented in the corresponding section of the main text. For relevant grammar points, pronunciation and its implications for meaning are both presented and practiced.
- **Regards sur la culture** offers you additional reading material and exercises that expand on the cultural readings in the main text.
- **À écrire** leads you through a systematic process for writing longer compositions, beginning with several planning steps and ending with self-editing.

Please note that **Chapitre 11** has been included in the **Appendices**, as well as in the Answer Key.

ANSWERS

Answers to most written exercises (including Audio Program exercises that have written responses not already provided in the audio) appear in the **Appendice** section at the back of this manual. No answers are provided for written exercises requiring personalized responses, nor for oral Audio Program exercises (because those responses are confirmed on the recording itself).

ACKNOWLEDGMENTS

The authors wish to express their deepest thanks to the people who have contributed to the publication of this *Workbook/Laboratory Manual*, especially to:

- David Lang, the screenwriter for the film *Le Chemin du retour*, who wrote background stories about the characters in the film to be used as the basis of the **À propos des personnages** activity in each **À l'affiche** section.
- Bill VanPatten, who provided the original idea for the **À propos des personnages** readings and exercises.

Finally, many others contributed to the editing and production of this edition of the *Workbook/Laboratory Manual* and their dedication, creative ideas, and hard work are greatly appreciated. In editorial, we would like to thank Connie Anderson, Susan Blatty, Katherine Crouch, Sylvie L. Waskiewicz, Nicole Dicop-Hineline, and our Editorial director, William R. Glass. We would like to extend our thanks to the production team including Christina Gimlin, Emma Ghiselli, Louis Swaim, Paula Martin, and The Left Coast Group.

Workbook/Laboratory Manual
Part 2

to accompany

Débuts

Chapitre  12

C'est à propos de Louise.

Vocabulaire en contexte

Les étapes de la vie

A. L'ordre des choses. Mettez ces étapes de la vie dans leur ordre naturel avec les nombres 1–6.

a. _____ l'adolescence   d. _____ l'âge adulte

b. _____ la naissance   e. _____ la mort

c. _____ l'enfance   f. _____ le troisième âge

B. Qui parle? Écoutez les personnes qui parlent, et écrivez à quelle étape de la vie elles en sont. *Attention:* Une des expressions n'est pas utilisée.

Vocabulaire utile: l'adolescence, l'enfance, la retraite, la mort, la vieillesse

1. Mme Fauvel: _____

2. Richard Mitterrand: _____

3. Olivia Bosqué: _____

4. François Leclerc: _____

C. Qui est-ce? Pour chaque personne, vous allez entendre un nom, une relation avec une autre personne et un âge. Décrivez la personne oralement avec un adjectif et un nom, selon le modèle. Puis écoutez pour vérifier votre réponse.

Adjectifs: jeune, petit(e), vieux (vieil, vieille)

Substantifs: femme, fille, garçon, homme

MODÈLE: Vous voyez: Bernard Restaud?
Vous entendez: Bernard Restaud, le frère de Catherine, a 13 ans.
Vous dites: C'est un jeune garçon.
Vous entendez: C'est un jeune garçon.

1. Catherine Restaud?
2. Georges Restaud?
3. Julie Camus?
4. Jean-Louis Camus?
5. Line Restaud?
6. Albert Restaud?

D. C'est quelle étape? Complétez chaque phrase avec un terme de la liste de vocabulaire. Mettez les verbes à la forme qui convient. Utilisez chaque expression une fois seulement.

Vocabulaire utile: l'adolescence, une adolescente, adulte, un bébé, divorcer, l'enfance, un enterrement, une étape, des événements joyeux, un mariage, la mort, sa naissance, pacsé, prendre sa retraite, une retraitée, du troisième âge

1. Traditionnellement, _____ était (*was*) nécessaire pour legaliser

   un couple, mais aujourd'hui un couple peut aussi être _____.

2. Une fille entre 12 et 18 ans est _____.

3. L'anniversaire d'une personne est la fête de _____.

4. Chantal ne veut plus travailler; elle va _____.

5. Quand un couple termine légalement un mariage, ils _____.

6. Quand on met un mort dans une tombe (*tomb*), c'est _____.

7. Un garçon ou une fille de moins de (*less than*) deux ans est

   _____.

8. La jeunesse est _____ de la vie; la vieillesse en est une autre.

9. Après 18 ans, on est légalement _____.

10. L'étape de la vie qui commence à 12 ans et va jusqu'à 18 ans est

    _____.

11. Nous adorons assister à des mariages parce que ce sont toujours

    _____.

12. La fin de la vie est _____.

13. Les premières années de la vie représentent _____.

14. Danielle a 62 ans. Elle ne travaille plus. C'est _____.

15. Les grands-parents sont souvent des personnes _____.

E. Et vous? À quelle étape de la vie en êtes-vous? Quels sont les avantages (*advantages*) et quelles sont les difficultés de cette étape? Écrivez un petit paragraphe pour expliquer (*explain*) votre perspective sur cette étape.

_____

_____

_____

_____

_____

_____

Les médias

A. **C'est quelle émission?** Écoutez ces extraits (*excerpts*) d'émissions de télévision. Décidez de quel type d'émission chaque extrait est tiré (*is taken*). *Attention:* Une des expressions n'est pas utilisée.

Vocabulaire utile: les actualités, un jeu, un magazine, une publicité, une sitcom, la téléréalité

1. On écoute _____.

2. On écoute _____.

3. On écoute _____.

4. On écoute _____.

5. On écoute _____.

B. **Qu'est-ce que c'est?** Nommez la rubrique du journal décrite par chacune de ces phrases. *Attention:* Pour chaque phrase, mettez l'article défini ou indéfini qui convient. Une des expressions n'est pas utilisée.

Rubriques: avis de décès, bande dessinée, carnet du jour, courrier des lecteurs, éditorial, gros titre, météo, mots croisés, publicité

1. «Il va faire beau, entre 18 et 19 degrés.» C'est _____.

2. «Le mariage de Christine de Sèze et Hugues Éberlé, demain à Fontainebleau.»

   C'est _____.

3. «Le Président défend ses ministres.» C'est _____.

4. «Catherine Péclat, avocate et mère de famille, est morte le 5 janvier.» Ce sont

   _____.

5. «Tout (*Everything*) pour la maison! Et pas cher!» C'est _____.

6. «Tu es un bon mec (*guy*), Charlie Brown!» C'est _____.

7. «J'écris aujourd'hui pour répondre à votre article injuste (*unjust*) du 16 avril.» C'est

   _____.

8. «2 Horizontal: ordre honorifique (10 lettres).» Ce sont _____.

C. **Identification.** Complétez les phrases avec les mots de vocabulaire qui conviennent. *Attention:* Mettez l'article indéfini s'il est nécessaire. Une des expressions n'est pas utilisée.

Vocabulaire utile: chaîne, gros titre, médias, rubriques, station, téléachat, à la une

1. On écoute _____ de radio et on regarde _____ de télévision.

2. La météo, le courrier des lecteurs et le carnet du jour sont _____ du journal.

3. La radio, le journal et la télévision sont trois _____.

4. Les plus grandes histoires ou les histoires les plus importantes se trouvent

   _____.

5. Quand on fait du _____, il est nécessaire de payer par carte de crédit ou par carte bancaire.

D. La télé et le journal. Répondez aux questions avec des phrases complètes. Pour chaque question, utilisez autant de (*as many*) termes de la liste de vocabulaire que possible. Vous pouvez utiliser un terme plus d'une fois (*more than once*).

Vocabulaire utile: les actualités, une bande dessinée, le carnet du jour, le courrier des lecteurs, un dessin animé, un documentaire, un éditorial, un feuilleton, un gros titre, les informations, la météo, les mots croisés, une série, une sitcom, la téléréalité

Le journal

1. Dans quelles rubriques du journal est-ce qu'on parle des actualités? _____

   _____

   _____

2. Si on a envie de s'amuser, quelles rubriques est-ce qu'on cherche? _____

   _____

   _____

3. Dans quelles rubriques du journal est-ce qu'on exprime (*express*) une opinion? _____

   _____

   _____

La télévision

4. Quelles sont les émissions sérieuses (*serious*) et informatives? _____

   _____

5. Quelles sont les émissions comiques? _____

   _____

6. Quels types d'émission sont pour les enfants? _____

   _____

7. Quels types d'émission sont pour les adultes? _____

   _____

8. Quels types d'émission sont pour la famille? _____

   _____

9. Dans quels types d'émission est-ce qu'il y a beaucoup de suspense? _____

   _____

10. Que veut dire «journal» dans le contexte de la télévision? _____

    _____

À l'affiche

A. C'est qui? Complétez chaque phrase avec le nom d'un personnage du film pour expliquer ce qui (*what*) se passe dans l'Épisode 12. Est-ce Alex, Antoine, Camille, Louise ou Mado?

Avant la mort de Louise

1. _____ va à Saint-Jean de Causse en 1943.

2. _____ adore la chanson «Mon amant de Saint-Jean».

3. _____ va faire un voyage dans les Cévennes avec Louise.

4. _____ veut discuter avec Louise de «cette histoire pendant la guerre».

Après la mort de Louise

5. _____ est dans la chambre de Louise quand elle meurt.

6. _____ annonce la mort de Louise à Camille.

7. _____ veut savoir (*to know*) qui a déchiré (*destroyed*) les photos d'Antoine.

B. À propos des personnages

Première étape. Devinez (*Guess*) l'histoire d'amour de Louise et Antoine, en mettant les phrases suivantes dans l'ordre chronologique.

_____ La guerre contre (*against*) l'Allemagne commence.

_____ Louise sort avec Antoine.

_____ Antoine demande Louise en mariage.

_____ Antoine et Louise comprennent qu'ils s'aiment.

_____ Samuel Lévy et sa femme aident le jeune couple Leclair.

_____ Le père d'Antoine meurt.

_____ Mado naît (*is born*).

 Deuxième étape. Écoutez l'histoire d'amour de Louise et Antoine dans le Paris des années 1930.

En 1937, Antoine Leclair a 19 ans. Il travaille pour son père dans un atelier d'ébénisterie.[1] Ils fabriquent[2] des meubles magnifiques avec trois autres ébénistes. Depuis quatre mois, Antoine et son ami Samuel Lévy partent ensemble après le travail. Ils vont à l'atelier de vêtements du père de Samuel. La femme de Samuel travaille dans cet atelier et il y a aussi une jeune femme, Louise, qu'Antoine admire beaucoup. Ils sortent souvent ensemble et ils vont parfois prendre un verre au café ou faire une promenade au Jardin du Luxembourg.

(*continued*)

Quelquefois, Louise et Antoine sortent seuls.[3] Louise adore parler et Antoine, un peu timide, aime l'écouter. Et il lui parle aussi.

Un beau jour, ils comprennent qu'ils s'aiment. Alors, en 1938, Antoine demande Louise en mariage et elle dit «oui». Les deux familles font connaissance et le père d'Antoine dit qu'il va donner l'atelier d'ébénisterie à Antoine. L'avenir[4] du jeune couple est assuré.

Ils se marient et prennent un petit appartement sur la place de la Contrescarpe (où Louise habite toujours). 1938 est une année heureuse pour Monsieur et Madame Antoine Leclair.

Mais un an après, le père d'Antoine meurt. Maintenant, Antoine est responsable de l'atelier. Et Louise aussi a une nouvelle responsabilité. Elle attend un enfant. Samuel Lévy et sa femme les aident énormément.[5]

C'est aussi en 1939 qu'un autre problème sérieux inquiète les deux couples. Hitler prend le pouvoir[6] en Allemagne et le gouvernement français ne fait rien.[7] Le premier septembre, Madeleine, fille d'Antoine et Louise Leclair, est née. Deux jours après, la France déclare la guerre à l'Allemagne. L'horreur commence.

[1]atelier... *cabinetmaker's workshop*   [2]*make*   [3]*alone*   [4]*future*   [5]*greatly*   [6]*power*   [7]ne... *does nothing*

Troisième étape. Maintenant, relisez (*reread*) vos réponses dans la première étape et corrigez-les, si nécessaire, en vous basant sur le texte précédent.

C.   Vous avez compris? Écoutez chaque question, et choisissez la bonne réponse en vous basant sur l'histoire d'Antoine et de Louise.

1.	s'aiment	se détestent
2.	pour l'oncle de Samuel	pour le père d'Antoine
3.	des meubles	des vêtements
4.	au café	au cinéma
5.	l'atelier	de l'argent
6.	une maison	un appartement

Prononciation et orthographe

La consonne /ʀ/

Unlike the English sound /r/, as in the word *rare*, the French /ʀ/ contains some friction, produced in the back of the mouth, behind where the consonant /g/ is pronounced. To pronounce the French /ʀ/, set your mouth in the same position you would to say /g/, then "gargle," vibrating your uvula, the loose flesh in the back of your throat. This should create a sound close to the sound /ʀ/. Listen and repeat.

cravate	gros titre	très
beurre	enterrement	guerre
rhinocéros	Rhône	rhume

Notice that this sound is spelled as **r**, **rr**, or **rh**.

A. Anglais ou français? Listen to the speaker and circle the word you hear. Is it English or French?

	ENGLISH	FRENCH		ENGLISH	FRENCH
1.	very	verre	7.	curry	curry
2.	super	super	8.	rubric	rubrique
3.	reporter	reporter	9.	more	mort
4.	retreat	retraite	10.	bizarre	bizarre
5.	arrive	arrive	11.	rhapsody	rhapsodie
6.	marriage	mariage	12.	rhubarb	rhubarbe

B. Répétez. Listen to each sentence and repeat it aloud. Pay special attention to the highlighted letters, which represent the sound /ʀ/. You will hear and repeat each sentence twice.

1. **R**obert voud**r**ait un ve**rr**e de vin **r**ouge.
2. M. T**r**affou**r** t**r**availle t**r**ès peu pa**r**ce qu'il a des **r**humatismes.
3. **R**icha**r**d et Béat**r**ice ont t**r**ois **g**randes **r**oses biza**rr**es dans leu**r** ja**r**din.
4. Un **g**rand nomb**r**e de personnes meu**r**ent en temps de **g**ue**rr**e.
5. **R**oland La**r**ouche so**r**t **r**a**r**ement le soi**r**.
6. J'ado**r**e mon a**rr**iè**r**e-**g**rand-pè**r**e (*great-grandfather*); il est fo**r**midable!

Structure 36

L'imparfait (I)

A. Prononciation. In spoken English, boundaries between words are clearer than they are in French. You have already seen that, in French, various types of linking (**liaison** and **enchaînement**), as well as the deletion of a vowel before another vowel (**élision**), tend to blur where one word ends and the next begins. Likewise, when two vowels occur in succession, the transition between sounds is more subtle in French. Thus, you must listen carefully to distinguish such nearly identical pairs as **j'ai été** and **j'étais**.*

Now listen to each sentence, and underline the places where two sequential vowel sounds seem to flow smoothly from one to the next. Then listen again, and repeat the sentence after the speaker.

1. Il l'a appris.
2. J'ai été au zoo.
3. Il a eu une fille.
4. J'ai eu un rhume.
5. Papa a appelé Anne.
6. On coopère toujours.
7. Elle va à Arles et à Orange.
8. J'ai été à Montréal et à Orléans.
9. J'ai encore des choses à apprendre.

---

*Verb endings can also help you distinguish the difference; for example, **été** ends with /e/ and **étais** ends with /ɛ/. In rapid speech, however, even the **imparfait** endings **-ais** and **-ait** may sound like /e/.

B. Grand-père! Lisez (*Read*) les phrases suivantes avant d'écouter un dialogue entre Jean, 17 ans, et son grand-père Guillaume. Jean pose des questions sur la jeunesse de son grand-père. Cochez (√) les questions et les réponses que vous entendez.

LES QUESTIONS DE JEAN

_____ Tu avais beaucoup de devoirs?

_____ Où habitais-tu?

_____ Vous aviez une voiture, n'est-ce pas?

_____ Tu aimais l'école?

LES RÉPONSES DU GRAND-PÈRE

_____ Je n'avais pas beaucoup de devoirs.

_____ Nous habitions à Montréal.

_____ Non, ils n'avaient pas de voiture.

_____ J'aimais beaucoup l'école.

C. La famille devant la télé. Complétez chaque paragraphe. Choisissez le verbe logique et conjuguez-le à l'imparfait.

Quand je (j') _____¹ jeune, je (j')

_____² les dessins animés à la télé. Ma

grand-mère _____³ chez nous et elle

_____⁴ les jeux télévisés.

adorer
être
habiter
préférer

    Mon frère _____⁵ à l'université et il

_____⁶ mieux les documentaires. Ma

sœur, qui est lycéenne, _____⁷ à la

politique et elle _____⁸ regarder les

actualités.

aimer
étudier
vouloir
s'intéresser

    Mes parents _____⁹ des emplois

difficiles et ils _____¹⁰ souvent fatigués.

Ils _____¹¹ les émissions amusantes. Ils

_____¹² se reposer un peu le soir.

avoir
préférer
vouloir
être

    Vous voulez savoir comment on _____¹³? Eh

bien, pour ne pas nous disputer, nous _____¹⁴

cinq télévisions!

avoir
décider

Structure 37

L'imparfait (II)

Narrating in the past

A. **Autrefois.** Transformez chaque phrase avec le nouveau sujet suggéré. Puis écoutez pour vérifier votre réponse.

> MODÈLE: Vous entendez: Elle travaillait chaque jour de sept heures à dix-sept heures.
> Vous voyez: nous
> Vous dites: Nous travaillions chaque jour de sept heures à dix-sept heures.
> Vous entendez: Nous travaillions chaque jour de sept heures à dix-sept heures.

1. je
2. elle
3. nous
4. vous
5. tu
6. mes tantes
7. je
8. Pierre et moi, nous
9. vous
10. tu

B. **Ah... Marseille!** Sonia Bouhazid n'aime pas Paris, mais elle adorait habiter à Marseille. Elle parle avec son mari de leur nouvelle vie. Écrivez les réponses possibles de Rachid, qui essaie d'être compréhensif (*understanding*). Utilisez l'imparfait et des phrases négatives ou affirmatives.

> MODÈLE: SONIA: Je n'aime pas beaucoup Paris. →
> RACHID: Et tu aimais beaucoup Marseille.

1. SONIA: Il fait gris et froid ici.

   RACHID: _____

2. SONIA: Il pleut beaucoup ici.

   RACHID: _____

3. SONIA: Il n'y a pas de plage (*beach*) à Paris.

   RACHID: _____

4. SONIA: Ma famille habite loin de nous.

   RACHID: _____

5. SONIA: Mes amies ne viennent pas me voir.

   RACHID: _____

6. SONIA: Nous ne sortons pas beaucoup.

   RACHID: _____

7. SONIA: Nous ne sommes pas très heureux à Paris.

   RACHID: _____

C. **Des interruptions.** Pour décrire des situations où il y a eu des interruptions, faites des phrases en mettant (*putting*) les verbes à l'imparfait ou au passé composé (p.c.).

> MODÈLE: je / faire une promenade (imparfait) / quand / il / commencer à (p.c.) / neiger →
> Je faisais une promenade quand il a commencé à neiger.

1. nous / voyager ensemble (imparfait) / au Canada / quand / ta mère / mourir (p.c.)

   _____

2. Luc et Simon / partager (imparfait) / un appartement / quand / Luc / tomber malade (p.c.)

   _____

3. Marc et Paméla / habiter (imparfait) / en Algérie / quand / leur fille / naître (p.c.)

   _____

4. vous / être (imparfait) / dans la salle à manger / quand / vos amis / arriver (p.c.)

   _____

5. je / prendre (imparfait) / le petit déjeuner / quand / mon frère / me téléphoner (p.c.)

   _____

6. les gens / discuter de (imparfait) / l'accident / quand / la police / arriver (p.c.)

   _____

D. **Les habitudes et les interruptions.** Mettez les verbes entre parenthèses à l'imparfait. Si le verbe qui est à l'imparfait décrit un acte habituel, écrivez *H* à la fin de la phrase. S'il décrit une action qui était en train de se dérouler (*ongoing*), mais qui a été interrompue (*interrupted*), écrivez *I* à la fin de la phrase. Faites attention aux termes qui indiquent une action habituelle ou répétée.

> MODÈLE: Dans son enfance, il (ne pas jouer) _____ souvent aux cartes. ___ →
> Dans son enfance, il *ne jouait pas* souvent aux cartes. *H*

1. D'habitude, il (ne pas finir) _____ ses devoirs à l'heure. ___

2. Le chien (obéir) _____ toujours à son maître. ___

3. Quand le téléphone a sonné, nous (dormir) _____. ___

4. Elle (regarder) _____ rarement les feuilletons à la télé. ___

5. Ils (tomber) _____ malades plus souvent en hiver. ___

6. Elle (descendre) _____ la montagne, quand, soudain, elle s'est évanouie (*fainted*). ___

7. D'habitude, elle (boire) _____ beaucoup d'eau, mais ce jour-là, elle a oublié d'en boire assez. ___

E. **À huit ans.** Voici des questions sur votre vie quand vous aviez 8 ans. Répondez aux questions avec des phrases complètes. Employez l'imparfait.

1. Où habitait votre famille quand vous aviez 8 ans? _____

   _____

2. Est-ce que votre famille partait souvent en vacances (*vacation*)? Où alliez-vous et que faisiez-vous? _____

    _____

    _____

3. Aimiez-vous l'école? Pourquoi ou pourquoi pas? _____

    _____

    _____

4. Quelles étaient vos activités préférées à huit ans? _____

    _____

    _____

5. Est-ce que vous regardiez beaucoup la télé? Quelles sortes d'émission aimiez-vous? Quelles

    sortes d'émission est-ce que vous ne regardiez jamais? _____

    _____

    _____

6. Qui étaient vos meilleur(e)s ami(e)s? Pourquoi les aimiez-vous? _____

    _____

    _____

Regards sur la culture

On se marie.

Dans *Le Chemin du retour*, Louise et Antoine étaient mariés. Leur cérémonie de mariage a sans doute été assez (*rather*) traditionnelle. Qu'est-ce qui caractérise un mariage traditionnel en France? Et un mariage moderne?

Mariage: moderne ou traditionnel. Regardez les trois faire-parts (*invitations*) de mariage à cette page et à la page suivante. Indiquez à quel faire-part chacune des phrases correspond: **a**, **b** ou **c**. Il y a parfois plus d'une (*more than one*) réponse possible.

1. _____ Le faire-part est très traditionnel.

2. _____ Le couple n'a pas de cérémonie à l'église (*church*).

3. _____ Les futurs mariés annoncent eux-mêmes (*themselves*) leur mariage.

4. _____ Nous connaissons l'adresse des futurs époux (*spouses*).

5. _____ Nous connaissons le nom de la personne qui va entendre le consentement (*vows*) des mariés.

6. _____ Les familles des deux futurs époux viennent du même village.

(continued)

a.

Stéphanie et Alain
vous annoncent leur mariage à la mairie
de Parigné-l'Évêque, le samedi 13 juin 2009

Madame Pierre Le Bot
Docteur et Mme Émile Le Bot
La Petite Poire Tapée
72250 Parigné-l'Évêque
Tel. 04 43 40 03 55

Madame Georges Lesegretain
Docteur et Mme Georges Lesegretain
Route de Change
72250 Parigné-l'Évêque
Tel. 04 43 75 90 11

b.

Madame Théophile Dupont
Monsieur et Madame Théodore Dupont
ont l'honneur de vous faire part du mariage
de Monsieur Stéphane Dupont, leur petit-fils et fils,
avec Mademoiselle Anne Leciel.

Monsieur Augustin Belhomme
Monsieur et Madame Auguste Leciel
ont l'honneur de vous faire part du mariage
de Mademoiselle Anne Leciel, leur petite-fille, fille
et belle-fille, avec Monsieur Stéphane Dupont.

Le consentement mutuel des époux sera reçu par l'Abbé Simon Pierre
au cours de l'Eucharistie qu'il célébrera en l'église Sainte-Croix de la Trinité,
le samedi 25 juillet 2009 à 11 heures 30.

Route du Paradis, 24
11834 La Colombe

Adresse des futurs époux:
Avenue Leclerc
82500 Castignac

Rue du Parc, 12
62490 Clairefontaine

c.

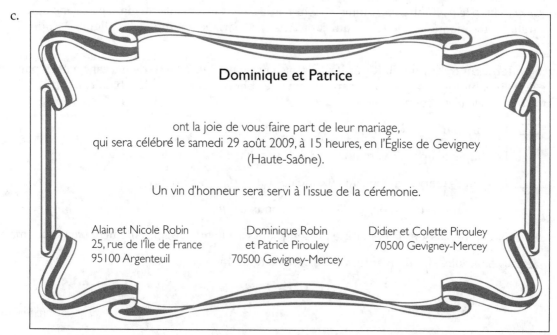

Dominique et Patrice

ont la joie de vous faire part de leur mariage,
qui sera célébré le samedi 29 août 2009, à 15 heures, en l'Église de Gevigney
(Haute-Saône).

Un vin d'honneur sera servi à l'issue de la cérémonie.

Alain et Nicole Robin
25, rue de l'Île de France
95100 Argenteuil

Dominique Robin
et Patrice Pirouley
70500 Gevigney-Mercey

Didier et Colette Pirouley
70500 Gevigney-Mercey

Structure 38

Les verbes *dire, lire* et *écrire*
Talking about everyday activities

A. **Prononciation.** The forms of the verbs **dire, lire**, and **écrire** are irregular. In each case, notice the following three facts about their pronunciation.

- The singular forms all sound the same. Because of this, you must pay attention to the pronoun, since it clarifies which person the speaker is talking about. Listen and repeat.

je dis	tu dis	il dit	elle dit	on dit
je lis	tu lis	il lit	elle lit	on lit
j'écris	tu écris	il écrit	elle écrit	on écrit

- You can differentiate between the singular **il/elle** forms and the plural **ils/elles** forms by listening for the final sound in the verb. The singular form ends with a vowel sound; the plural has a final consonant sound. Listen and repeat.

il dit	/di/	ils disent	/diz/
elle lit	/li/	elles lisent	/liz/
il écrit	/ekʀi/	ils écrivent	/ekʀiv/

- Finally, notice that the **vous** forms of **lire** and **écrire** use the common **-ez** ending on the plural stem. The **vous** form of **dire**, however, has both an irregular stem and an irregular ending. Listen and repeat.

	vous lisez
	vous écrivez
but:	vous dites

Now listen to each sentence, and repeat it aloud. Then circle the verb form you hear. Pay attention to both the pronoun and the verb. You will hear each sentence twice.

1. écrit   écrivent
2. lisent   lit
3. lis   lit
4. disent   dit
5. écrit   écrivent
6. disent   dit
7. lisent   lit
8. écris   écrit
9. dis   dit
10. lisent   lisez
11. écrivent   écrivons
12. disons   dites

B. Qu'est-ce qu'on fait? Refaites la phrase que vous entendez avec le nouveau sujet. Puis écoutez pour vérifier votre réponse.

> MODÈLE: Vous entendez: Elle dit la vérité.
> Vous voyez: nous
> Vous dites: Nous disons la vérité.
> Vous entendez: Nous disons la vérité.

1. vous
2. Robert et Marianne
3. je
4. tu
5. il
6. nous
7. vous
8. nous
9. vous
10. Julie et Catherine

C. On écrit, on lit. Complétez chaque phrase avec une forme de **lire, dire** ou **écrire**. *Attention:* Vous allez avoir besoin de neuf verbes au présent et de trois verbes à l'impératif.

1. Mireille ne _____ pas les sous-titres (*subtitles*) des films; elle écoute les acteurs.

2. Je veux acheter une voiture; alors, je _____ les petites annonces.

3. Les garçons _____ un mél (*e-mail message*) à leur grand-père chaque semaine. Mais lui, il leur _____ tous les jours (*every day*)!

4. Quand je vois un ami dans la rue, je _____ toujours «salut».

5. Tu _____ vingt livres dans ce cours ce semestre? C'est un cours difficile!

6. Pourquoi est-ce que vous _____ une liste quand vous allez au supermarché pour acheter deux choses?

7. Après les cours le vendredi, nous _____ «Bon week-end» aux professeurs.

8. Béatrice! _____-moi une carte postale quand tu arrives à Madrid!

9. _____ ce journal et vous allez comprendre les nouvelles.

10. «_____ oui, maman, s'il te plaît!» _____ la petite Anne.

D. Au passé. En utilisant le sujet que vous entendez, faites une phrase au passé composé. Puis écoutez pour vérifier votre réponse.

> MODÈLE: Vous lisez: dire vite «non» à la question
> Vous entendez: elle
> Vous dites: Elle a vite dit «non» à la question.
> Vous entendez: Elle a vite dit «non» à la question.

1. lire le journal au café
2. te dire ça?
3. écrire un article en français
4. décrire la vieille maison
5. me dire «je t'aime»
6. lire une seule page hier soir

E. La communication. Utilisez **lire**, **dire**, **écrire** ou **décrire** à l'imparfait pour compléter chaque phrase.

1. Ces trois journalistes _____ des articles intéressants qui sortaient tous les dimanches (*every Sunday*) dans *Le Monde*.

2. D'habitude nous _____ un livre et puis nous discutions de nos opinions pendant le dîner.

3. Quand mon prof d'espagnol au lycée _____ ses voyages en Espagne, j'avais toujours envie de voyager!

4. Tu ne _____ jamais la vérité quand tu étais petit, mais tes parents te croyaient toujours!

5. Quand nous voyagions en Espagne, nous _____ à nos amis en espagnol. Ils ne comprenaient pas!

6. Qu'est-ce que vous _____ dans le journal quand je suis entrée il y a un instant?

7. Autrefois, je ne _____ jamais à mes parents que je les aimais. Maintenant, c'est trop tard.

F. Vos habitudes. Utilisez des phrases complètes pour répondre aux questions.

1. Est-ce que vous lisez un journal regulièrement? Quelles rubriques lisez-vous? Qu'est-ce que vous ne lisez jamais? _____

   _____

   _____

2. Est-ce que vous lisiez d'autres rubriques quand vous étiez petit(e)? Expliquez. _____

   _____

   _____

3. Aimez-vous mieux regarder les informations à la télé, écouter les nouvelles à la radio ou lire un journal? Pourquoi? _____

   _____

4. Écrivez-vous souvent à votre famille ou à vos amis? À qui écrivez-vous souvent? Pourquoi? ____

   _____

5. Quand vous écrivez à vos amis ou à votre famille, quels sont vos sujets préférés? _____

   _____

6. À qui dites-vous franchement (*frankly*) tout ce qui se passe (*everything that happens*)? Que dites-vous à vos parents / à vos enfants? _____

   _____

À écrire

Les étapes de la vie

Vous allez écrire un paragraphe sur une étape de la vie que vous avez déjà vécue (*lived*) (enfance, adolescence, par exemple) et aussi sur votre vie actuelle.

Première étape. De quelle étape antérieure allez-vous parler? Comment étiez-vous à cette époque-là (*at that time*)? Faites une liste d'adjectifs qui caractérisent votre vie à ce moment-là.

_____

_____

_____

Deuxième étape. Quels étaient vos intérêts à cette époque-là? Quelles sortes d'activités aimiez-vous faire? Et maintenant? Complétez ce tableau pour préparer vos réponses.

	AUTREFOIS	MAINTENANT
intérêts et activités		

Troisième étape. Maintenant, écrivez un paragraphe de 7 à 10 phrases. D'abord, décrivez comment vous étiez et ce que vous aimiez faire à cette époque du passé. Ensuite, parlez de vous et des choses qui (*that*) vous intéressent aujourd'hui. Expliquez les changements entre ces deux étapes de votre vie, si possible.

MODÈLE: Quand j'avais 16 ans, j'étais très timide. J'avais peur de parler aux autres. Maintenant, je suis sociable; j'aime rencontrer des gens (*people*) et sortir avec mes amis. Comment expliquer ce changement? Eh bien, je me suis rendu compte que...

_____

_____

_____

_____

_____

_____

_____

_____

_____

_____

Quatrième étape. Maintenant, relisez votre paragraphe et corrigez les fautes d'orthographe, de ponctuation, de grammaire et de vocabulaire, s'il y en a. Faites particulièrement attention aux accords sujet-verbe et substantif-adjectif, ainsi qu'aux temps des verbes (*as well as to the verb tenses*).

Chapitre 13

Documents

Vocabulaire en contexte

Comment communiquer?

A. Qu'est-ce que c'est? Regardez le dessin et répondez à la question. Choisissez **oui** ou **non**. Si la réponse est négative, identifiez correctement ce que (*what*) vous voyez sur le dessin. Puis écoutez pour vérifier votre réponse.

> MODÈLE: Vous voyez:
>
>
>
> Vous entendez: C'est un timbre?
> Vous dites: Non, ce n'est pas un timbre. C'est une lettre.
> Vous choisissez: (non)
> Vous entendez: Non, ce n'est pas un timbre. C'est une lettre.

1. oui / non

2. oui / non

3. oui / non

4. oui / non

6. oui / non

6. oui / non

B. **Le téléphone et Internet.** Choisissez le mot ou l'expression qui correspond à chaque définition.

1. _____ un message électronique

2. _____ le site Web d'une personne

3. _____ une personne qui aime surfer sur le Web

4. _____ une personne qui a peur de la technologie

5. _____ la première page d'un site Web

a. un mél
b. la page d'accueil
c. un(e) internaute
d. une page perso
e. un(e) technophobe

C. **La technologie de la communication.** Complétez les phrases suivantes. Conjuguez les verbes, faites l'accord des adjectifs et ajoutez des articles, si c'est nécessaire.

Vocabulaire utile: bavard(e), boîte aux lettres électronique, cliquer, composer, courrier électronique, enveloppe, feuille de papier, gens, laisser, lettre, naviguer, remplacé, sembler, signet, site Web, timbre

1. Je trouve facilement (*easily*) mon site Web préféré parce que j'utilise _____.

2. Georges n'arrête pas de (*doesn't stop*) parler; c'est un homme _____.

3. Nous n'employons plus la poste; _____ va vite et est facile à employer.

4. On _____ sur un icone pour envoyer un mél.

5. Ma nièce est internaute; elle _____ sur le Web sept ou huit heures par jour!

    Son ordinateur _____ plus (*more*) important que le téléphone.

6. Un nouveau webmestre maintient _____ de notre société.

7. Hugues n'aime pas parler au répondeur (*answering machine*) alors il ne _____

    pas de message quand il téléphone à une personne qui n'est pas chez elle.

8. Pour moi, le courrier électronique n'a pas _____ la poste. J'achète toujours

    des _____, des _____ et des

    _____ pour écrire des _____.

9. Les technophobes sont des _____ qui ont peur de la technologie.

10. Après mes vacances, j'ai trouvé 53 méls dans ma _____

Pour discuter des études universitaires

A. **Des conversations de tous les jours.** Écoutez la question et choisissez la réponse logique. Ensuite, répétez la réponse. Finalement, écoutez pour vérifier votre réponse.

MODÈLE: Vous entendez: Tu as discuté de ta note avec le prof?
         Vous voyez: Je vais lui parler demain.   Je n'échoue jamais à mes examens.
         Vous choisissez: (Je vais lui parler demain.) Je n'échoue jamais à mes examens.
         Vous dites: Je vais lui parler demain.
         Vous entendez: Je vais lui parler demain.

1. Nous avons reçu nos diplômes aujourd'hui.   Nous avons échoué à l'examen aujourd'hui.

2. Oui, je les ai faits hier.   Oui, je l'ai préparée hier soir.

3. Je suis en première année.   En janvier 2009, j'espère.

4. Je ne sèche pas mes cours.   Je suis des cours de biologie et de physique.

5. En général, elles sont bonnes.   J'ai un cours de musique le lundi.

6. Oui, hier. C'était facile!   J'ai peur d'échouer.

7. Je passe trois examens demain.   Au mois de mai.

8. Oui, je suis en deuxième année.   Oui, je passe deux examens demain.

9. Je me spécialise en musique.   Non, mais je n'ai pas eu une bonne note.

B. Des conversations entre étudiants. Inventez des questions logiques qui correspondent aux réponses données. Employez la forme **tu**, les mots et les constructions indiqués entre parenthèses et une expression du vocabulaire utile.

Vocabulaire utile: échouer à un cours, faire des études, passer un examen, préparer la leçon, recevoir son diplôme, sécher des cours, suivre des cours

MODÈLE: QUESTION: (*intonation*, **aujourd'hui**)   *Tu passes un examen aujourd'hui?*
          RÉPONSE: Oui! C'est un examen de chimie et ça va être difficile.

1. QUESTION: (**quel**, inversion) _____

   RÉPONSE: Je suis trois cours de psychologie et un cours d'anglais.

2. QUESTION: (inversion, **souvent**) _____

   RÉPONSE: Non! J'assiste à tous mes cours, sauf quand je suis malade.

3. QUESTION: (**est-ce que**, **parfois**) _____

   RÉPONSE: Non! Jamais! J'étudie beaucoup et j'ai toujours de bonnes notes à la fin du semestre.

4. QUESTION: (**quand**, inversion) _____

   RÉPONSE: Dans un an. J'ai encore deux semestres de cours à suivre.

5. QUESTION: (**est-ce que**) _____

   RÉPONSE: Je l'ai déjà préparée. J'ai étudié pendant (*for*) trois heures ce matin.

C. Et vous? Répondez aux questions suivantes.

1. Avez-vous déjà choisi votre matière principale? Expliquez.

   _____

   _____

2. Est-ce que vous séchez vos cours de temps en temps? Pourquoi ou pourquoi pas?

   _____

   _____

À l'affiche

A. **Neuf petites scènes qui vont ensemble.** Dans cet épisode, l'intrigue (*the plot*) avance très vite. Pour la clarifier, choisissez un des titres suivants pour chaque petite scène.

Titres:

Antoine était-il un collaborateur?
Bruno parle d'Antoine le fantôme.
Avez-vous trouvé mon grand-père?
Bravo, Hélène!
Bruno, jaloux (*jealous*) de David?

Camille demande de l'aide à Rachid.
C'est important d'avoir une amie.
Les collègues sont très gentils.
Camille a besoin de l'aide de Bruno.

Scène I: «_____»

Camille explique à Rachid pourquoi et comment il doit aller à Saint-Jean de Causse.

Scène II: «_____»

Tout le monde à Canal 7 est désolé (*saddened*) pour Camille.

Scène III: «_____»

Camille demande à Bruno de trouver son ami historien.

Scène IV: «_____»

Hélène demande si elle peut faire quelque chose (*something*) pour Camille.

Scène V: «_____»

Bruno dit à Hélène qu'il veut aider Camille à trouver ce grand-père qui a disparu (*disappeared*) mystérieusement.

Scène VI: «_____»

Hélène voit bien que Bruno ne trouve pas son ami historien, et elle l'aide.

Scène VII: «_____»

Camille pose des questions à David Girard, jeune professeur d'histoire.

Scène VIII: «_____»

Bruno parle de David avec Hélène.

Scène IX: «_____»

David montre le laissez-passer (*pass*) d'Antoine à Camille.

B. **À propos des personnages**

Première étape. Écoutez comment Bruno et David Girard se sont rencontrés.

Quel scoop! C'était en 1995 et Bruno était reporter pour Canal 7. Il faisait des recherches pour un reportage sur une collection de vieilles photographies, quand il a trouvé une série de photos de 1940. Sur les photos, il y avait Hitler et le maréchal Pétain, le chef du gouvernement de Vichy.[1] Certaines photos montraient des choses bizarres: Hitler et Pétain qui buvaient du champagne ensemble et, encore plus intéressant, Pétain qui acceptait une grosse liasse de billets de banque[2]

[1]gouvernement... *Le gouvernement français sous l'Occupation était basé à Vichy.*   [2]grosse... *large bundle of banknotes*

d'un officier nazi. Bruno croyait avoir trouvé des informations historiques qui changeraient[3] notre vision de la collaboration entre la France et les nazis. Il imaginait déjà le titre de son reportage: «La France vendue aux Allemands». Fantastique!

Mais Bruno était un jeune reporter sérieux qui voulait être sûr de ses informations. Il a téléphoné à la Sorbonne et a contacté un jeune professeur d'histoire, David Girard. Il lui a montré ses photos et, à sa grande déception,[4] David a commencé à rire.[5] Les photos étaient fausses, truquées.[6] David a expliqué qu'en 1940, Pétain ne buvait plus d'alcool, et que les billets de banque sur la deuxième photo n'avaient pas de valeur[7] en France en 1940.

Pendant cette discussion, Bruno a compris que ce jeune homme sérieux adorait son travail et aimait bien parler des choses intéressantes. Il l'a invité à dîner pour le remercier[8] et une nouvelle amitié[9] est née. Ils se sont vus de temps en temps pendant[10] deux ans et puis ils se sont perdus de vue.[11] La thèse de David prenait tout son temps et Bruno travaillait jour et nuit à Canal 7. Ils n'avaient plus le temps pour ces petits dîners sympathiques.

Un jour, après un mél d'une certaine Hélène Thibaut, David a eu l'occasion de rendre service à son ami. Il a fait des recherches sur Antoine Leclair et il est venu au studio de Canal 7 pour donner son opinion. Là, il a fait la connaissance de Camille et il l'a trouvée très intéressante. Il a compris qu'elle avait vraiment besoin de son aide. Et Bruno? Il a été heureux de revoir David, mais il a commencé à s'inquiéter. Peut-être par jalousie pour cette nouvelle amitié entre son ami et sa chère Camille.

[3]*would change* [4]*disappointment* [5]*to laugh* [6]*faked* [7]n'avaient... *were not legal tender* [8]le... *thank him* [9]*friendship* [10]*for* [11]se... *lost touch*

Deuxième étape. En vous basant sur le texte précédent, complétez chaque phrase avec le choix qui convient.

1. Le maréchal Pétain était le chef du gouvernement de Vichy en _____.

    a. 1938   b. 1940

2. Bruno trouve une photographie (*photograph*) de Pétain et Hitler, qui _____.

    a. boivent du champagne   b. mangent ensemble

3. Sur une des photos de Bruno, un officier nazi donne _____ à Pétain.

    a. de l'argent   b. une lettre

4. David Girard est _____.

    a. journaliste   b. historien

5. David Girard est certain que les photos sont _____.

    a. vraies   b. fausses

6. Selon David, Pétain ne buvait pas d' _____ en 1940.

    a. eau   b. alcool

7. Bruno et David sont devenus _____.

    a. collègues   b. amis

8. Bruno et David ne se sont pas vus depuis (*for*) longtemps parce qu'ils _____.

    a. sont fâchés   b. ont beaucoup de travail

C. Vous avez compris? En vous basant sur l'histoire de Bruno et de David, répondez aux questions avec une des phrases suivantes: **C'était Bruno.** ou **C'était David.** ou **C'était Hélène.** Puis écoutez pour vérifier votre réponse.

1. ...   2. ...   3. ...   4. ...   5. ...   6. ...   7. ...

Prononciation et orthographe

Les consonnes /s/, /z/, /ʃ/ et /ʒ/

La consonne /s/

The French sound /s/ is similar to its counterpart in English, as in the word *so*. Listen and repeat.

signet	piste	réalisme	traverser (*to cross*)	piscine
ressource	cigarette	c'est ça	Besançon	reçu

Notice that the sound /s/ is spelled as **s** at the beginning of a new syllable, **s** before a sounded consonant (including the suffix **-isme**), **s** after the sound /ʀ/, **sc**, **ss**, **c** before **e** or **i**, and **ç** before **a**, **o**, and **u**.*

Remember that a final written **s** is usually silent, although in a few specific cases, a final **s** is pronounced. Listen and repeat.

	pas	les	mis	dos	nous	enfants
but:	fils					

La consonne /z/

The French sound /z/ is also similar to its English counterpart, as in the word *zoo*. Listen and repeat.

zoo	**z**èbre	na**z**i
mai**s**on	choi**s**ir	compo**s**ent

Notice that the sound /z/ is spelled as the letter **z** or by a single written **s** between vowels.

Also, when the normally silent final **s** of many words† precedes a word beginning with a vowel sound, it is linked to that word and pronounced as /z/. As you may recall, this is called **liaison**. Listen and repeat.

nous	*but:* nous ‿/z/étions
les	*but:* les ‿/z/amis
des	*but:* des ‿/z/enfants
nos	*but:* nos ‿/z/oncles
pas	*but:* pas ‿/z/encore
bonnes	*but:* de bonnes ‿/z/actrices

Le son /ʃ/

The French sound /ʃ/ is similar to the sound in the English word *she*. Listen and repeat.

cher**ch**er	**ch**oisir	appro**ch**er	blan**ch**e	**sch**éma	**sh**ampooing

Notice that this sound is spelled as **ch** or, more rarely, **sch,** or **sh**.

---

*Remember that when **c** precedes a consonant or the vowels **a**, **o**, or **u**, it is pronounced as /k/. For this reason, verbs ending in **-cer** have a spelling change in the first-person plural: **nous commençons**. A **ç** is used before the **-ons** ending to preserve the /s/ sound of the infinitive.

†For example, plural subject pronouns, plural articles, plural possessive adjectives, and adjectives that come before the noun.

Le son /ʒ/

If you pronounce /ʃ/ and add voicing (the vibration of the vocal cords), you will produce the sound /ʒ/. This sound is found in English words such as *vision*. Listen and repeat.

jambe	je	Jeanne	joli
géographie	gigantesque	manger	page

Notice that the sound /ʒ/ is spelled as **j*** or as **g** before **e** or **i**.†

A. Quel son? Listen to each word and circle the sound you hear for the highlighted letters. Is it /s/, /z/, /ʃ/, or /ʒ/?

1.	page	/ s /	/ z /	/ ʃ /	/ ʒ /
2.	caisse	/ s /	/ z /	/ ʃ /	/ ʒ /
3.	composer	/ s /	/ z /	/ ʃ /	/ ʒ /
4.	gestion	/ s /	/ z /	/ ʃ /	/ ʒ /
5.	recevoir	/ s /	/ z /	/ ʃ /	/ ʒ /
6.	décrocher	/ s /	/ z /	/ ʃ /	/ ʒ /
7.	signet	/ s /	/ z /	/ ʃ /	/ ʒ /
8.	étrangère	/ s /	/ z /	/ ʃ /	/ ʒ /
9.	ça	/ s /	/ z /	/ ʃ /	/ ʒ /
10.	zèbre	/ s /	/ z /	/ ʃ /	/ ʒ /
11.	chose	/ s /	/ z /	/ ʃ /	/ ʒ /
12.	nous aimons	/ s /	/ z /	/ ʃ /	/ ʒ /
13.	recherche	/ s /	/ z /	/ ʃ /	/ ʒ /
14.	déjà	/ s /	/ z /	/ ʃ /	/ ʒ /
15.	prochain	/ s /	/ z /	/ ʃ /	/ ʒ /
16.	thèse	/ s /	/ z /	/ ʃ /	/ ʒ /
17.	jamais	/ s /	/ z /	/ ʃ /	/ ʒ /
18.	les arts	/ s /	/ z /	/ ʃ /	/ ʒ /
19.	biochimie	/ s /	/ z /	/ ʃ /	/ ʒ /
20.	discret	/ s /	/ z /	/ ʃ /	/ ʒ /
21.	voyageons	/ s /	/ z /	/ ʃ /	/ ʒ /
22.	réalisme	/ s /	/ z /	/ ʃ /	/ ʒ /

---

*One exception is the word **jean** (the clothing), which has the same sound for **j** as its English cognate.

†Remember that when **g** precedes a consonant or **a**, **o**, or **u**, it is pronounced as /g/. For this reason, verbs ending in **-ger** have a spelling change in the first-person plural: **nous mangeons**. An **e** is added between the **g** and the **-ons** ending to preserve the /ʒ/ sound of the infinitive.

B. **Prononciation.** Listen to each sentence. Then repeat it aloud, paying special attention to the highlighted letters, which represent the sounds /s/,/z/, /ʃ/, and /ʒ/. You will hear and repeat each sentence twice.

1. Nou**s** allon**s ch**er**ch**er de**s** re**ss**ource**s s**ur quelque**s s**ite**s** Web.
2. **J**e n'ai **j**amai**s** connu de **g**en**s** au**ss**i **g**entil**s**.
3. **J**eanne a**ch**ète une **ch**emi**s**e ro**s**e et un **j**ean.
4. **C**'est au troi**s**ième éta**g**e que vou**s** alle**z** trouver le re**s**taurant.
5. Il**s** ont **ch**oi**s**i un **s**u**j**et qui le**s** intére**ss**e.

Structure 39

Ne... rien et *ne... personne*

Expressing the concepts of *nothing* and *nobody*

A. **Rien et personne!** Écoutez la question et choisissez la réponse négative logique. Puis écoutez pour vérifier votre réponse.

> MODÈLE: Vous entendez: Que fais-tu?
> Vous voyez: <u>Rien.</u>   Personne.
> Vous choisissez: (Rien.) Personne.
> Vous entendez: Rien.

1. Rien!   Personne!

2. Rien!   Personne!

3. De rien.   À personne.

4. Rien.   Personne.

5. De rien.   De personne.

6. Avec personne.   Rien.

B. **Tout le monde dit «non».** Jouez les rôles de la mère, du fils et de la fille. Dites «non» aux questions et employez **ne... personne** (**personne ne...**) et **ne... rien** (**rien ne...**). *Attention*: N'oubliez pas la place correcte de **rien** et de **personne**. Puis écoutez pour vérifier votre réponse.

> MODÈLE: Vous entendez: LE FILS: Tu achètes quelque chose?
> Vous voyez: LA MÈRE: Non,...
> Vous dites: Non, je n'achète rien.
> Vous entendez: Non, je n'achète rien.

1. LA FILLE: Non,...
2. LE FILS: Non, maman,...
3. LA FILLE: Non,...
4. LE FILS: Non,...
5. LA FILLE: Non,...
6. LA FILLE: Non,...

C. **Une surprise.** Chantal organise une fête pour l'anniversaire de son amie Michelle. C'est une surprise, alors elle répond «non» aux questions de Michelle. Écrivez ses réponses avec **ne... rien** (**rien ne...**) et **ne... personne** (**personne ne...**).

1. Tu as acheté quelque chose pour mon anniversaire?

   _____

2. Tu as invité des amis?

   _____

3. Tu as téléphoné à mes amis?

   _____

4. Quelqu'un a téléphoné pour moi?

   _____

5. Mes parents t'ont parlé de quelque chose?

   _____

6. Quelque chose est arrivé pour moi par la poste?

   _____

D. **Une amie optimiste.** Christine est de mauvaise humeur et se plaint (*is complaining*). Mais son amie l'encourage avec des réponses optimistes et positives. Employez **quelque chose** et **quelqu'un** pour écrire les réponses positives de l'amie de Christine. *Attention:* Pour donner une réponse affirmative après une phrase négative, on dit **si**.

> MODÈLE: CHRISTINE: Je n'ai rien à porter. →
> SON AMIE OPTIMISTE: Si! Tu as quelque chose à porter.

1. CHRISTINE: Je ne dis rien dans mes cours.

   SON AMIE OPTIMISTE: _____

2. CHRISTINE: Personne ne me téléphone jamais.

   SON AMIE OPTIMISTE: _____ de temps en temps.

3. CHRISTINE: Je ne vais danser avec personne.

   SON AMIE OPTIMISTE: _____

4. CHRISTINE: Je ne vais rien recevoir pour mon anniversaire.

   SON AMIE OPTIMISTE: _____

5. CHRISTINE: Je ne vais inviter personne chez moi.

   SON AMIE OPTIMISTE: _____

E. **Les projets. (*Plans.*)** Chantal téléphone aux amis et à la famille de Michelle pour les inviter à une fête d'anniversaire pour Michelle. Elle leur demande aussi de l'aide, mais personne ne peut l'aider. Écrivez des réponses négatives logiques avec **ne... rien (rien ne...)** et **ne... personne (personne ne...)**.

1. CHANTAL: Quelqu'un peut faire un dessert?

   LES AMIS DE MICHELLE: _____

2. CHANTAL: Tu as acheté des boissons?

   DANIELLE, UNE AMIE: _____

3. CHANTAL: Vous avez téléphoné à vos autres filles?

   LA MÈRE DE MICHELLE: _____

4. CHANTAL: Il y a quelque chose pour décorer (*decorate*) la table?

   LES AMIS: _____

5. CHANTAL: Tu peux apporter (*to bring*) tes CD?

   FRANCIS, UN AMI: _____

6. CHANTAL: Tu as parlé de la fête à tes parents?

   LE COUSIN: _____

F. **Et vous?** Bernadette fait des études d'anglais à l'Université de Paris III. Comparez son expérience avec la vôtre (*your own*).

Vocabulaire utile: ne... jamais, ne... pas, ne... pas encore, ne... pas du tout, ne... personne, ne... plus, ne... rien

MODÈLE: BERNADETTE: J'ai trois cours difficiles ce semestre. →
VOUS: Je n'ai pas de cours difficile. (*ou* J'ai quatre cours difficiles en ce moment.)

1. BERNADETTE: J'ai des amis qui se spécialisent en philosophie.

   VOUS: _____

2. BERNADETTE: J'ai déjà écrit ma thèse de doctorat.

   VOUS: _____

3. BERNADETTE: Mes amis adorent les examens.

   VOUS: _____

4. BERNADETTE: Je connais (*know*) tout le monde à la bibliothèque.

   VOUS: _____

5. BERNADETTE: Je parle toujours à mes profs de lycée.

   VOUS: _____

6. BERNADETTE: J'ai beaucoup de choses à dire sur l'administration de l'université.

   VOUS: _____

7. BERNADETTE: Je sèche des cours de temps en temps.

   VOUS: _____

8. J'étudie toujours le vendredi et le samedi soir.

   VOUS: _____

9. BERNADETTE: Je m'amuse beaucoup!

   VOUS: _____

Structure 40

Les verbes *savoir* et *connaître*

Talking about what and whom you know

 A. Prononciation. The forms of the verbs **savoir** and **connaître** are irregular. In each case, notice the following facts about their pronunciation.

- The singular forms all sound the same. Therefore, you must pay attention to the pronoun, since it clarifies which person the speaker is talking about. Listen and repeat.

je sais	tu sais	il sait	elle sait	on sait
je connais	tu connais	il connaît	elle connaît	on connaît

- For **connaître**, you can differentiate between the singular **il/elle** forms and the plural **ils/elles** forms, by listening for the final sound in the verb. The singular form ends with a vowel sound; the plural has a final consonant sound. Listen and repeat.

  elle connaît /kɔnɛ/   elles connaissent /kɔnɛs/

- For **savoir**, the difference is clear for two reasons: (1) the vowel sound of the plural stem changes to /a/, and (2) the plural form ends with a consonant sound. Listen and repeat.

  il sait /sɛ/   ils savent /sav/

Now listen to each sentence, and repeat it aloud. Then, circle the verb form you hear. Pay attention to both the pronoun and the verb. You will hear each sentence twice.

1. sais	sait	5. sait	savent
2. sait	savent	6. connais	connaît
3. connaissent	connaissons	7. connaît	connaissent
4. savons	savent	8. connaît	connaissent

 B. Que sais-tu? Transformez la phrase que vous entendez en utilisant le sujet que vous voyez. Faites tous les changements nécessaires. Puis écoutez pour vérifier votre réponse.

MODÈLE: Vous entendez: Tu ne sais pas quand ils arrivent?
         Vous voyez: vous
         Vous dites: Vous ne savez pas quand ils arrivent?
         Vous entendez: Vous ne savez pas quand ils arrivent?

1. nous	4. vous
2. tu	5. il
3. je	6. ses parents

C. Connaître, paraître... Faites une phrase avec le sujet que vous entendez. Conjuguez le verbe au présent. Puis écoutez pour vérifier votre réponse.

> MODÈLE: Vous entendez: vous
> Vous voyez: disparaître après le dîner
> Vous dites: Vous disparaissez après le dîner.
> Vous entendez: Vous disparaissez après le dîner.

1. connaître beaucoup de gens à Nice
2. ne pas reconnaître tous les cousins
3. paraître vieux et fatigué
4. disparaître quand il y a du travail à faire
5. apparaître toujours à l'heure du dîner
6. connaître déjà tous les professeurs

D. Ne soyons pas inquiets. Employez l'impératif du verbe **savoir** pour rassurer (*reassure*) les gens dans les situations suivantes.

> MODÈLE: Que dites-vous à votre grand-mère pour la rassurer que vous l'aimez? →
> Sache que je t'aime.

1. Que dites-vous à vos parents pour les rassurer que tout (*everything*) va bien?

   _____

2. Que dites-vous à votre mère pour la rassurer que vous mangez très bien?

   _____

3. Que dites-vous à vos parents pour les rassurer que vous allez tous être ensemble à la fin du

   semestre? _____

E. On sait beaucoup de choses! Utilisez les éléments donnés pour faire une phrase avec **savoir** ou **connaître**. Conjuguez les verbes au présent.

> MODÈLE: est-ce que / vous / le nom de ce professeur / ? →
> Est-ce que vous savez le nom de ce professeur?

1. est-ce que / tes amis / Mlle Simenon / ?

   _____

2. tu / la ville de Dijon / ?

   _____

3. nous / ne... personne / dans cette ville

   _____

4. je / quand / ils / arriver / de Florence

   _____

5. vous / le nom de son ami / ?

   _____

6. elle / quelqu'un au musée d'Orsay

   _____

7. est-ce que / il / combien / enfants / elle / vouloir / ?

   _____

8. est-ce que / tu / préparer cette leçon / ?

_____

9. ses parents / que / elle / se spécialiser / en droit

_____

10. je / une bonne pâtisserie / près de chez toi

_____

F. Savoir ou connaître? Employez **savoir** ou **connaître** pour faire une phrase avec l'expression donnée et le sujet que vous entendez. Puis écoutez pour vérifier votre réponse.

MODÈLE: Vous entendez: Bernard
Vous voyez: surfer sur le Web
Vous dites: Bernard sait surfer sur le Web.
Vous entendez: Bernard sait surfer sur le Web.

1. comment vont tes parents
2. les films de François Truffaut
3. écrire une lettre d'affaires
4. où se trouve la piscine
5. le patron de ce bar

6. qui a trouvé l'argent
7. le travail de cet artisan
8. le Japon?
9. la musique de Francis Cabrel?
10. pourquoi on parle français en Algérie

G. Autrefois. Complétez l'histoire de Céline avec l'imparfait de **savoir, connaître, paraître, apparaître, disparaître** ou **reconnaître**. *Attention:* Le dernier (*last*) verbe dans le passage doit être conjugué au passé composé.

Ma famille a acheté une nouvelle maison quand j'avais 6 ans. Nous ne _____[1]

pas les gens du quartier mais ils _____[2] en général sympathiques. À l'école,

je ne _____[3] pas les autres filles. Je _____[4] qu'il y avait

une petite fille de mon âge dans une maison près de chez moi. Son nom était Elsa et je la voyais

avec sa mère de temps en temps. Mais elle _____[5] toujours si je sortais la

chercher. Son frère Michel, qui _____[6] plus grand[a] et moins sympa,[b]

_____[7] toujours devant moi habillé en joueur de base-ball quand je

voulais jouer avec la sœur. Mes parents _____[8] que je voulais connaître

Elsa. Un jour, ma mère m'a appelée: «Céline, Elsa joue dehors.[c] Elle joue au base-ball.» «C'est

son frère», ai-je répondu.[d] Mais, j'ai regardé le «joueur de base-ball» par la fenêtre et je (j')

_____[9] (p.c.) Elsa!

[a]plus... *bigger* [b]moins... *not as nice* [c]*outside* [d]ai-je... *I responded*

H. Les talents. Écrivez des phrases avec **savoir** pour expliquer ce que ces personnes savent bien faire.

MODÈLE: vos amis → Mes amis savent bien s'amuser.

1. vous _____

2. vos parents _____

3. votre professeur _____

4. vous et vos amis _____

I. **Les connaissances.** Écrivez des phrases avec **connaître** pour expliquer quelles personnes, quels lieux ou quelles choses ces personnes connaissent. Expliquez aussi *pourquoi* ou *comment* ils les connaissent.

> MODÈLE: votre père →
> Mon père connaît Paris, Londres et New York parce qu'il voyage beaucoup pour son travail.

1. vous _____

   _____

2. votre mère _____

   _____

3. vos amis _____

   _____

4. vous et vos frères et sœurs _____

   _____

Regards sur la culture

Pour commencer des études universitaires

Comme dans d'autres pays, quand un étudiant français veut s'inscrire[a] dans une université, il y a toujours des formulaires à remplir.[b]

[a]*to enroll*   [b]formulaires... *forms to fill out*

Les études universitaires. Après son bac, Michel Robin, un jeune Français, veut commencer ses études universitaires. Utilisez sa «biographie» pour remplir sa demande d'admission préalable (*pre-registration form*) à la page 31. Avant de commencer, relisez *Regards sur la culture* à la page 260 de votre manuel scolaire.

BIOGRAPHIE DE MICHEL ROBIN

Né le 7 août 1988 en France, Michel Robin habitait 23, bd[a] Saint-Marcel, 75005, Paris. Son numéro de téléphone était le 01 45 26 89 31, et son adresse électronique était michelrobin@noos.fr. Il a décidé de préparer une licence en sciences humaines et sociales avec la mention[b] histoire. Il voulait étudier à l'Université de Paris XII, à Créteil,[c] dans la grande banlieue parisienne, ou à l'Université de Dijon.

---

[a]boulevard   [b]spécialisation   [c]une ville près de Paris

Ministère de l'Education nationale

n° 11126*04

A   **Dossier n°** |__|__|__|__|

DEMANDE D'ADMISSION PREALABLE A L'INSCRIPTION EN LICENCE
DANS UNE UNIVERSITE FRANÇAISE POUR L'ANNEE UNIVERSITAIRE 2008-2009

Cadre à remplir par l'université
(Apposer le tampon officiel sur le nom du candidat ; sans ce tampon, le formulaire n'est pas valable)

TITRE DE SEJOUR n° : ....délivré le : |__|__||__|__||__|__|__|__| par :......................................
(joindre obligatoirement la photocopie de ce titre)

NOM DU CANDIDAT :...

EPREUVE LINGUISTIQUE (1) ☐ à convoquer   ☐ à dispenser : motif:................................
(Voir formulaire F)

Les candidats ne sont autorisés à déposer qu'un seul dossier.
Avant de le compléter, lisez attentivement les recommandations de ce dossier et la notice d'information.
Dossier <u>à remettre</u> à l'université correspondant à votre premier choix avant le 31 janvier. Prenez soin de vous
munir de l'original de votre titre de séjour lorsque vous rapporterez ce dossier.

Cadre à remplir par le candidat

NOM :..
(pour les femmes mariées, indiquer le nom de jeune fille suivi de la mention "épouse" et du nom du mari)

Prénoms :...Sexe (1) Masculin : ☐   Féminin : ☐

Nationalité :...Né(e) le |__|__||__|__||__|__|__|__|

Pays de naissance :...

Adresse : N° :.............Rue ou BP :..

Code postal : |__|__|__|__|__| Commune :.................................Téléphone : |__|__|__|__|__|__|__|__|__|__|

Adresse électronique (e-mail) :...

Filière et mention en vue desquelles l'inscription est demandée (1) :

☐ Licence ; préciser en toutes lettres la filière et la mention choisies :

....

      NB : Merci de préciser pour la licence LETTRES ET LANGUES :
                - mention LEA : les 2 langues, autres que le français, qui seront choisies
                - mention LLCE : la langue, autre que le français, qui sera choisie.

☐ 1ère année pharmacie   ☐ PCEM1 -   Médecine   ☐ (1)
                                          Odontologie ☐ (1)

Universités demandées : *Indiquez deux choix* **obligatoirement** *(par ordre de préférence) Nom – Numéro, sans
adresse -*

                        exemple : Rennes I, Aix-Marseille II

1ère :..2ème :...

*Attention : compte tenu des capacités d'accueil limitées dans les universités des académies de Paris,
Créteil et Versailles, il est vivement conseillé de faire porter au moins l'un de vos deux choix hors de ces
trois académies.*

N.B. : Bien vérifier l'existence des formations souhaitées dans les universités demandées.

Avez-vous prévu de déposer un autre dossier pour vous inscrire aussi en second cycle ? ☐ *oui*   ☐ *non*

(1)   Cocher la case correspondante.

La loi n° 78-17 du 6 janvier 1978 relative aux fichiers nominatifs garantit un droit d'accès et de rectification des données auprès
des organismes destinataires du formulaire.

1/9

Structure 41

Le passé composé et l'imparfait (I)

Narrating in the past

A. **Qu'est-ce qui s'est passé?** (*What happened?*) Écoutez chaque phrase au présent. Une partie est une description et une partie est un événement. Mettez la phrase au passé en utilisant l'imparfait pour la description et le passé composé pour l'événement. Écrivez le temps de chaque verbe en mettant *I* pour l'imparfait et *PC* pour le passé composé. Puis écoutez pour vérifier votre réponse.

> MODÈLE: Vous entendez: Vous écoutez de la musique parce que vous êtes triste.
> Vous dites: Vous avez écouté de la musique parce que vous étiez triste.
> Vous écrivez: *PC, I*
> Vous entendez: Vous avez écouté de la musique parce que vous étiez triste.

1. _____ _____

2. _____ _____

3. _____ _____

4. _____ _____

5. _____ _____

6. _____ _____

B. **Le lycée.** Utilisez les verbes entre parenthèses pour décrire l'adolescence des personnes qui parlent. Utilisez le contexte pour savoir si le verbe doit être au passé composé ou à l'imparfait.

1. (recevoir, sécher)

   ALAIN: Je (J') _____ rarement de bonnes notes parce que je (j')

   _____ souvent à mes cours.

2. (avoir, donner)

   NICOLE: Mes parents me (m') _____ toujours leur voiture le

   week-end. Mais une fois, je (j') _____ un accident.

3. (connaître, passer)

   CHANTAL: De temps en temps, je (j') _____ le week-end à Nîmes

   où je (j') _____ beaucoup de personnes amusantes.

4. (boire, commencer)

   ANDRÉ: Dans le temps, je (j') _____ du coca au café le soir. Mais

   un jour, je (j') _____ à préférer le vin.

5. (choisir, commencer)

   FRIDA: L'an dernier, je (j') _____ à aimer faire des études et je

   (j') _____ une université pour préparer une carrière.

C. Un jour de neige. (*A snow day.*) Utilisez des verbes au passé composé ou à l'imparfait pour raconter cette histoire de ce qui (*what*) s'est passé un jour de neige. C'est Christine qui raconte l'histoire.

1. quand / je / être jeune, / ma famille / habiter / à Boston

   _____

2. de temps en temps, en hiver / il / neiger / beaucoup

   _____

3. un jour, / je / se rendre compte que / je / ne pas vouloir / aller à l'école

   _____

4. je / dire / à ma mère / que / je / être / malade

   _____

5. elle / téléphoner / à l'école / et je / rester / au lit

   _____

6. soudain, mon frère / crier (*to yell*) / «Il n'a y pas d'école! Il neige trop!»

   _____

7. mes frères et mes sœurs / sortir / jouer / dans la neige

   _____

8. je / demander / à ma mère / «Je peux jouer avec eux?»

   _____

9. mais / elle / me / répondre / «Non, tu es malade... et tu dois toujours dire la vérité (*truth*)!»

   _____

D. La piscine. Choisissez les verbes qui complètent les phrases. Dans chaque section, mettez les verbes au passé composé ou à l'imparfait, selon le sens, et utilisez chaque verbe une fois. Utilisez les mots clés et le contexte pour vous aider.

Verbes: aimer, aller, nager, prendre

Autrefois, mes amis et moi _____[1] à la piscine tous les jours en été. Nous

_____[2] beaucoup nager. D'habitude, je (j') _____[3]

des leçons de natation° en juin et juillet. Je (J') _____[4] bien.

°*swimming*

Verbes: avoir, demander, habiter, partir, répondre

Un week-end en 1998, mes parents _____[5] voir des amis qui

_____[6] dans une autre ville. Ils me (m') _____[7]

d'être le baby-sitter de mon petit frère. Je (J') _____[8] «oui» parce que je

(j') _____[9] besoin d'argent.

(*continued*)

Verbes: insister, mettre, quitter, savoir, vouloir

Je ne (n') _____[10] pas amener° mon frère à la piscine parce qu'il ne

(n') _____[11] pas bien nager, mais il _____.[12]

Finalement, nous _____[13] nos maillots de bain, et nous

_____[14] la maison.

°*to take*

Verbes: arriver, dire, sauter (*to jump*), savoir, voir

Quand nous _____[15] à la piscine, mon frère me (m')

_____[16] «Je sais nager. Je nage bien.» Un instant plus tard, mon frère

_____[17] dans la piscine. Et moi, je (j') _____[18]

qu'il _____[19] nager!

E. **Des préparatifs de voyage.** Complétez le paragraphe avec les verbes au passé composé ou à l'imparfait, selon le contexte. *Attention:* Vous allez utiliser **être** deux fois et un verbe n'est pas utilisé.

Verbes utiles: acheter, avoir, dire, être, laver, partir, préparer, sortir, téléphoner, trouver

La semaine dernière, ma famille et moi _____[1] tout[a] pour aller au Festival

de théâtre d'Avignon. Lundi dernier, ma femme _____[2] la voiture.

Mardi, ma fille _____[3] des provisions au supermarché. Le lendemain,

je (j') _____[4] à l'hôtel pour réserver des chambres. Les hôtels

_____[5] pleins[b]! Il n'y _____[6] pas de chambres à

Avignon! Ma femme _____:[7] «Faisons du camping!» Ma fille et moi, nous

_____[8] d'accord. Alors, nous _____[9] notre

vieille tente et nous _____[10]!

[a]*everything* [b]*full*

F. **Enfin les diplômes!** Utilisez des verbes au passé composé ou à l'imparfait pour raconter cette histoire de la dernière semaine de Delphine à l'université. Faites tous les accords nécessaires.

1. lundi dernier, / je / passer trois examens

   _____

2. les examens de biologie et de psychologie / ne pas être / facile

   _____

3. le lendemain, / nos profs / nous / dire / que nous / être / intelligent / et que nous / savoir /

   bien préparer / nos examens _____

   _____

4. mercredi, / je / écrire / une longue dissertation (*paper*)

   _____

    5.   mes parents / venir / jeudi / pour passer le week-end

       _____

    6.   enfin hier, / je / passer / mon dernier examen

       _____

    7.   à la fin, / je / avoir / faim / mais je / être / content

       _____

    8.   hier soir, / mes amis, ma famille et moi / faire la fête

       _____

    9.   ce matin, / mes amis et moi / enfin recevoir nos diplômes

       _____

   10.   cet après-midi, / nous / manger / au restaurant ensemble

       _____

G. **Une rencontre à la plage.** (*A meeting at the beach.*) Hugues raconte une histoire de sa jeunesse. Mettez-la au passé. Employez les éléments donnés et le contexte pour vous aider à choisir entre l'imparfait et le passé composé.

    1.   dans le temps, / je / habiter un appartement / avec des amis

       _____

    2.   tous les jours en été, / nous / jouer au volley-ball / à la plage

       _____

    3.   d'habitude, / je / connaître / tout le monde

       _____

    4.   un week-end, / une nouvelle jolie fille / venir jouer / avec ses amies

       _____

    5.   le week-end suivant, / je / ne pas pouvoir jouer / parce que / je / devoir travailler / avec

       mon père

       _____

    6.   la semaine suivante, / la jolie fille / ne pas être / à la plage / avec ses amies

       _____

    7.   dimanche, / je / demander / à ses amies / le nom de la fille / et je / apprendre / où elle / habite

       _____

    8.   je / ne pas savoir si / elle / se rappeler / mon nom ou mon visage

       _____

(continued)

9. lundi, / je / aller chez elle / et je / faire la connaissance de / sa mère

_____

10. sa mère / me dire que / sa fille / voyager en Europe. Quelle malchance!

_____

H. Des adverbes utiles. Répondez à chaque question en utilisant l'expression de temps que vous voyez dans la question.

1. Quel cours avez-vous préféré l'an dernier?

_____

2. Racontez une chose que vous avez faite la semaine dernière.

_____

3. Qu'allez-vous faire demain? Et le lendemain?

_____

4. Qu'est-ce que vous comptez (*are planning*) faire le mois prochain?

_____

5. Quels étaient vos sentiments ce matin quand vous vous êtes levé(e)?

_____

I. Des interruptions. Écrivez trois phrases avec des verbes au passé composé ou des verbes à l'imparfait pour raconter des choses que vous faisiez hier qui ont été interrompues (*interrupted*) par d'autres événements.

MODÈLE: Hier, je faisais du jogging quand, soudain, j'ai vu un ami.

1. _____
2. _____
3. _____

J. L'année dernière. Racontez l'année dernière. Utilisez quatre verbes à l'imparfait pour décrire vos amis, vos cours, vos professeurs ou vous-même (*yourself*). Utilisez quatre verbes au passé composé pour raconter des événements et ce que vous avez fait.

_____

_____

_____

_____

_____

_____

_____

À écrire

Mon meilleur cours (*My best course*)

Quel est le meilleur cours que vous ayez suivi (*you have taken*)?* Prenez des notes en vous inspirant des questions suivantes pour préparer la rédaction (*writing*) de votre paragraphe.

Première étape. Pensez aux circonstances (*circumstances*) dans lesquelles (*in which*) vous avez suivi ce cours et décrivez-les à l'imparfait. Par exemple, c'était dans quelle discipline? Quel âge aviez-vous? Quelle sorte d'étudiant(e) étiez-vous à ce moment-là—sérieux/sérieuse? fumiste (*slacker*)? autre chose?

_____

_____

_____

Deuxième étape. Ensuite, pensez aux faits (*facts*) que vous pouvez raconter au passé composé. Par exemple, à quel moment avez-vous suivi ce cours—au lycée? à l'université? Qu'est-ce qui a distingué (*distinguished*) ce cours des autres cours—le professeur? le matériel? Qu'est-ce que vous avez appris dans ce cours? Est-ce que vous avez subi (*Did you undergo*) une transformation personnelle?

_____

_____

_____

Troisième étape. Quelles suggestions avez-vous pour améliorer (*improve*) les cours que vous suivez en ce moment? Exprimez-les à l'impératif.

_____

_____

_____

Quatrième étape. Maintenant, écrivez votre paragraphe à l'aide de vos notes. Vous pouvez naturellement mélanger (*mix*) votre usage de l'imparfait et du passé composé.

> MODÈLE: Mon meilleur cours a été mon cours d'histoire américaine. Je n'ai jamais suivi de cours si intéressant. C'était au lycée, quand...

_____

_____

_____

Cinquième étape. Maintenant, relisez votre paragraphe et corrigez les fautes d'orthographe, de ponctuation, de grammaire et de vocabulaire, s'il y en a. Faites particulièrement attention aux accords sujet-verbe et substantif-adjectif, ainsi qu'aux temps des verbes (*as well as to the verb tenses*).

---

*Vous allez étudier le verbe **suivre** dans le Chapitre 15. Pour cette activité, vous n'avez besoin que de la forme **J'ai suivi**.

Chapitre (**14**)

Une lettre

Vocabulaire en contexte

Pour voyager

 A. **On voyage partout.** Lisez les descriptions suivantes. Ensuite, écoutez chaque personne qui parle et mettez son numéro à côté de la description qui lui correspond.

> MODÈLE:　Vous entendez:　　1. Je suis au guichet de la gare. J'achète un billet aller simple.
> 　　　　　　Vous écrivez:　　　le numéro **1** à côté de la description **c**

_____ a. Mlle Danziger, habillée en tailleur, a une valise et parle à un officier à l'aéroport.

_____ b. Paul voyage en autocar. Il n'aime pas beaucoup ce moyen de transport et trouve le voyage trop long.

_1_ c. Richard voyage seul et il ne sait pas encore s'il va revenir.

_____ d. Georges et Véronique conduisent leur voiture de location. Ils sont très contents d'être en vacances.

_____ e. Paulette s'endort pendant qu'elle attend le train sur un banc (*bench*) sur le quai.

_____ f. Les Lemieux et leurs deux petites filles attendent leur vol.

_____ g. M. et Mme Courbier voyagent ensemble. Mme Courbier est près de la fenêtre. Son mari est près du couloir.

_____ h. On est vendredi soir, il est 5 h 30. Philippe, dans sa voiture, regarde les voitures autour de lui et se fâche.

 B. **Bon voyage.** Écoutez la personne qui parle, puis choisissez et répétez la réponse correcte en vous basant sur la situation. Puis écoutez pour vérifier votre réponse.

> MODÈLE:　Vous entendez:　　Je vais à Toulouse en voiture.
> 　　　　　　Vous voyez:　　　　Prenez votre passeport. / Prenez l'autoroute.
> 　　　　　　Vous choisissez:　Prenez votre passeport. /(Prenez l'autoroute.)
> 　　　　　　Vous dites:　　　　Prenez l'autoroute.
> 　　　　　　Vous entendez:　　Prenez l'autoroute.

1. Allez à l'aéroport. / Allez à la gare Montparnasse.

2. Enregistrez-les. / Passez la douane.

3. Achetez un billet aller simple. / Achetez un billet aller-retour.

(continued)

4. Prenez la correspondance. / Restez dans ce train.

5. Prenez le TGV. / Prenez l'autocar.

C. **Les voyages.** Choisissez la façon (*way*) logique de compléter chaque phrase.

a. un siège fenêtre est peut-être une bonne idée.
b. Christine attend le prochain vol qui part à midi.
c. nous allons à la porte d'embarquement.
d. va tout de suite au guichet.
e. elle cherche un parking.

f. louons une voiture, d'accord?
g. Il y a toujours beaucoup de circulation.
h. ils partent à la gare bientôt.
i. nous prenons le même train.
j. j'ai peur d'un embouteillage.

1. Yolande a besoin de stationner sa voiture, alors _____

2. Juliette va à son travail pendant les heures de pointe. _____

3. Comme nous avons tendance à dormir quand nous voyageons en avion, _____

4. D'abord, nous enregistrons nos valises, et puis, _____

5. Catherine et Hector prennent le TGV cet après-midi; _____

6. Si tu veux acheter ton billet maintenant, _____

7. Je vais t'attendre sur le quai, parce que _____

8. Comme nous sommes plusieurs qui voulons descendre à Dijon, _____

9. Avec ce grand nombre de voitures sur cette route aujourd'hui, _____

10. Comme le vol de 9 h est complet, _____

D. **Nos déplacements! (*Our travels!*)** Complétez les phrases suivantes avec les mots ou les expressions qui conviennent. Mettez un article, si c'est nécessaire. *Attention:* Une des expressions n'est pas utilisée.

Vocabulaire utile: aéroport, aller simple, arrivée, autoroute, composter, départ, heures de pointe, limite de vitesse, moyen, place, plan, porte d'embarquement, sortie, visa

1. Quand je vais de Toulouse à Montpellier en voiture, je prends bien sûr

   _____.

2. Achète un billet _____ et puis tu peux rentrer avec moi dans ma voiture.

3. —Quel _____ de transport est-ce que tu préfères?

   —Ça dépend, mais souvent j'aime voyager en avion ou en train.

4. Charles ne sait pas où se trouve la gare. Il a besoin de (d') _____.

5. Pendant _____, quand il y a beaucoup de circulation, on va beaucoup

   moins (*less*) vite que pendant le week-end.

6. Les passagers doivent acheter un billet de train et aussi réserver _____. Et

   puis ils doivent _____ leur billet avant de monter dans le train.

7. Nous arrivons toujours à l'aéroport deux heures avant _____ de l'avion. On

   attend souvent longtemps à _____.

8. Si on va passer six mois en Tunisie, on a besoin de (d') _____. Pour un

   voyage de deux semaines, un passeport est suffisant (*sufficient*).

9. Sur l'autoroute, on peut rouler à 120 km/h. Mais quelle est _____ en ville?

10. Il nous a indiqué l'autoroute pour aller chez lui, mais il n'a pas dit _____

    à prendre.

11. Le départ est à 10 h 30, mais le billet n'indique pas l'heure de (d') _____.

Circuler à Paris

A. Les moyens de transport. Écoutez la personne qui parle, puis choisissez et répétez la phrase qui décrit sa situation. Finalement, écoutez pour vérifier votre réponse.

> MODÈLE: Vous voyez: Elle veut stationner sa voiture. / Elle va au travail à pied.
> Vous entendez: Je cherche un parking mais ils sont tous (*all*) complets.
> Vous choisissez: (Elle veut stationner sa voiture.)/ Elle va au travail à pied.
> Vous dites: Elle veut stationner sa voiture.
> Vous entendez: Elle veut stationner sa voiture.

1. Elle circule en bus. / Elle est pressée.

2. Il rencontre un ami. / Il prend la correspondance.

3. Il circule à pied. / Il arrive à son arrêt.

4. Elle prend le métro. / Elle prend sa voiture.

5. Il prend le bus. / Il prend l'avion.

B. Définitions. Voici des définitions. Écrivez les mots ou les phrases qui correspondent. Si c'est nécessaire, utilisez un article et/ou le pluriel. *Attention:* Une des expressions n'est pas utilisée. Utilisez chaque expression une fois seulement.

Vocabulaire utile: à pied, arrêt, arrivée, autocar, circuler, direction, passager, piste cyclable, réseau du métro, sortie, terminus

1. La fin (*end*) d'une ligne de métro est _____.

2. Les gens qui utilisent un moyen de transport sont _____.

3. L'endroit où on descend du bus est _____.

4. Un bus qui va d'une ville à une autre est _____.

5. L'ensemble des lignes de métro est _____.

6. Chaque ligne de métro a deux _____.

7. Le départ ≠ _____.

8. Aller et venir dans une voiture = _____.

9. On emploie ses jambes quand on va quelque part (*somewhere*) _____.

10. _____ sont recommandées aux personnes qui se déplacent à vélo.

C. Comment voyagez-vous? Écrivez un paragraphe de cinq phrases où vous expliquez comment vous voyagez généralement. Quels sont vos moyens de transport typiques et/ou préférés? Pourquoi?

_____

_____

_____

_____

_____

À l'affiche

A. Des choses qui vont ensemble. Choisissez les mots et les expressions qui ont un rapport (*have a relationship*) avec l'objet ou la personne au centre de chaque groupe.

MODÈLE:

est arrivé de Marseille   (est arrivé à la gare)

a pris l'avion   RACHID   a appris beaucoup sur Antoine

(est content de voir Camille)   (a des images des Cévennes)

1.   une grande ville   accessible en voiture

        dans les Cévennes   SAINT-JEAN DE CAUSSE   accessible en train

            près de Paris   un joli village

            près d'Alès   dans les Alpes

2.   une lettre de Louise   une carte de Noël

        une carte d'anniversaire   LE COFFRET DE   une photo de Louise et Antoine
                                      LOUISE
        le collier (*necklace*) de Louise   une lettre d'Antoine

            le collier de Mado   une photo de Camille

3.   contient une photo des Cévennes   est pour l'anniversaire de Mado

        dit le nom de Jeanne Leblanc   LA LETTRE   dit le nom de Pierre Leblanc

            donne une adresse   dit le nom d'Éric Leblanc

4.   avait honte   aimait les photos de son père

    a écrit sur les photos de son père   MADO   a découpé les photos de son père
                                       À L'ÂGE DE 10 ANS
                était heureuse   a «tué» son père

        a parlé de son père avec Louise

B. À propos des personnages

Première étape. Écoutez l'histoire d'un souvenir (*memory*) d'enfance de Mado.

C'est sept ans après la guerre et Mado a dix ans. Une nuit d'été, elle se réveille parce qu'elle entend un bruit curieux.[1] Elle se lève, inquiète, pour aller dans la chambre de sa mère et elle voit sa mère qui pleure. Louise a un petit paquet de lettres à la main et elle regarde une photo. «Qui est-ce?», demande la petite Mado, mais sa maman ne lui répond pas. Elle vient doucement vers sa fille et la prend dans ses bras sans parler.

Le lendemain matin, Mado essaie encore une fois[2] de poser des questions à sa mère, mais Louise refuse de parler et va dans la cuisine pour préparer le petit déjeuner. Pendant que sa maman fait du chocolat chaud, Mado retourne dans la chambre de Louise. Elle trouve les lettres et la photo et elle comprend tout de suite. C'est son père. Au dos de la photo, il est écrit: «Antoine, 20 ans».

Mais pourquoi ce silence? Pourquoi Louise ne parle-t-elle pas de son mari? Ça, Mado ne le comprend pas.

Quelques jours plus tard, Mado et Louise sont au marché Mouffetard. Pour la première fois, Mado aperçoit[3] des gens qui détournent la tête pour ne pas les voir. La femme du poissonnier refuse de les servir. La boulangère considère Louise d'un air méprisant.[4] Louise se retient de pleurer et rentre rapidement chez elle avec sa fille. Mado est de plus en plus perplexe. Qu'ont-elles fait de mal, Louise et elle, pour être traitées ainsi[5] par les gens du quartier?

Une semaine après, il y a un autre incident. Mado commence la nouvelle année scolaire. À l'école, quelques enfants chantent méchamment:[6] «Mado, Mado, c'est la fille du collabo!» Collabo? Collaborateur? Elle demande à la maîtresse. Mlle Durand lui dit que c'est un homme qui a travaillé avec l'ennemi allemand pendant la guerre. Mado est stupéfaite. Son père a-t-il vraiment été un traître? Comme Louise, Mado part vite et rentre chez elle. D'abord elle pleure,[7] mais après elle devient furieuse. Elle cherche les photos de ses parents dans les albums et, avec une paire de ciseaux, elle les coupe en deux, comme pour faire disparaître son père à jamais[8] de sa vie.

Louise arrive pendant cette triste cérémonie. Mais elle n'est pas fâchée. Elle comprend sa fille. Elle prend sa fille dans ses bras, l'embrasse tendrement et lui dit de ne pas avoir peur. Elles ne parlent pas. C'est un secret entre mère et fille, jusqu'au jour où[9] Camille commence à poser des questions sur son grand-père.

[1]bruit... *strange noise* [2]encore... *once again* [3]*notices* [4]d'un... *with an air of scorn* [5]*that way* [6]*cruelly*
[7]*cries* [8]a... *forever* [9]jusqu'au... *until the day when*

Deuxième étape. En vous basant sur le texte précédent, complétez les phrases suivantes avec les mots logiques. *Attention:* Une des mots n'est pas utilisé.

Vocabulaire utile: anniversaire, appartement, école, enfants, gens, lettres, mari, morceaux, père, photo, répondre, questions, traître

1. Louise a un petit paquet de _____ et elle regarde une

   _____.

2. Mado essaie de poser des _____ à sa mère.

3. Louise refuse de _____.

4. Pourquoi Louise ne parle-t-elle pas de son _____?

5. Au marché Mouffetard, les _____ n'aiment pas Louise.

6. Une semaine plus tard, Mado est à l'_____ et des

   _____ la taquinent (*tease her*).

(continued)

Vocabulaire utile: anniversaire, appartement, école, enfants, gens, lettres, mari, morceaux, père, photo, répondre, questions, traître

7. Ils disent que le père de Mado était un _____ pendant la guerre.

8. Mado rentre vite à l'_____ pour pleurer.

9. Elle cherche les photos de son _____ dans les albums et, avec une paire de

    ciseaux (*scissors*), elle les coupe (*cut*) en _____.

C. **Vous avez compris?** En vous basant sur l'histoire que vous avez entendue, décidez si les phrases que vous entendez sont vraies ou fausses. Si elles sont vraies, écrivez «C'est vrai.» Si elles sont fausses, corrigez-les.

> MODÈLE: Louise a préparé du café pour le petit déjeuner de sa fille. →
> C'est faux. Louise a préparé du chocolat chaud pour le petit déjeuner de sa fille.

1. Mado a vu Louise qui regardait une photo d'Antoine à l'âge de 30 ans. _____

    _____

    _____

2. Louise parlait beaucoup d'Antoine, son mari. _____

    _____

3. Au marché, tout le monde a traité Louise gentiment (*kindly*). _____

    _____

4. Les gens n'ont pas oublié l'horreur de la guerre, même (*even*) sept ans après. _____

    _____

5. Tous les enfants à l'école aimaient Mado et la protégaient (*protected her*). _____

    _____

6. Un collaborateur est un homme qui a travaillé avec l'ennemi pendant la guerre. _____

    _____

7. Quand Mado a coupé les photos, Louise s'est fâchée. _____

    _____

8. Louise et Mado gardent (*keep*) le secret et n'en parlent pas. _____

    _____

D. **Des activités de tous les jours.** Utilisez le sujet que vous entendez, les mots que vous voyez et un des verbes de la liste pour faire une phrase complète. Puis écoutez pour vérifier votre réponse.

Verbes utiles: appartenir, contenir, obtenir, tenir

> MODÈLE: Vous entendez: nous
> Vous voyez: nos billets d'avion sur Internet
> Vous dites: Nous obtenons nos billets d'avion sur Internet.
> Vous entendez: Nous obtenons nos billets d'avion sur Internet.

1. à mes parents
2. tous mes livres importants
3. 10 euros dans la main
4. à une famille sympathique

5. ton passeport à la poste
6. les questions et les réponses
7. nos enfants dans les bras

Prononciation et orthographe 🎧

La consonne *h*

In French, the letter **h** is always silent. However, words beginning with **h** may behave in one of two ways. This distinction is usually due to a word's origin or other factors in its development. You must memorize which word behaves in which way.

1. **h non aspiré:** Some words beginning with **h** permit **élision** and **liaison** with words that precede them. Listen and repeat.

ÉLISION:	l'hôtel	l'hôpital
LIAISON:	les ‿/z/hôtels	les ‿/z/hôpitaux

2. **h aspiré:** Other words beginning with **h** "forbid" **élision** and **liaison**, just as if they began with a pronounced consonant. Listen and repeat.

PAS D'ÉLISION:	le haricot	le hamburger
PAS DE LIAISON:	les/haricots	les/hamburgers

A. Aspiré ou non aspiré? You will hear a noun preceded by an article. Decide whether the noun begins with **h aspiré** or **h non aspiré**. Check off which one you hear. *Remember*: If you hear **liaison** or **élision**, you are hearing **h non aspiré**.

		H NON ASPIRÉ	H ASPIRÉ
1.	haricots	☐	☐
2.	hôtel	☐	☐
3.	honte	☐	☐
4.	hélicoptère	☐	☐
5.	hommes	☐	☐
6.	hôpital	☐	☐
7.	histoires	☐	☐
8.	homard (*lobster*)	☐	☐

B. Écoutez, soulignez et prononcez. Listen carefully to the following sentences. Underline any **h aspiré** that you hear. Then read each sentence aloud after the speaker, paying special attention to where **liaison** and **élision** occur and where they do not. You will hear each sentence twice.

1. Les Hollandais gardent précieusement leur héritage du passé.

2. Les hôtels et les hôpitaux sont accessibles aux handicapés.

3. Ne me parle plus de cette histoire de haricots.

4. La haine est répandue (*Hatred is everywhere*) dans cette société. C'est honteux!

5. Connais-tu le harpiste qui voyage toujours en hélicoptère?

Structure 42

Depuis et *pendant*

Talking about time

A. Le temps passe. Choisissez la bonne réponse à la question que vous entendez. Puis écoutez pour vérifier votre réponse.

> MODÈLE: Vous entendez: Est-ce qu'il habite au Canada?
> Vous voyez: Oui, pendant quinze ans. / Oui, depuis dix ans.
> Vous choisissez: Oui, pendant quinze ans. / (Oui, depuis dix ans.)
> Vous dites: Oui, depuis dix ans.
> Vous entendez: Oui, depuis dix ans.

1. Oui, pendant trois jours. / Oui, depuis trois jours.
2. Oui, pendant quelques semaines. / Oui, depuis quelques semaines.
3. Oui, pendant dix heures. / Oui, depuis dix heures.
4. Oui, pendant le dîner. / Oui, depuis longtemps.
5. Oui, pendant cinq ans. / Oui, depuis cinq ans.

B. Le temps. Complétez les dialogues suivants avec **depuis** ou **pendant**.

1. —Tu travailles ici _____ quand?

    —J'ai commencé au mois de septembre.

2. —_____ combien de temps est-elle cadre dans cette société?

    —Elle est cadre ici _____ 1989.

3. —D'habitude, elle reste en Italie _____ combien de mois?

    —Trois ou quatre.

4. —Tes enfants ne sont pas venus chez toi _____ longtemps, n'est-ce pas?

    —C'est vrai. Je ne les ai pas vus _____ cinq ans.

5. —J'ai beaucoup dormi _____ le film...

    —Mais, pourquoi? Tu ne l'as pas aimé?

6. —Vous avez joué au tennis _____ quatre heures? Êtes-vous fatigué?

    —Oui, je meurs de fatigue.

C. Questions. Vous allez interviewer un(e) autre étudiant(e). Écrivez des questions avec **pendant** ou **depuis** et les éléments donnés. Utilisez l'inversion quand c'est possible.

> MODÈLE: combien de temps / tu / être / à l'université / ? →
> Depuis combien de temps es-tu à l'université?

1. quand / tu / étudier / le français / ?

    _____

2. combien de temps / tu / étudier / hier / ?

    _____

3. qu'est-ce que / tu / faire / le week-end / ?

   _____

4. que / faire / tu / la dernière fois / que je t'ai vu(e) / ?

   _____

5. quand / habiter / tu / dans ton appartement (ou ta maison) / ?

   _____

D. Résumé de l'interview. Maintenant, inventez les réponses données par (*by*) l'étudiant(e) pendant votre interview et écrivez un paragraphe qui les résume (*sums them up*).

_____

_____

_____

_____

E. Quand? Écoutez la question et donnez une réponse logique avec **depuis, pendant** ou **il y a**, selon le cas. Puis écoutez pour vérifier votre réponse.

> MODÈLE: Vous entendez: Quand a-t-elle téléphoné?
> Vous voyez: deux minutes
> Vous dites: Il y a deux minutes.
> Vous entendez: Il y a deux minutes.

1. trente minutes	3. six heures	5. janvier
2. sept mois	4. hier	6. dix jours

F. Vos activités habituelles. Répondez aux questions suivantes en employant **depuis** et **pendant**.

> MODÈLES: Je fais du footing pendant quarante-cinq minutes tous les jours.
> Je parle espagnol depuis neuf ans maintenant.
> Je n'ai pas fumé (*smoked*) depuis sept ans.

1. Parlez de vos activités habituelles. Pendant combien de temps faites-vous ces activités normalement (*normally*)?

   _____

   _____

2. Depuis combien de temps est-ce que vous faites ces activités?

   _____

   _____

3. Qu'est-ce que vous n'avez pas fait depuis longtemps?

   _____

   _____

Structure 43

La forme et la place des adverbes
Describing actions

A. **Prononciation.** You learned in your textbook that adjectives with **-ant** and **-ent** endings in the masculine form adverbs ending with **-amment** and **-emment**. These adverb endings are both pronounced the same way: /amã/. Listen and repeat.

const**amment**	élég**amment**	méch**amment** (*meanly*)
appar**emment**	évid**emment**	pati**emment**

Now pronounce each of the following sentences aloud, paying particular attention to pronunciation of the adverb.

1. Je deviens folle! Ma camarade de chambre parle const**amment**!
2. Personne ne t'a parlé de cette histoire, appar**emment**?
3. Tu l'aimes, évid**emment**.
4. Ce petit garçon parle méch**amment** à sa mère, n'est-ce pas?

B. **De quelle façon?** Écoutez les phrases et décidez comment répondre aux questions suivantes en choisissant l'adverbe approprié. Puis écoutez pour vérifier votre réponse.

MODÈLE: Vous entendez: Bonjour... . Je... m'appelle... Luc.
Vous voyez: Est-ce qu'il parle a. lentement ou b. vite?
Vous dites: Il parle lentement.
Vous choisissez: a.
Vous entendez: Il parle lentement.

1. Est-ce qu'elle parle _____?   a. doucement   b. sévèrement
2. Est-ce qu'il parle _____?   a. gentiment   b. furieusement
3. Est-ce qu'il chante (*sings*) _____?   a. bien   b. mal
4. Est-ce qu'elle parle _____?   a. discrètement   b. sévèrement
5. Est-ce qu'elle rit (*laughs*) _____?   a. doucement   b. follement
6. Est-ce qu'il parle _____?   a. nerveusement   b. calmement
7. Est-ce qu'il parle _____?   a. vite   b. lentement

C. **Un frère et une sœur très différents!** Patrick et sa sœur, Paule, sont deux personnes complètement différentes! Complétez chaque phrase pour exprimer ces différences. *Attention:* Un des adverbes n'est pas utilisé.

Vocabulaire utile: bien, follement, gentiment, lentement, mal, tellement, timidement

MODÈLE: Patrick danse mal. Paule _*danse bien*_.

1. Patrick mange rapidement. Paule _____.

2. Paule s'habille raisonnablement (*sensibly*). Patrick _____

   _____.

3. Patrick parle franchement. Paule _____.

4. Paule travaille bien. Patrick _____.

5. Patrick parle méchamment. Paule _____.

D. Peut-être... Écrivez des phrases avec les éléments donnés. *Attention*: Placez correctement l'adverbe qui est entre parenthèses.

MODÈLE: (lentement) l'enfant / répondre (p.c.) →
L'enfant a répondu lentement.

1. (peut-être) mon oncle / connaître (présent) / dix acteurs célèbres (*famous*)

   _____

2. (seulement) nous / avoir (présent) / une heure / pour / terminer ce travail

   _____

3. (vite) il / comprendre (p.c.) / cette histoire difficile

   _____

4. (apparemment) vous / se tromper (p.c.)

   _____

5. (peut-être) elles / rendre visite (p.c.) / leur grand-mère / ?

   _____

E. Comment? Écrivez une nouvelle phrase avec l'adverbe qui correspond à l'adjectif entre parenthèses. *Attention*: Placez correctement l'adverbe que vous employez.

MODÈLE: Nous faisons les courses. (rapide) →
Nous faisons les courses rapidement.

1. Vous êtes sûr? (absolu)

   _____

2. Elle est la seule étudiante d'espagnol. (apparent)

   _____

3. Mais vous êtes difficile! (vrai)

   _____

4. J'ai parlé avec le psychologue. (franc)

   _____

5. Il habite dans mon appartement. (actuel)

   _____

6. Elle comprenait ce que (*what*) nous voulions. (exact)

   _____

7. Je suis rentré après mon travail. (immédiat)

   _____

8. Ils étaient fâchés contre nous. (évident)

   _____

(*continued*)

9. Elle veut venir avec nous. (sûr)

_____

10. Ce garçon est petit. (tel)

_____

🎧 **F.** **Mais comment?** Lisez (*Read*) la phrase, puis écoutez l'adjectif. Faites une nouvelle phrase avec l'adverbe qui correspond à l'adjectif. Puis écoutez pour vérifier votre réponse. *Attention*: Placez correctement l'adverbe que vous employez.

> MODÈLE: Vous lisez: Il est sorti du train.
> Vous entendez: immédiat
> Vous dites: Il est sorti immédiatement du train.
> Vous entendez: Il est sorti immédiatement du train.

1. Elle a répondu à l'enfant.
2. Nous parlions avec nos parents.
3. Ils attendent dans la rue.
4. Tu t'es endormi dans ton lit.
5. Je reste à Paris.
6. Elle était américaine.
7. Tu as compris la leçon?
8. Il s'habille pour sortir.
9. Nous avons dansé à la fête.
10. Cette émission est ennuyeuse.

G. **La vie change!** Écrivez six paires de phrases pour montrer comment votre vie a changé depuis vos années au lycée. Utilisez beaucoup d'adverbes et des verbes au présent et à l'imparfait.

> MODÈLE: Au lycée, j'étudiais rarement. Maintenant, j'étudie très souvent.

QUELQUES ACTIVITÉS		QUELQUES ADVERBES	
acheter le journal	parler français	actuellement	seulement
aller au cinéma	regarder la télé	bien	souvent
étudier	sortir	facilement	trop
faire la cuisine	travailler	heureusement	vraiment
jouer au foot (au tennis)	?	mal	?
		rarement	

1. _____

_____

2. _____

_____

3. _____

_____

4. _____

_____

5. _____

_____

6. _____

_____

Regards sur la culture

Les transports

Le train en France est un moyen de transport facile et agréable. Il y a, par exemple, beaucoup de trains tous les jours entre Paris et Toulouse (dans le sud-ouest de la France). Alors, pourquoi se fatiguer en voiture? Voici les horaires (*schedules*) de la SNCF (Societé nationale des chemins de fer) pour les trains entre Paris et Toulouse.

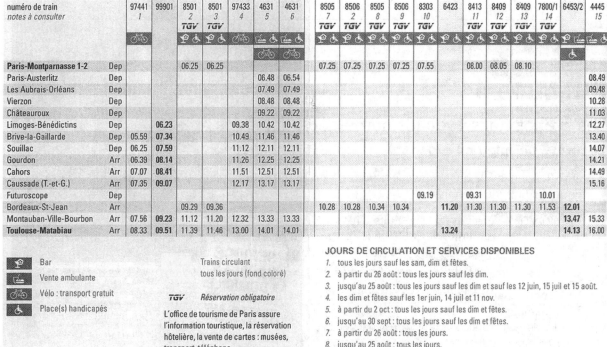

numéro de train notes à consulter		97441 1	99901	8501 2 TGV	8501 3 TGV	97433 4	4631 5	4631 6	8505 7 TGV	8506 2 TGV	8505 8 TGV	8506 9 TGV	8303 10 TGV	6423	8413 11 TGV	8409 12 TGV	8409 13 TGV	7800/1 14 TGV	6453/2	4445 15
Paris-Montparnasse 1-2	Dep			06.25	06.25				07.25	07.25	07.25	07.25	07.55		08.00	08.05	08.10			
Paris-Austerlitz	Dep						06.48	06.54												08.49
Les Aubrais-Orléans	Dep						07.49	07.49												09.48
Vierzon	Dep						08.48	08.48												10.28
Châteauroux	Dep						09.22	09.22												11.03
Limoges-Bénédictins	Dep		06.23			09.38	10.42	10.42												12.27
Brive-la-Gaillarde	Dep	05.59	07.34			10.49	11.46	11.46												13.40
Souillac	Dep	06.25	07.59			11.12	12.11	12.11												14.07
Gourdon	Arr	06.39	08.14			11.26	12.25	12.25												14.21
Cahors	Arr	07.07	08.41			11.51	12.51	12.51												14.49
Caussade (T.-et-G.)	Arr	07.35	09.07			12.17	13.17	13.17												15.16
Futuroscope	Dep													09.19	09.31			10.01		
Bordeaux-St-Jean	Arr			09.29	09.36				10.28	10.28	10.34	10.34			11.20	11.30	11.30	11.30	11.53	12.01	
Montauban-Ville-Bourbon	Arr	07.56	09.23	11.12	11.20	12.32	13.33	13.33											13.47	15.33
Toulouse-Matabiau	Arr	08.33	09.51	11.39	11.46	13.00	14.01	14.01						13.24					14.13	16.00

🍽 Bar

🛏 Vente ambulante

🚲 Vélo : transport gratuit

♿ Place(s) handicapés

Trains circulant tous les jours (fond coloré)

TGV *Réservation obligatoire*

L'office de tourisme de Paris assure l'information touristique, la réservation hôtelière, la vente de cartes : musées, transport, téléphone.

Un service de navettes assure la correspondance entre Orléans et Les Aubrais-Orléans.

JOURS DE CIRCULATION ET SERVICES DISPONIBLES

1. tous les jours sauf les sam, dim et fêtes.
2. à partir du 26 août : tous les jours sauf les dim.
3. jusqu'au 25 août : tous les jours sauf les dim et sauf les 12 juin, 15 juil et 15 août.
4. les dim et fêtes sauf les 1er juin, 14 juil et 11 nov.
5. à partir du 2 oct : tous les jours sauf les dim et fêtes.
6. jusqu'au 30 sept : tous les jours sauf les dim et fêtes.
7. à partir du 26 août : tous les jours.
8. jusqu'au 25 août : tous les jours.
9. jusqu'au 25 août : tous les jours sauf les dim et sauf les 12 juin et 15 août.
10. du 1er au 29 juin et du 2 sept au 31 oct : les mar, jeu, sam, dim et fêtes.
11. les dim et le 12 juin.
12. jusqu'au 25 août : tous les jours sauf les sam et dim et sauf le 12 juin.
13. jusqu'au 26 août : les sam; à partir du 28 août : tous les jours sauf les dim.

De Paris à Toulouse. Regardez les horaires des trains du matin Paris–Toulouse. Le numéro du train se trouve en haut de (*at the top of*) l'horaire avec le numéro de la note à consulter au-dessous. Les symboles pour les services dans les trains, par exemple, «vente ambulante» (*food carts*), se trouvent en bas (*at the bottom*) à gauche, au-dessous de la liste des villes.

Écrivez le numéro du train que vous voudriez (*would like to*) prendre dans les situations suivantes. Si vous avez besoin de changer de train, notez les deux numéros. Il y a peut-être plusieurs réponses possibles.

MODÈLE: Nous partons de Paris-Montparnasse à 7 h 25 pour arriver à Toulouse à 13 h 34. →
Nous prenons le TGV numéro 8505 et le train numéro 6423.

1. Nous voulons partir de la Gare d'Austerlitz à Paris tôt le matin avec nos vélos.

_____

2. Notre ami Marc est dans un fauteuil roulant (*wheelchair*) et nous partons le 12 juin à 8 h.

_____

(continued)

3. Nous avons besoin de manger dans le train parce que notre train direct Paris–Bordeaux part avant 7 h du matin.

   _____

4. Nous voulons arriver à Toulouse vers 14 h 15 et nous acceptons de changer de train à la gare de Bordeaux.

   _____

5. Nous voulons aller de Limoges à Toulouse. Il faut arriver avant 10 h.

   _____

Structure 44

Les prépositions avec les noms géographiques

Locating people and places

 A. **Où?** Répondez à la question avec le nom géographique et la préposition appropriée. Puis écoutez pour vérifier votre réponse.

> MODÈLE: Vous voyez: États-Unis
> Vous entendez: Où habitez-vous en hiver?
> Vous dites: Nous habitons aux États-Unis en hiver.
> Vous entendez: Nous habitons aux États-Unis en hiver.

1. Japon
2. Allemagne
3. Texas
4. Québec
5. Maroc
6. Europe
7. Afrique
8. Madrid
9. Amérique du Sud
10. Australie

B. **Origines.** Dites de quel pays vient chaque personne. Puis écoutez pour vérifier votre réponse.

> MODÈLE: Vous voyez: M. Iglesias
> Vous entendez: Mexique
> Vous dites: M. Iglesias vient du Mexique.
> Vous entendez: M. Iglesias vient du Mexique.

1. Véronique Su
2. Catherine Beausoleil
3. John O'Connell
4. M. Leclerc
5. Juliette Binet
6. M. et Mme Festoc
7. vous

🎧 **C.** **Les voyages d'affaires.** Beaucoup de cadres font des voyages d'affaires ce week-end. Répondez à des questions à propos de leurs voyages. Puis écoutez pour vérifier votre réponse.

PASSAGER	LIEU DE DÉPART	DESTINATION	MOYEN DE TRANSPORT
Michel Bousquet	Chine	Israël	avion
Louis Pêcheur	France	Angleterre	train
Caroline Éberlé	Floride	New York	voiture
Mathieu Robeson	Marseille	Rennes	TGV
Angéline Géricault	Canada	Vietnam	avion

MODÈLE: Vous entendez: D'où part Michel Bousquet?
Vous dites: Il part de Chine en avion.
Vous entendez: Il part de Chine en avion.

MODÈLE: Vous entendez: Où va Michel Bousquet?
Vous dites: Il va en Israël.
Vous entendez: Il va en Israël.

1. ...   2. ...   3. ...   4. ...   5. ...   6. ...   7. ...   8. ...

D. **Caroline Éberlé.** Complétez cette histoire de la vie de Caroline Éberlé en mettant les articles ou les prépositions appropriées. *Attention*: Un des blancs doit rester vide. Mettez-y un X. (*Put an X there.*)

Caroline Éberlé est née _____[1] Pennsylvanie mais elle a grandi[a] _____[2] Virginie;

son père a travaillé _____[3] Washington, D.C. pendant dix-huit ans. Elle a passé tous les

étés de son enfance _____[4] France, _____[5] Toulouse, avec sa famille. Après

l'université, elle a voyagé pendant six mois avec une amie. Elles ont visité _____[6]

Australie et _____[7] Amérique du Sud. Maintenant, elle habite _____[8] Portugal.

Les amis de Caroline viennent de beaucoup d'endroits différents. Miguel Buñuel vient

_____[9] Espagne. Sa copine[b] Véronique vient _____[10] Belgique et Rossana

Capodieci est _____[11] Italie. Caroline a un nouveau travail qui commence en avril;

elle quitte _____[12] Portugal en janvier pour visiter _____[13] Terre-Neuve[c]

avec Rossana.

[a]*a... grew up*   [b]*girlfriend*   [c]*Newfoundland*

E. **Autour du monde. (*Around the world.*)** Faites des phrases complètes avec les éléments donnés. Mettez les articles et les prépositions appropriées.

1. l'avion / partir (p.c.) / Antarctique / et / il / arriver (p.c.) / Nouvelle-Écosse

_____

2. Jay Westin / quitter / souvent / États-Unis / et / cet été / il / voyager / Allemagne

_____

3. nous / aller / cet été / Le Havre / et puis / nous / visiter / Israël

_____

4. vous / quitter (p.c.) / Mexique / et / ensuite / vous / voyager (p.c.) / San Francisco / ?

_____

F. La Route d'Alex. Regardez la carte et tracez la route qu'Alex Duras va prendre. Écrivez un paragraphe dans lequel (*in which*) vous expliquez son itinéraire.

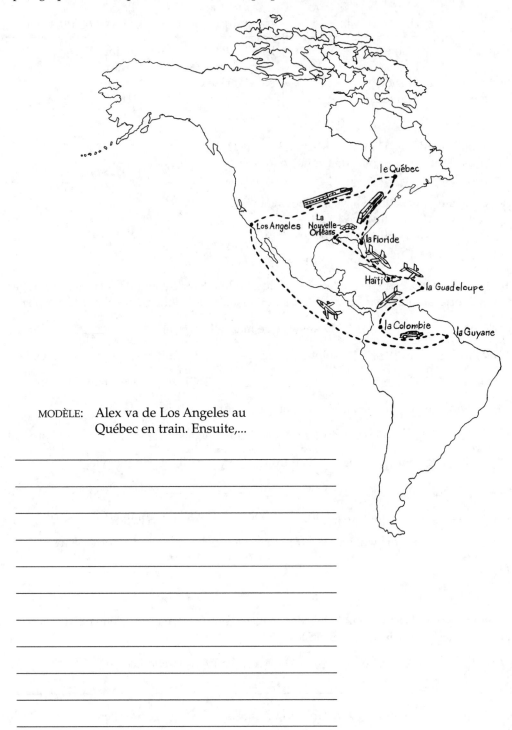

MODÈLE: Alex va de Los Angeles au
Québec en train. Ensuite,...

_____

_____

_____

_____

_____

_____

_____

_____

_____

_____

G. **Votre tour du monde, un voyage de rêve.** Cet été, vous allez pouvoir faire le tour du monde. Écrivez cinq phrases pour dire où vous allez et comment vous vous rendez d'un endroit à l'autre.

_____

_____

_____

_____

_____

À écrire

Un voyage raté

Réussir un voyage, ce n'est pas toujours évident! Vous allez raconter un voyage où les choses ne se sont pas passées comme prévu (*planned*). Est-ce que c'était un voyage en voiture? en métro? en bus? en autocar? en train? en avion? en bateau (*boat*)?

Première étape. Utilisez le tableau suivant pour organiser votre plan. Répondez aux questions avec des mots que vous allez utiliser dans votre récit. Quelles étaient les circonstances du voyage? Quand est-ce que vous l'avez fait? Est-ce que c'était un voyage d'affaires? d'agrément (*pleasure*)? Quelle était votre destination? Qu'est-ce qui est arrivé—un malentendu (*misunderstanding*)? un détail oublié? un obstacle? Que s'est-il passé à la fin? Avez-vous pu régler (*to solve*) le problème? Qu'est-ce que vous avez fait?

	VOYAGE PRÉVU	VOYAGE RÉEL
Avec qui?		
Qu'est-ce que... ?		
Quand?		
Où?		
Comment?		
Pourquoi?		

Deuxième étape. Notez aussi d'autres mots de vocabulaire dont (*of which*) vous allez avoir besoin. Par exemple: **annuler** (*cancel*), **une escale** (*stopover*), **être censé** + infinitif (*to be supposed to*), **manquer un rendez-vous** (*to miss a meeting*), **remettre** (*to postpone*), **se perdre** (*to get lost*), **se tromper de** (*to be wrong/ mistaken about*), **voler** (*to steal*)

_____

_____

_____

_____

_____

_____

Troisième étape. Maintenant, racontez l'histoire de votre voyage.

MODÈLE: Il y a un an, j'ai dû faire un voyage à San Francisco. Je devais passer trois jours
à travailler...

_____

_____

_____

_____

_____

_____

_____

_____

Quatrième étape. Maintenant, relisez votre narration et corrigez les fautes d'orthographe, de ponctuation, de grammaire et de vocabulaire, s'il y en a. Faites particulièrement attention aux accords sujet-verbe et substantif-adjectif, ainsi qu'aux temps des verbes (*as well as to the verb tenses*).

Chapitre 15

Une piste!

Vocabulaire en contexte

Le métissage des cultures

A. **Les dessins de cuisine.** Écoutez chacune des descriptions et mettez le numéro de la description sous le dessin qui lui correspond.

> MODÈLE: Vous entendez: Numéro un, c'est le dessin d'une casserole (*saucepan*). On va bientôt faire bouillir des navets. C'est le numéro un.
> Vous marquez: le numéro *1* sous le dessin d'une casserole avec des navets

B. **Les ingrédients.** Complétez chaque phrase de façon logique (*in a logical way*). Faites les accords nécessaires. *Attention:* Un des verbes de chaque liste n'est pas utilisé. Lisez le titre de chaque groupe de questions pour vous aider.

Les légumes d'été

Vocabulaire utile: aubergine, courge, courgette, haricot vert, navet, tomate

1. Il y a beaucoup de sortes de _____. Ils existent dans beaucoup de couleurs

   différentes—blanc, jaune, orange ou vert.

2. La _____ et les _____ sont deux légumes verts qu'on

   mange souvent en été.

3. L'_____ est souvent violette.

4. La _____ est un fruit rouge, mais on l'emploie comme un légume.

Les légumes qui poussent sous la terre (*grow underground*)

> **Vocabulaire utile:** carotte, courge, navet, oignon, pomme de terre

5. La _____ est un légume long et orange.

6. On fait souvent cuire une _____ au four.

7. Le _____ peut avoir un goût très fort (*very strong flavor*).

8. On ajoute des _____ à beaucoup de plats du monde entier. Ils sont bons

   pour la santé.

Pour faire la cuisine

> **Vocabulaire utile:** casserole, huile d'olive, huile de sésame, maghrébin, pois chiche, recette, vapeur

9. Le couscous est un plat typique de la cuisine _____.

10. On peut acheter des _____ secs ou en boîte. Ils sont un des ingrédients de

    base de beaucoup de plats du Maroc et de l'Algérie.

11. Pour faire frire (*fry*) des légumes ou de la viande, on emploie de l'_____ ou

    de l'_____.

12. Il y a des gens qui sont très créatifs dans la cuisine. Ils n'emploient jamais de

    _____ quand ils font la cuisine.

C. **L'immigration.** Choisissez le mot ou l'expression qui correspond à chaque définition.

1.	≠ un citoyen	a.	cent ans
2.	mélanger	b.	accepter
3.	profiter	c.	combiner
4.	un siècle	d.	un étranger
5.	le raï	e.	bénéficier
6.	accueillir	f.	musique algérienne

Spécialités du monde entier

A. **Les cuisines du monde.** Écoutez la description et indiquez tous les mots qui entrent dans cette catégorie.

> MODÈLE: Vous voyez: le bœuf le porc le poulet le riz
>
> Vous entendez: C'est une viande.
>
> Vous choisissez: (le bœuf) (le porc) (le poulet) le riz

1.	les pâtes	les betteraves	l'ail	les tomates
2.	l'oignon vert	l'huile d'olive	le gingembre	la sauce de soja
3.	le yaourt	la noix de coco	les cacahouètes	les pâtes
4.	les champignons	les betteraves	le curry	les pommes de terre
5.	le pain pita	les salades	les pois chiches	les champignons
6.	le curry	le yaourt	les lentilles	les cacahouètes

7.	l'aubergine	l'huile de sésame	la courge	la courgette
8.	l'aubergine	le raisin sec	le grain de couscous	le pois chiche
9.	la pomme de terre	l'aubergine	l'oignon	la carotte
10.	la cuisine israélienne	la cuisine indienne	la cuisine russe	la cuisine vietnamienne

B. La géographie. Complétez les mots croisés. Faites les accords nécessaires.

Pays et régions utiles: Inde, Israël, Italie, Maghreb, Pakistan, Russie

Nationalités et origines utiles: indien, israélien, italien, maghrébin, pakistanais, russe

HORIZONTALEMENT

2. femme d'un pays asiatique
3. région d'Afrique du Nord, formée du Maroc, de l'Algérie et de la Tunisie
4. homme qui habite à Tel Aviv ou à Jérusalem
6. habitant(e) de Moscou
8. homme qui vient de Rome
9. plus grand pays d'Asie, avec une partie en Europe

VERTICALEMENT

1. homme qui vient d'Afrique du Nord
2. pays près de l'Inde
4. pays méditerranéen
5. Jérusalem se trouve dans ce pays.
7. homme originaire de l'Asie du Sud
8. Calcutta se trouve dans ce pays.

C. **Vos préférences.** Répondez aux questions sur ce que vous aimez.

1. Quelles cuisines du monde aimez-vous?

   _____

2. Quelles cuisines aimez-vous préparer?

   _____

3. Quelles cuisines préférez-vous quand vous sortez au restaurant?

   _____

4. Quels ingrédients avez-vous toujours chez vous?

   _____

5. Décrivez un repas de fête chez vous.

   _____

D. **Une recette.** Employez le vocabulaire de ce chapitre et donnez les ingrédients d'un plat que vous aimez faire. Utilisez les mots du vocabulaire utile ou d'autres mots que vous connaissez.

   _____

   _____

   _____

   _____

   _____

   _____

À l'affiche

A. **Vous rappelez-vous?** Choisissez **a** ou **b** pour raconter les événements de l'Épisode 15 du film.

1. Rachid explique (*explains*) que les vieux de Saint-Jean _____ parler de la guerre.

   a. voulaient bien   b. ne voulaient pas

2. Rachid invite Camille à manger _____.

   a. un poulet frites   b. un couscous

3. Rachid, Sonia et Yasmine sont nés à _____.

   a. Marseille   b. Fès

4. Rachid ne boit pas de _____.

   a. café   b. vin

5. Camille demande si Rachid a rencontré des gens qui s'appellent _____.

   a. Leblanc   b. Lemaire

6. Rachid a _____ pour Camille.

   a. un numéro de téléphone   b. une adresse

B. À propos des personnages

 Première étape. Écoutez l'histoire de Rachid en reportage dans les Cévennes.

Il pleut sur Saint-Jean de Causse quand Rachid Bouhazid arrive dans le petit village. Il n'y a personne. C'est très calme. Trop calme. Il entre dans l'hôtel-restaurant du village, mais comment va-t-il faire un reportage s'il n'y a personne?

À l'hôtel, Rachid a de la chance. La patronne de l'hôtel est très sympathique. Rachid lui dit qu'il est là pour faire un reportage sur les Cévennes, et elle propose[1] de lui présenter des gens du village. Rachid va dans sa chambre, très heureux, mais il pense aussi à la vraie raison pour son voyage. Il veut trouver des informations pour Camille. Mais comment est-ce qu'il va poser des questions sur la guerre, sur 1943 et sur Antoine Leclair?

Plus tard, il descend au bar-restaurant de l'hôtel. Là, plusieurs hommes d'un certain âge[2] jouent aux cartes et discutent en prenant un verre. L'un de ces hommes se lève et se présente;[3] c'est le maire[4] du village. Il a compris que Rachid préparait un reportage sur Saint-Jean de Causse et il veut bien parler devant la caméra. Il aime beaucoup son village, mais il est réaliste. Il parle de la beauté de la nature et des traditions de la région, mais il parle aussi de ses problèmes économiques. Il n'y a pas de travail pour les jeunes. C'est un dialogue intéressant et Rachid trouve ce vieux monsieur très sympathique.

Mais quand Rachid lui pose des questions sur la guerre, son attitude change. Monsieur le Maire ne veut plus parler. Il dit simplement «Beaucoup d'hommes du village sont morts.» Et l'interview est finie.

Le lendemain, Rachid part. Sur le chemin du retour,[5] Rachid décide de filmer le paysage.[6] Une ferme[7] en particulier est très jolie; c'est une image magnifique pour son reportage. Une vieille dame, Mme Leblanc, habite dans cette ferme, alors Rachid lui parle un peu et il interviewe aussi son petit-fils. Cela va être un beau reportage sur les Cévennes. Mais dans le train pour Paris, Rachid pense à Camille. Il est triste parce qu'il n'a rien appris sur son grand-père.

[1]offers [2]d'un... older [3]se... introduces himself [4]mayor [5]Sur... On the way back [6]countryside [7]farm

Deuxième étape. Mettez les phrases suivantes dans l'ordre chronologique en vous basant sur le texte précédent.

_____ Rachid arrive à Saint-Jean de Causse.

_____ Rachid parle avec Monsieur le Maire.

_____ Rachid filme une jolie ferme.

_____ Rachid est triste pour Camille.

_____ Rachid fait la connaissance de la patronne de l'hôtel.

_____ Rachid voit plusieurs hommes dans le bar de l'hôtel.

_____ Rachid quitte le village.

C. Vous avez compris? En vous basant sur l'histoire de Rachid dans les Cévennes, répondez à chacune des questions suivantes avec le nom du personnage qui convient. Puis écoutez pour vérifier votre réponse.

Personnages: Jeanne Leblanc, la patronne de l'hôtel, le petit-fils de Jeanne Leblanc, les hommes de Saint-Jean de Causse, Monsieur le Maire, Rachid

MODÈLE: Vous entendez: Qui est la première personne que Rachid rencontre à Saint-Jean de Causse?
Vous dites: C'est la patronne de l'hôtel.
Vous entendez: C'est la patronne de l'hôtel.

1. ...   2. ...   3. ...   4. ...   5. ...   6. ...

Prononciation et orthographe

Les sons /ɲ/ et /l/

Le son /ɲ/

The nasal consonant /ɲ/ is similar to the sound in the English words *onion* or *canyon*. Listen and repeat.

> Allema**gn**e enseignement se pei**gn**er si**gn**et

In French, it is spelled **gn**.*

Le son /l/

In English, there are two types of l sounds. The "heavy" l occurs at the end of a syllable or before another consonant. The "light" l occurs before a vowel or between two vowels.

HEAVY:	feel	ladle	missile	cold	milk	self
LIGHT:	laugh	leaf	lunch	brilliant	melody	talent

In French, there is only one variety of l, which sounds similar to the English "light" l. Its symbol is /l/ and it can be spelled either as l or as ll. Listen and repeat.

céréales	cheval	langue	remplacer	tel
Allemagne	base-ball	cannelle	mille	pull-over

Autres sons pour la lettre «l»

- In word final position, the spelling **-il** can represent three different sounds. Listen and repeat.

/il/	avril	mil
/i/	gentil	outil (*tool*)
/j/	travail	soleil

  Notice that two of these sounds do not include the /l/ sound at all.

- The spelling **-ill** can represent two different sounds. Listen and repeat.

/il/	mille	tranquille	ville	
/ij/	fille	billard	cuillère	juillet

- In a few words, the l is completely silent. Listen and repeat.

  fils /fis/ Renault /rəno/

A. Écoutez et prononcez. Listen carefully to each sentence and then repeat after the speaker.

1. En Allema**gn**e et en Espa**gn**e, il y a beaucoup de monta**gn**es.
2. Ce ma**gn**étoscope est ma**gn**ifique!
3. Les oi**gn**ons et les champi**gn**ons sont des ingrédients importants dans un bœuf bourgui**gn**on.
4. Daniel ensei**gn**e l'espa**gn**ol avec un ma**gn**étophone.
5. Je mange des champi**gn**ons accompa**gn**és d'un verre de champa**gn**e.

---

*Dictionary entries transcribe the pronunciation of **ni** before a vowel as /nj/, however many French speakers tend to pronounce this combination the same way they would pronounce **gn**. Compare, for example, **panier** and **accompagner**.

B. **Quel son?** Listen to each sentence and underline the /l/ sounds that you hear. Then listen again and repeat the sentence carefully, paying special attention to the pronunciation of each **l** or **ll**. Which of them are pronounced like /l/ and which have a different pronunciation? Underline any **l** or **ll** that is pronounced as /l/. You will hear each sentence twice.

1. Céline ne veut plus faire la vaisselle.
2. Comment s'appelle le fils de Louise?
3. Il y a deux mille habitants dans cette ville.
4. Le nouvel étudiant est tellement intellectuel.
5. Est-il facile d'aller de Lille à Limoges en automobile?
6. Le village est tranquille en hiver quand il pleut et qu'il gèle (*freezes*).
7. Ma fille est follement amoureuse d'un bel homme (mais, c'est ridicule).
8. Quelles dames s'habillent en tailleur? Les dames qui travaillent en ville?

Structure 45

Les verbes comme *ouvrir*

Talking about everyday actions

A. **Prononciation.** Repeat the conjugation of **ouvrir**, trying to match your pronunciation as closely as possible to the speaker's.

j'ouvre	nous ouvrons
tu ouvres	vous ouvrez
il ouvre	ils ouvrent
elle ouvre	elles ouvrent
on ouvre	

The pronunciation of the present-tense forms of the verbs **ouvrir**, **couvrir**, **découvrir**, **offrir**, and **souffrir** follows a pattern you have seen with many irregular verbs.

- All forms of the singular are pronounced alike. Listen and repeat.

j'offre	tu offres	il offre	elle offre	on offre
je souffre	tu souffres	il souffre	elle souffre	on souffre

- Even the plural **ils/elles** form sounds the same as the singular. Listen and repeat.

  il couvre   ils couvrent

- For **ouvrir** and **offrir**, which begin with a vowel sound, you can tell the difference between singular and plural because **enchaînement** occurs in the singular and **liaison** of the /z/ sound occurs in the plural.* Listen and repeat.

  il‿ouvre   ils‿/z/ouvrent
  il‿offre   ils‿/z/ offrent

- For the other verbs, which begin with consonant sounds, context will tell you whether the subject is one person or more than one.

---

*Liaison also occurs between subject pronoun and verb in the **nous** and **vous** forms: **nous‿/z/ouvrons**; **vous‿/z/offrez**.

Now listen to each sentence and repeat it aloud. Then indicate whether the subject is one person or more than one person or whether it is impossible to say. You will hear each sentence twice.

	1.	2.	3.	4.	5.	6.	7.
une personne	☐	☐	☐	☐	☐	☐	☐
2+ personnes	☐	☐	☐	☐	☐	☐	☐
impossible à dire	☐	☐	☐	☐	☐	☐	☐

B. **Les activités de tous les jours.** Écoutez la description et répondez à la question avec une des expressions du vocabulaire utile. Conjuguez les verbes au présent. Puis écoutez pour vérifier votre réponse.

Vocabulaire utile: couvrir la casserole, découvrir un cadeau (*gift*) de Noël, fermer la fenêtre, offrir un cadeau à sa mère, ouvrir la porte, souffrir beaucoup

> MODÈLE: Vous entendez: Amanda a le couvercle (*cover*) de la casserole dans la main. Que fait-elle?
> Vous dites: Elle couvre la casserole.
> Vous entendez: Elle couvre la casserole.

1. ...   2. ...   3. ...   4. ...   5. ...

C. **Qu'est-ce qu'on ouvre?** Faites une phrase avec le sujet que vous lisez, le verbe **ouvrir** et la chose que vous entendez. Puis écoutez pour vérifier votre réponse.

> MODÈLE: Vous lisez: Jean-Marc
> Vous entendez: un cadeau
> Vous dites: Jean-Marc ouvre un cadeau.
> Vous entendez: Jean-Marc ouvre un cadeau.

1. tu   2. je   3. nous   4. Christine   5. mes amis   6. vous

D. **L'anniversaire de Solène.** Qu'est-ce qu'on offre à Solène pour son anniversaire? Faites une phrase avec le sujet que vous entendez, le verbe **offrir** et la chose que vous voyez sur le dessin. Puis écoutez pour vérifier votre réponse.

> MODÈLE: Vous voyez:

> Vous entendez: sa sœur
> Vous dites: Sa sœur lui offre une robe.
> Vous entendez: Sa sœur lui offre une robe.

1.    2.    3.

4.   5.   6.

E. Au passé. Écrivez chaque phrase au passé composé avec les éléments donnés et un des verbes suivants: **couvrir, découvrir, fermer, offrir, ouvrir, souffrir.**

> MODÈLE: vous / un bon restaurant maghrébin / ?   →
> Vous avez découvert un bon restaurant maghrébin?

1. nous / de la grippe / mois dernier

   _____

2. les patrons / restaurant / en 1982 / et ils / le / en 1998

   _____

3. pour mon anniversaire / elle / me / radio

   _____

4. je / les fleurs / hier soir / parce qu'il faisait froid

   _____

5. tu / la vérité / et tu / ne rien dire / ?

   _____

6. vous / enveloppe / et vous / lire / lettre / ?

F. Des ordres. Écrivez une phrase à l'impératif pour chaque situation. Employez le même verbe qu'il y a dans la phrase que vous lisez.

> MODÈLE: Hélène et Jean n'ouvrent pas la bouteille de vin quand leurs amis arrivent chez eux. →
> Leurs amis leur disent: «Ouvrez la bouteille!»

1. Votre ami n'ouvre pas son livre dans son cours d'espagnol.

   Vous dites à votre ami: «_____»

2. Solène et Joëlle n'offrent pas de cadeaux à leurs frères à Noël.

   Leur mère leur dit: «_____»

3. Nous ne découvrons pas facilement la vérité.

   Nous nous disons: «_____»

4. Nicole souffre beaucoup et elle ne va pas chez le médecin.

   Sa mère lui dit: «Ne _____ plus!»

5. Nous ne fermons pas la porte et il fait très froid.

   Nous nous disons: «_____»

6. Mélanie et Monique ne couvrent pas la table avec une nappe.

   Leur père leur dit: «_____, s'il vous plaît.»

7. Solène ne ferme pas la porte du frigo et il fait chaud.

   Sa mère lui dit: «_____»

G. À vous maintenant! Répondez aux questions. Donnez autant de (*as many*) détails que possible.

1. Quand un(e) ami(e) souffre beaucoup, que faites-vous pour lui ou pour elle? Donnez un exemple.

   _____

   _____

2. Avez-vous souffert d'une maladie sérieuse? Racontez.

   _____

   _____

3. Quelles sortes de cadeaux aimez-vous offrir? Pourquoi?

   _____

   _____

4. Quels cadeaux est-ce que vos amis et votre famille vous ont offerts pour votre dernier anniversaire?

   _____

   _____

5. Quelle cuisine avez-vous découverte récemment? Où et comment?

   _____

   _____

Structure 46

Les pronoms *y* et *en*

Avoiding repetition

 A. Où? Écoutez les questions. Répondez par «oui» ou «non» et employez le mot **y** dans votre réponse. N'oubliez pas d'utiliser le pronom sujet logique dans la réponse. Puis écoutez pour vérifier votre réponse.

> MODÈLE: Vous entendez: Amanda travaille en Israël?
> Vous voyez: Oui,...
> Vous dites: Oui, elle y travaille.
> Vous entendez: Oui, elle y travaille.

1. Oui,...
2. Non, nous...
3. Oui,...
4. Oui,...
5. Non,...
6. Non,...
7. Oui,...

B. **Que mange Sylvie?** Regardez les dessins pour voir ce que Sylvie prend et ce qu'elle ne prend pas aujourd'hui et aussi ce qu'elle a mangé hier. Répondez à chaque question en employant le pronom **en**. Puis écoutez pour vérifier votre réponse.

Aujourd'hui, Sylvie mange et boit (ou ne mange pas et ne boit pas) ces choses.   Hier, Sylvie a pris (ou n'a pas pris) ces choses.

MODÈLE: Vous entendez: Sylvie mange beaucoup de poisson?
         Vous voyez: que Sylvie mange tout un poisson aujourd'hui.
         Vous dites: Oui, elle en mange beaucoup.
         Vous entendez: Oui, elle en mange beaucoup.

MODÈLE: Vous entendez: Sylvie a bu du café hier?
         Vous voyez: que Sylvie n'a pas pris de café hier.
         Vous dites: Non, elle n'en a pas bu.
         Vous entendez: Non, elle n'en a pas bu.

1. ...   3. ...   5. ...   7. ...   9. ...   11. ...
2. ...   4. ...   6. ...   8. ...   10. ...   12. ...

C. **Interview d'un étudiant.** Écoutez la question, choisissez la réponse convenable et répétez-la à haute voix (*aloud*). Puis écoutez pour vérifier votre réponse.

MODÈLE: Vous entendez: Réfléchissez-vous à votre profession?
         Vous voyez: Je réfléchis souvent à elle. / J'y réfléchis de temps en temps.
         Vous choisissez: Je réfléchis souvent à elle. / (J'y réfléchis de temps en temps.)
         Vous dites: J'y réfléchis de temps en temps.
         Vous entendez: J'y réfléchis de temps en temps.

1. J'y obéis presque toujours. / Je leur obéis quand je veux.

2. J'y mange assez. / Je n'en mange pas assez.

3. J'en ai des fois peur. / J'ai peur d'eux tout le temps.

4. Je parle d'eux. / J'en parle.

5. Je n'en écris jamais. / Je ne leur écris pas beaucoup.

6. J'y pense souvent. / Je pense souvent à eux.

D. **Julie se répète.** Voici des phrases que Julie écrit dans une lettre à sa mère. Elle se répète beaucoup. Aidez-la à éviter des répétitions en récrivant la partie en italique avec **y** ou **en**.

MODÈLE: Envoie-moi une chaîne-stéréo. *J'ai besoin d'une chaîne-stéréo.* →
         J'en ai besoin d'une.

1. J'ai beaucoup d'examens en ce moment. *Je pense à ces examens tout le temps.*

_____

2. Envoie-moi une lettre, maman. *J'ai envie d'une lettre.*

_____

(continued)

3. Merci pour le tee-shirt que tu m'as donné. *Je suis contente de ce tee-shirt.*

   _____

4. J'ai écrit une lettre à mes deux frères. *Vont-ils répondre à ma lettre?*

   _____

5. J'ai adoré le nouveau livre d'Isabel Allende. *Que penses-tu de ce livre?*

   _____

6. Je n'aime pas toutes les règles de mon patron au café où je travaille. *Je n'obéis pas toujours à ces règles.*

   _____

7. Est-ce que je peux avoir de l'argent pour acheter une nouvelle robe? *J'ai besoin d'une nouvelle robe.*

   _____

8. Je dois choisir une carrière bientôt. *Je réfléchis à ma carrière en ce moment et je veux parler avec toi de ma carrière.*

   _____

   _____

E. **Une lettre de sa mère.** La mère de Julie répond à ses lettres en l'encourageant à faire les mêmes choses qu'elle a faites à l'université. Complétez chaque pensée (*thought*) avec un verbe à l'impératif et **y**, **en**, un pronom accentué (*stressed pronoun*) ou un pronom complément d'objet.

   MODÈLE: Je buvais toujours de l'eau quand j'allais au café. →
   _____*Bois-en*_____ aussi, ma chérie.

1. Je prenais des salades à la caféteria. _____ aussi, d'accord?

2. J'obéissais toujours aux professeurs. _____ toi aussi.

3. Je ne buvais pas de whisky. _____, chérie.

4. Je réfléchissais longtemps à des décisions importantes. _____ longtemps aussi.

5. Je pensais souvent à mes parents. _____, OK?

6. Je ne sortais pas souvent en boîte de nuit. _____, ma fille.

7. Je n'allais pas souvent à des fêtes pendant la semaine. _____, d'accord, chérie?

8. J'adorais aller au musée. _____ aussi, Julie.

9. Je jouais du violon. _____ tous les jours aussi.

10. Je jouais aussi au football. _____ avec tes amis.

11. Je faisais du footing. _____ chaque matin.

12. Je réfléchissais beaucoup à mon avenir. _____, chérie.

F. **Catherine n'était pas sage!** Catherine ne faisait jamais ce que ses parents voulaient. Elle était rebelle. Imaginez sa jeunesse et répondez à ces questions logiquement. Évitez les répétitions en employant des pronoms, quand c'est possible.

> MODÈLE: Catherine jouait gentiment au tennis avec son petit frère? →
> Non, elle n'y jouait pas gentiment avec lui.

1. Catherine fumait des cigarettes?

   _____

2. Elle obéissait à ses instituteurs?

   _____

3. Elle mangeait trop de chocolat?

   _____

4. Elle réfléchissait à son comportement (*behavior*)?

   _____

5. Elle voulait acheter de la bière (*beer*)?

   _____

6. Elle pensait à ses devoirs?

   _____

7. Elle avait honte de ses actions?

   _____

8. Catherine répondait à son père quand il lui posait une question?

   _____

G. **Vos habitudes.** Répondez à chaque question en employant un pronom. Employez aussi une expression de quantité, si c'est nécessaire.

1. Combien de cocas buvez-vous chaque jour?

   _____

2. Achetez-vous beaucoup de viande?

   _____

3. Combien de fois par semaine faites-vous du sport?

   _____

4. Allez-vous souvent au restaurant?

   _____

5. Quand restez-vous à la maison?

   _____

(continued)

6. Pensez-vous beaucoup à votre enfance? Quand?

_____

7. Avec qui parlez-vous de vos problèmes?

_____

8. Êtes-vous content(e) de votre situation à l'université? Pourquoi ou pourquoi pas?

_____

Regards sur la culture

La France et les pays du monde arabe

L'Institut du monde arabe à Paris est un lieu de rencontre entre la France et les cultures de plusieurs pays arabes. Avec son musée, sa bibliothèque, ses salles de spectacle et d'autres services, cet endroit unique montre l'importance de l'échange et de la communication interculturels.

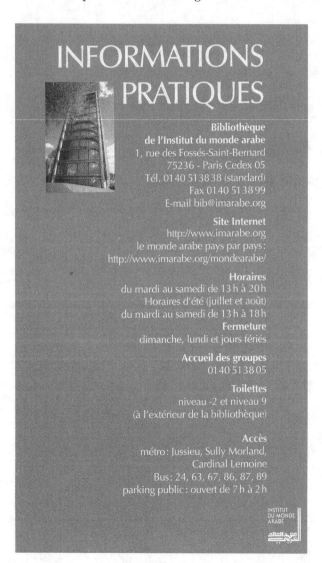

INFORMATIONS PRATIQUES

Bibliothèque
de l'Institut du monde arabe
1, rue des Fossés-Saint-Bernard
75236 - Paris Cedex 05
Tél. 01 40 51 38 38 (standard)
Fax 01 40 51 38 99
E-mail bib@imarabe.org

Site Internet
http://www.imarabe.org
le monde arabe pays par pays:
http://www.imarabe.org/mondearabe/

Horaires
du mardi au samedi de 13 h à 20 h
Horaires d'été (juillet et août)
du mardi au samedi de 13 h à 18 h
Fermeture
dimanche, lundi et jours fériés

Accueil des groupes
01 40 51 38 05

Toilettes
niveau -2 et niveau 9
(à l'extérieur de la bibliothèque)

Accès
métro: Jussieu, Sully Morland,
Cardinal Lemoine
Bus: 24, 63, 67, 86, 87, 89
parking public: ouvert de 7 h à 2 h

INSTITUT DU MONDE ARABE

L'Institut du monde arabe. Lisez la brochure et décidez si les phrases suivantes sont vraies ou fausses (V ou F).

_____ 1. La bibliothèque est ouverte jusqu'à 20 h en juillet.

_____ 2. Une des adresses Internet est **http://www.imarabe.org**.

_____ 3. Les toilettes se trouvent au niveau 7.

_____ 4. On peut envoyer un mél à la bibliothèque.

_____ 5. La bibliothèque est ouverte le lundi.

_____ 6. Il y a un parking.

_____ 7. Si on y va en métro, on descend à la station Saint-Michel.

Structure 47

Les verbes *vivre* et *suivre*

Talking about everyday actions

 A. **Prononciation.** Listen and repeat the conjugation of the verbs **vivre** and **suivre**, trying to match your pronunciation as closely as possible to the speaker's.

je vis	nous vivons	je suis	nous suivons
tu vis	vous vivez	tu suis	vous suivez
il vit	ils vivent	il suit	ils suivent
elle vit	elles vivent	elle suit	elles suivent
on vit		on suit	

The pronunciation of the present-tense forms of the verbs **vivre** and **suivre** follows a pattern you have seen with other irregular verbs.

- All singular forms are pronounced alike and end in a vowel sound. Listen and repeat.

je vis	tu vis	il vit	elle vit	on vit
je suis	tu suis	il suit	elle suit	on suit

- The stem of the plural forms ends with the sound /v/and the plural endings are added.

nous vivons	vous vivez	ils vivent
nous suivons	vous suivez	ils suivent

Now listen to each sentence, and repeat it aloud. Then circle the verb form you hear. Pay attention to the pronoun and the verb, and also to the context. You will hear each sentence twice.

1. vit   vivent
2. suivons   suivez
3. vit   vivent
4. suis   suit

5. suivons   suivez
6. vit   vivent
7. vivez   vivent
8. suit   suivent

 B. **Où vit-on?** Expliquez où vit la personne mentionnée en utilisant le verbe **vivre** et l'endroit donné. Puis écoutez pour vérifier votre réponse.

> MODÈLE: Vous entendez: Sophia
> Vous lisez: Italie
> Vous dites: Sophia vit en Italie.
> Vous entendez: Sophia vit en Italie.

1. Inde
2. Le Havre
3. Israël
4. Pakistan
5. Chicago
6. Russie

C. Les cours que nous suivons. Employez le verbe **suivre** pour dire quels cours chaque personne suit pour sa carrière. Puis écoutez pour vérifier votre réponse.

Vocabulaire utile: administration des affaires, droit, génie mécanique, langues étrangères, mathématiques, musique, théâtre

MODÈLE: Vous entendez: Je vais être ingénieur.
Vous dites: Je suis des cours de génie mécanique.
Vous entendez: Je suis des cours de génie mécanique.

1. ...   2. ...   3. ...   4. ...   5. ...

D. Que voulez-vous dire? Écoutez chaque phrase et décidez si vous entendez le verbe **être** ou le verbe **suivre**.

MODÈLE: Vous entendez: Je suis très fatiguée.
Vous voyez: être   suivre
Vous choisissez: (être)   suivre

1. être   suivre   3. être   suivre   5. être   suivre

2. être   suivre   4. être   suivre

E. Une femme remarquable. Employez un verbe de la liste pour chaque phrase et conjuguez-le au **passé composé**.

Verbes utiles: habiter, poursuivre, suivre, survivre, vivre

Ma grand-mère était une femme intéressante. Elle _____[1] de 1900 à 1999. Elle

_____[2] en Afrique, en Asie, en Europe et en Amérique du Nord et du Sud. Elle

_____[3] des études universitaires, ce qui était rare pour une femme à son

époque.° Elle _____[4] des cours d'anglais, d'italien et de japonais. Elle a été très,

très malade trois fois dans sa vie, mais elle _____[5] à tous ses amis et à son mari,

qui sont tous morts avant elle. C'était une femme remarquable!

°à... *in her time*

F. Et vous? Répondez aux questions.

1. Où est-ce que votre famille a vécu? Pendant combien de temps dans chaque lieu?

_____

_____

2. Est-ce que les gens aiment vivre dans votre ville ou village? Pourquoi ou pourquoi pas?

_____

_____

3. Où est-ce que vous voulez vivre? Nommez plusieurs endroits. Pourquoi voulez-vous vivre dans ces états ou ces pays?

_____

_____

4. Quels cours est-ce que vos amis suivent pour s'amuser?

_____

_____

Nom _____ Date _____ Cours _____

À écrire ✏️

Au restaurant — une critique culinaire

Pour un journal local, vous écrivez une critique d'un restaurant où vous avez mangé.

Première étape. Prenez de brèves (*short*) notes sur vos réponses à ces questions.

1. Quel est le nom du restaurant et où est-il? _____

2. Quelle sorte de cuisine y sert-on? _____

3. Décrivez le décor et l'ambiance. Est-ce un décor quelconque (*unremarkable*) ou original? Le restaurant est-il intime? calme? bruyant (*noisy*)? _____

_____

4. Qu'est-ce que vous avez commandé comme plat principal? Décrivez ce plat. Quels étaient les ingrédients principaux? _____

_____

5. Ce plat avait-il bon ou mauvais goût? Était-il épicé? piquant? fade (*bland*)? trop salé? poivré? La cuisson (*cooking*) était-elle appropriée? les aliments étaient-ils frais (*fresh*)? _____

_____

6. La présentation était-elle belle? ordinaire? originale? _____

7. Et le service était-il rapide? lent? Les serveurs étaient-ils attentifs? collants (*overbearing*)? absents? _____

Deuxième étape. Maintenant, choisissez quelques mots de vocabulaire (pas de phrases complètes) que vous aimeriez (*would like*) utiliser. Réfléchissez aussi aux exemples que vous allez employer pour justifier vos opinions et notez-les si vous en avez.

INTRODUCTION: _____

exemple(s): _____

DÉCOR: _____

exemple(s): _____

DESCRIPTION DU REPAS: _____

exemple(s): _____

QUALITÉ DU REPAS ET DES BOISSONS: _____

exemple(s): _____

QUALITÉ DU SERVICE ET COMMENTAIRE SUR LE PRIX: _____

_____

exemple(s): _____

Troisième étape. Maintenant, faites une synthèse de ces éléments pour rédiger votre critique culinaire. Par exemple, décrivez le repas et donnez vos impressions sur la qualité, le décor et le service.

MODÈLE: Voulez-vous passer une soirée agréable, dans une ambiance charmante qui rappelle (*recalls*) la vieille Chine? Je vous recommande le restaurant «Aux portes de la ville interdite»...

_____

_____

_____

_____

_____

_____

_____

_____

Quatrième étape. Maintenant, relisez votre narration et corrigez les fautes d'orthographe, de ponctuation, de grammaire et de vocabulaire, s'il y en a. Faites particulièrement attention aux accords sujet-verbe et substantif-adjectif, ainsi qu'aux temps des verbes.

Chapitre (16)

Le départ

Vocabulaire en contexte

Les loisirs dans les Cévennes

A. Les vacances en plein air. Gérard parle de ses photos de vacances. Complétez ses commentaires avec les mots que vous entendez. Vous allez entendre le paragraphe deux fois.

Sur la première photo, c'est moi sur _____.[1] J'aime beaucoup _____

_____.[2] Mon cousin Julien adore _____.[3]

Voilà une de ses photos du paysage.[a] Je n'ai jamais _____,[4] mais

j'aime aller voir des matchs. Nous avons décidé d'apprendre à _____.[5]

J'ai acheté _____[6] et cela s'est très bien passé la première fois.

À la fin[b] de la semaine, nous avons _____.[7] On a aussi

_____.[8] C'était cool. J'ai passé de très bonnes vacances, n'est-ce pas?

[a]landscape   [b]end

B. Allons jouer dehors! (*Let's go play outside!*) Regardez les dessins et répondez à chaque question en identifiant l'activité illustrée. Puis écoutez pour vérifier votre réponse.

MODÈLE: Vous voyez:

Vous entendez: Richard fait-il du ski?
Vous dites: Non, il fait de la photographie.
Vous entendez: Non, il fait de la photographie.

1.

2.

3.

(*continued*)

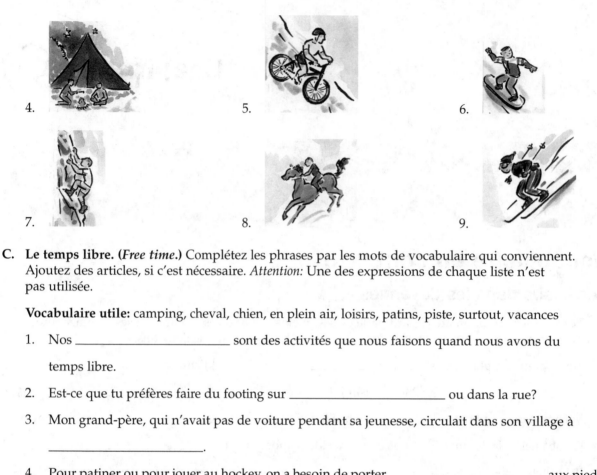

4.   5.   6.

7.   8.   9.

C. Le temps libre. (*Free time*.) Complétez les phrases par les mots de vocabulaire qui conviennent. Ajoutez des articles, si c'est nécessaire. *Attention:* Une des expressions de chaque liste n'est pas utilisée.

Vocabulaire utile: camping, cheval, chien, en plein air, loisirs, patins, piste, surtout, vacances

1.   Nos _____ sont des activités que nous faisons quand nous avons du

      temps libre.

2.   Est-ce que tu préfères faire du footing sur _____ ou dans la rue?

3.   Mon grand-père, qui n'avait pas de voiture pendant sa jeunesse, circulait dans son village à

      _____.

4.   Pour patiner ou pour jouer au hockey, on a besoin de porter _____ aux pieds.

5.   En France, il est normal d'avoir cinq semaines de _____. Aux États-Unis, les

      sociétés n'en donnent généralement que deux ou trois à leurs employés.

6.   Geneviève adore tous les sports, _____ le golf: elle y joue tous les jours!

7.   Nous n'aimons pas être dans la maison en été; on préfère passer tout notre temps

      _____.

8.   Un endroit où on voit beaucoup de tentes (*tents*) et des gens qui font du camping s'appelle

      _____.

Expressions verbales utiles: faire du ski de fond, faire du VTT, jouer au hockey, monter à cheval, patiner, prendre des photos

9.   J'aime _____ avec mon vélo dans la montagne près de

      chez moi.

10. Je vais _____ pendant la fête parce que je veux me

      souvenir de tous les gens qui sont venus.

11. Un synonyme de *faire du patin à glace*, c'est _____.

12. En hiver, quand il a y beaucoup de neige et qu'il fait froid, on peut _____

_____ si on a des skis, ou _____ si on a

des patins et des amis qui veulent y jouer.

D. Dans un pré. (*In a meadow*.) Écrivez le nom de chaque animal à l'endroit qui convient. N'oubliez pas l'article indéfini. Complétez aussi le titre du dessin.

Quelques _____

1. _____   6. _____

2. _____   7. _____

3. _____   8. _____

4. _____   9. _____

5. _____

Les gloires de la Bretagne

 A. **Nos loisirs.** Regardez les symboles et les sujets pour répondre à la question que vous entendez. Puis écoutez pour vérifier votre réponse.

MODÈLE: Vous voyez:

Georges et son patron

Vous entendez: Qui joue au golf?
Vous dites: Georges et son patron jouent au golf.
Vous entendez: Georges et son patron jouent au golf.
ou
Vous entendez: Que font Georges et son patron?
Vous dites: Ils jouent au golf.
Vous entendez: Ils jouent au golf.

vous   Thérèse et ses amies   Béatrice   moi   tu

Anna   nous   Laure et son mari   Luc et son frère

1. ...   3. ...   5. ...   7. ...   9. ...
2. ...   4. ...   6. ...   8. ...

B. **En plein air.** Complétez chaque phrase par un mot ou une expression de vocabulaire qui convient. Conjuguez les verbes et ajoutez un article, si c'est nécessaire. *Attention:* Une des expressions de la liste n'est pas utilisée.

Vocabulaire utile: aller à un festival, balle, ballon, bateau à voile, boule, en équipe, en vacances, jouer à la pétanque, jouer au golf, panier, pique-niquer, plage

1. Un synonyme de *faire un pique-nique*, c'est _____.

2. Julien veut faire de la voile chaque été. Il achète donc (*therefore*) _____.

3. Le Petit Chaperon rouge (*Little Red Riding Hood*) a mis tout dans _____ pour aller chez sa grand-mère.

4. Ma mère préfère des sports individuels, mais moi, j'aime jouer _____.

5. Tu vas nager? Où vas-tu, à la piscine ou à _____?

6. Il y a des hommes dans le parc qui _____ tous les vendredis. Ils jettent (*throw*) les _____.

7. On joue au basket, au volley-ball, au football et au football américain avec _____ et on joue au base-ball et au golf avec _____.

8. Vous aimez la musique? Voulez-vous _____ de jazz avec nous au mois de juillet?

9. La famille Pelletier part _____ en août cette année.

C. Votre temps libre. Répondez aux questions suivantes. Faites des phrases complètes.

1. Quelles activités faites-vous en plein air en hiver et en automne?

   _____

   _____

2. Faites-vous les mêmes activités au printemps et en été? Expliquez.

   _____

   _____

3. Préférez-vous les sports d'équipe ou individuels? Expliquez.

   _____

   _____

À l'affiche

A. Dans quel ordre? Mettez les événements de l'Épisode 16 dans l'ordre chronologique.

_____ Martine parle du contrat de Camille.

_____ Bruno joue le rôle de Humphrey Bogart.

_____ Bruno arrive à la gare avec Camille.

_____ Camille dit à Martine qu'elle part en vacances.

_____ Camille dit que le voyage est «une question de vie ou de mort».

_____ Martine demande à Bruno pourquoi Camille est inquiète.

B. À propos des personnages

Première étape. Selon votre impression du caractère de Martine Valloton, la productrice, choisissez l'expression logique pour compléter chaque phrase.

1. Martine est une femme _____.
   a. ridicule   b. drôle   c. sérieuse

2. Martine _____ son travail.
   a. n'aime pas   b. adore   c. ne fait pas bien

3. Martine a probablement fait des études _____.
   a. de langues   b. d'audiovisuel   c. d'histoire

4. Le premier travail de Martine était dans _____.
   a. la radio   b. les ressources humaines   c. la télévision

5. Le deuxième travail de Martine était dans _____.
   a. le cinéma   b. la radio   c. la télévision

6. Martine a d'abord choisi _____ pour devenir l'animateur (*host*) de «Bonjour!».
   a. Rachid   b. Bruno   c. Camille

Deuxième étape. Maintenant, écoutez ce texte sur la vie de Martine.

Cette femme si sérieuse à Canal 7, c'est Martine Valloton. C'est la productrice de «Bonjour!» et elle adore son travail. Elle est à Canal 7 depuis 1996 et son patron, le président de Canal 7, l'aime beaucoup. Avec Bruno, Camille et maintenant Rachid, son équipe est fantastique. «Bonjour!» marche[1] très bien.

Mais Martine n'a pas toujours travaillé pour la télévision. Très tôt, pendant son enfance, ce sont la psychologie et le cinéma qui la passionnent.[2] Chaque week-end, elle regarde un film différent et essaie de comprendre la magie[3] de ce monde[4] imaginaire.

Mais après son bac en 1979, Martine choisit des études universitaires pratiques. Elle va travailler pour le monde du cinéma, mais dans le domaine des ressources humaines. Elle fait quatre ans d'études de psychologie à Paris et elle commence à travailler chez Pathé, ce grand producteur et distributeur de films. Elle aime bien son travail, mais elle est trop loin de la création cinématographique. Elle veut changer de vie.

Un jour, en 1989, elle se décide. Elle découvre une école du cinéma à Paris: une école nationale supérieure de l'audiovisuel. Elle se présente au concours[5] de cette école et, en 1990, elle y entre. Pendant la première année, elle étudie tous les aspects du cinéma et de l'audiovisuel.

À la fin de l'année, elle a une interview avec un producteur de télévision. Cette profession aussi lui semble intéressante, mais elle continue ses études de cinéma. En deuxième année, elle choisit sa spécialisation, la réalisation des films.[6] Et en troisième année, elle réalise son premier film, un court-métrage[7] sur la ville de Paris. Grâce à[8] ce petit film, elle retourne chez Pathé, cette fois comme assistante au réalisateur. Là, elle participe à toutes les étapes de la réalisation d'un film, de l'écriture du scénario[9] jusqu'à la distribution du film dans les salles de cinéma.

Martine aime beaucoup le cinéma et, après deux ans comme assistante, elle réalise un film chez Pathé. Mais elle n'a jamais oublié son interview avec le producteur de télévision. La télévision, c'est en direct, c'est vivant,[10] il y a un contact presque personnel avec les téléspectateurs. Sa rencontre avec le président de Canal 7 représente une occasion fantastique. Il aime immédiatement cette jeune femme dynamique et il lui propose de venir travailler pour lui comme productrice. En 1998, elle a une idée pour une nouvelle émission, un magazine télévisé—«Bonjour!». Elle invite Bruno Gall à devenir l'animateur de l'émission, et Bruno lui présente Camille Leclair. Et voilà, c'est le grand succès. Mais le travail continue et le président de Canal 7 fait très attention. Il y a beaucoup de concurrence[11] à la télévision et les téléspectateurs doivent toujours être contents. Martine et son équipe doivent travailler beaucoup, sinon[12]...

[1]*is going* [2]*qui... that fascinate her* [3]*magic* [4]*world* [5]*competitive entrance exam* [6]*réalisation... film directing*
[7]*short film* [8]*Grâce... Thanks to* [9]*script* [10]*c'est... it's live, it's lively* [11]*competition* [12]*otherwise*

Troisième étape. Maintenant, relisez vos réponses dans la première étape et corrigez-les, si nécessaire, en vous basant sur le texte précédent.

 C. Vous avez compris? En vous basant sur l'histoire de Martine, décidez si les phrases suivantes sont vraies ou fausses ou si on ne le sait pas.

	VRAI	FAUX	ON NE LE SAIT PAS
1.	☐	☐	☐
2.	☐	☐	☐
3.	☐	☐	☐
4.	☐	☐	☐
5.	☐	☐	☐
6.	☐	☐	☐

Structure 48

Le comparatif

Comparing and contrasting

A. C'est vrai? Écoutez les phrases et indiquez si elles sont vraies ou fausses en vous basant sur l'information dans le tableau ci-dessous (*below*).

> MODÈLE: Vous entendez: Béatrice est plus vieille que Francis.
> Vous voyez: que Béatrice a 12 ans et que Francis a 14 ans.
> Vous choisissez: vrai (faux)

	BÉATRICE	FRANCIS	LISE
âge	12 ans	14 ans	25 ans
taille (height)	130 cm	130 cm	160 cm
argent	0 €	76 €	0 €
personnalité	pas heureuse	heureux	heureuse
escalade	*	*	****
natation (swimming)	****	**	**
études	**	***	****
ménage	***	**	*

1. vrai   faux   5. vrai   faux   9. vrai   faux

2. vrai   faux   6. vrai   faux   10. vrai   faux

3. vrai   faux   7. vrai   faux   11. vrai   faux

4. vrai   faux   8. vrai   faux   12. vrai   faux

B. Geneviève et ses amis. En parlant à ses parents pendant des vacances qu'elle passe chez eux, Geneviève décrit ses amis. Aidez-la à formuler ses phrases selon le modèle. Pour éviter la répétition dans la deuxième partie de la phrase, remplacez le nom par un pronom accentué.

> MODÈLE: je / = grand / qu'Olivier / et / + bavard / qu'Olivier →
> Je suis aussi grande qu'Olivier et plus bavarde que lui.

1. Catherine / – gentil / que Claude / mais / + intéressant / que Claude

   _____

2. Nicole / + joli / que Catherine / mais / – heureux / que Catherine

   _____

3. Olivier et Nicole / = intellectuel / que Claude / mais / – sérieux / que Claude

   _____

4. Nicole / = sportif / qu'Olivier et moi / mais beaucoup / + actif / qu'Olivier et moi

   _____

C. Mme et M. Lang. Consultez le tableau ci-dessous et complétez chaque phrase avec une expression comparative.

MODÈLES: M. Lang a _____*plus de*_____ sœurs que Mme Lang.

Mme Lang surfe _____*plus*_____ sur le Web que M. Lang.

	M. LANG	MME LANG
frères	2	5
sœurs	2	1
vélos	2	2
chaussures (paires)	2	8
voitures	2	1
travailler	35 heures par semaine	45 heures par semaine
surfer sur le Web	1 heure par semaine	2 heures par jour
nager	tous les jours	samedi ou dimanche
voyager pour le travail	1 semaine par mois	1 semaine par mois
jouer au golf	2 fois par semaine	1 fois par semaine

1. M. Lang a _____ frères que Mme Lang.

2. Mme Lang a _____ vélos que M. Lang.

3. Mme Lang a _____ chaussures que son mari.

4. Mme Lang a _____ voitures que lui.

5. Mme Lang travaille _____ que M. Lang.

6. Mme Lang nage _____ que M. Lang.

7. M. Lang voyage _____ que sa femme.

8. Mme Lang joue _____ au golf que son mari.

D. Qui est plus occupé? (*Who is busier?*) Comparez la vie de Geneviève et de ses amis selon les modèle.

MODÈLE: Olivier suit trois cours; Nicole suit trois cours; Geneviève suit six cours. →
Olivier suit autant de cours que Nicole mais Geneviève suit plus de cours qu'eux.
(Olivier suit autant de cours que Nicole mais moins de cours que Geneviève.)

MODÈLE: Geneviève et Olivier patinent une fois par semaine. Claude patine tous les jours. →
Geneviève et Olivier patinent moins que Claude. (Geneviève et Olivier patinent moins souvent que Claude. Geneviève patine aussi souvent qu'Olivier.)

1. Nicole et Olivier ont deux emplois; Claude a un emploi; Catherine a trois emplois.

   _____

   _____

2. Geneviève va à la pêche trois fois avec Nicole en été; Catherine va à la pêche tous les week-ends; Olivier va à la pêche une fois par an.

   _____

   _____

3. Claude a deux chats et un oiseau; Olivier a un chat et deux chiens; Geneviève a onze poissons rouges, trois chats et deux oiseaux.

_____

_____

4. Nicole a toujours peu de devoirs; Claude a toujours assez de devoirs; Olivier a toujours beaucoup de devoirs; Geneviève a toujours trop de devoirs.

_____

_____

5. Catherine et Claude pique-niquent tous les samedis au printemps. Nicole fait un pique-nique une fois par mois.

_____

_____

E. **Geneviève et ses frères et sœurs.** Employez **meilleur(e)** ou **mieux** pour compléter ces phrases.

1. Geneviève écrit bien l'espagnol, mais son frère Eugène l'écrit _____.

2. Auguste a créé (*created*) une bonne page perso, mais la page de Geneviève est

_____.

3. Geneviève et Auguste savent bien monter à cheval, mais Nicole sait _____

le faire.

4. Les notes d'Auguste sont bonnes, mais les notes d'Eugène sont _____.

Eugène est un _____ étudiant que son frère.

F. **Les personnes que vous connaissez.** Employez le comparatif pour vous décrire en comparaison avec vos amis et votre famille. Écrivez au moins trois phrases pour répondre à chaque question.

1. Quelles activités est-ce que vos amis et vous aimez faire? Employez **plus**, **autant** et **moins** avec des verbes pour expliquer la quantité de vos activités et **mieux** pour comparer le talent.

a. _____

b. _____

c. _____

2. Décrivez-vous. Employez **plus**, **aussi** et **moins** avec des adjectifs et des adverbes et des formes de **meilleur** pour vous décrire en comparaison avec vos frères et vos sœurs, ou bien avec vos amis.

a. _____

b. _____

c. _____

3. Qu'est-ce que vous avez? Employez **plus de**, **autant de** et **moins de** avec des noms pour comparer vos possessions avec celles de (*those of*) vos parents.

a. _____

b. _____

c. _____

Structure 49

Le superlatif
Comparing and contrasting

A. Qui? Répondez à chaque question en vous basant sur l'information entre parenthèses. Choisissez la personne appropriée, puis écoutez pour vérifier votre réponse.

> MODÈLE: Vous voyez: Patrick (€€€) / Anne (€€) / Victor (€)
> Vous entendez: Qui est le plus riche?
> Vous dites: Patrick est le plus riche.
> Vous choisissez: (Patrick (€€€))/ Anne (€€) / Victor (€)
> Vous entendez: Patrick est le plus riche.

1. Élodie (45 ans)   Caroline (63 ans)   Carlos (78 ans)
2. Carlos (☎ ☎)   Jean (☎ ☎ ☎)   Alice (☎)
3. Paule (3 enfants)   Jean (1 enfant)   Valérie (4 enfants)
4. Élodie (5 fois par semaine) Caroline (3 fois par semaine) Carlos (1 fois par semaine)
5. Suzanne (★★★★★)   Jean (★★★)   Valérie (★★★★)
6. Mme Su (68 ans)   M. Su (65 ans)   Mme Dulong (70 ans)
7. Michel (1 fois par mois)   Olivier (2 fois par mois)   M. Chou (1 fois par an)
8. Élodie (★★★)   Caroline (★★)   Paule (★★★★★)
9. Suzanne (ϒ ϒ)   Jean (ϒ ϒ ϒ)   Valérie (ϒ ϒ)
10. Élodie (2 fois par semaine) Caroline (3 fois par semaine) Carlos (6 fois par semaine)

B. Des extrêmes. Faites des phrases avec les éléments donnés. Pour chaque phrase, employez un superlatif et mettez l'adjectif *avant* ou *après* le nom, selon le cas. *Attention:* N'oubliez pas de faire l'accord.

> MODÈLE: voilà / la maison / + petit / quartier →
> Voilà la plus petite maison du quartier.

> MODÈLE: ce / être / la famille / – sympathique / ville →
> C'est la famille la moins sympathique de la ville.

1. ce / être / les cours / + facile / université

    _____

2. voici / la cathédrale / + beau / France

    _____

3. voilà / la personne / – joyeux / tous mes amis

    _____

4. nous / acheter / les viandes / + bon / supermarché

    _____

5. ce / être / les avions / + rapide / monde (*m.*)

    _____

6. voilà / l'aubergine / + petit / magasin

    _____

7. nous / préférer / la bière / – doux / restaurant

   _____

8. elle / faire / la soupe / + léger / livre de cuisine

   _____

9. ce / être / la fille / – gentil / classe

   _____

10. ce / être / l'hôpital / – bon / ville

   _____

C. **Mon ami Jean.** Complétez les paragraphes avec les superlatifs de **mieux** et **meilleur**. Faites l'accord de l'adjectif, si c'est nécessaire.

Laurent parle de son ami Jean: «Jean est mon _____[1] ami. De toutes les

personnes que je connais, c'est lui qui écoute _____[2] quand on parle et c'est aussi

lui qui sait _____[3] s'amuser. Les _____[4] vacances de ma

vie, je les ai passées avec Jean, et la _____[5] fête a été aussi organisée° par Jean.»

°a... *was also organized*

D. **Des descriptions de tout le monde.** Décrivez chaque personne en faisant une phrase avec tous les éléments donnés. Employez un superlatif chaque fois qu'il y a + ou –.

1. Carla / avoir / + / amis étrangers

   _____

2. Philippe / lire / +

   _____

3. Adrienne / être / fille / + / franc

   _____

4. Fred / étudier / –

   _____

5. Étienne et Mireille / s'habiller / + / élégamment

   _____

6. Solène / avoir / – / heures de travail / et / + / travail

   _____

7. Laurence / nager / +

   _____

8. Nicole / être / l'étudiante / – / intellectuel

   _____

(continued)

9. Ferdinand / parler / – / gentiment / aux animaux

_____

10. Line / avoir / – / temps / pour les loisirs / mais elle / s'amuser / +

_____

E. Une personne importante dans ma vie. Décrivez votre meilleur(e) ami(e) en un paragraphe. Écrivez six phrases avec des comparatifs et des superlatifs pour expliquer comment est cette personne. Vous pouvez aussi vous comparer avec elle. Essayez de dire pourquoi cette personne est votre meilleur(e) ami(e).

_____

_____

_____

_____

_____

_____

Regards sur la culture

La maison du tourisme

Depuis plus de dix ans, le tourisme vert, c'est-à-dire les vacances où l'on[a] profite de la nature, devient de plus en plus[b] populaire. Les Gîtes[c] de France sont une organisation qui permet aux touristes de loger[d] chez l'habitant dans différentes régions de France. Que peut-on apprendre en visitant leur agence, la Maison des Gîtes de France?

[a]où l'on = où on   [b]de... *more and more*   [c]*Lodgings*   [d]*stay with*

La Maison des Gîtes de France et du Tourisme Vert. Utilisez la publicité à la page 87 pour résoudre (*solve*) les problèmes suivants.

MODÈLE: Je voudrais descendre chez des gens qui habitent dans les Cévennes. →
Je peux acheter un Guide Gîtes de France de la région des Cévennes.

1. Je voudrais visiter des endroits touristiques en France.

_____

_____

2. Je voudrais offrir un cadeau (*gift*) d'anniversaire à un ami qui adore les différentes cuisines régionales.

_____

_____

GUIDES
—— GITES DE FRANCE ——

95 guides départementaux, des guides régionaux, des guides nationaux.

—— TOPOS GUIDES ——

Tous les topo-guides de randonnée édités par la Fédération Française de Randonnée Pédestre, sur la France et l'Outre-Mer.

—— CARTES ——

touristiques, routières, thématiques complétées par des atlas sur toute la France.

—— GUIDES FRANCE ——

Guides du Routard, Hachette, Gallimard, guides Verts, Ouest-France...

—— LIVRES ——

Sur la France, beaux livres, livres de cuisine...

MAISON DES GITES DE FRANCE ET DU TOURISME VERT
59, rue Saint-Lazare. 75009 Paris
Sans interruption : du Lundi au Vendredi de 10h à 18h30. Le Samedi (sauf juillet et août) de 10h à 13h et de 14h30 à 18h30. Métro Trinité.

MINITEL-INTERNET
Commandez guides et cartes de chez vous, en composant le **3615 code GITES DE FRANCE** (1,29 F/mn) ou en vous connectant au site web :
http://www.gites-de-france.fr

La Maison des Gîtes de France et du Tourisme Vert

3. Je voudrais trouver des petites routes pittoresques en Bretagne.

_____

_____

4. Je voudrais commander une carte touristique par Internet.

_____

_____

Structure 50

Les pronoms interrogatifs (*suite*)

Asking questions

A. On va en vacances. Écoutez la question et choisissez la réponse logique, puis écoutez pour vérifier votre réponse.

> MODÈLE: Vous entendez: Qui est-ce qui voyage ce week-end?
> Vous voyez: Le TGV. / Hubert et Solange.
> Vous choisissez: Le TGV. / (Hubert et Solange.)
> Vous entendez: Hubert et Solange.

1. Du beau temps. / De leurs enfants.

2. Leurs amis. / La plage.

3. Des films. / Leurs amis.

4. À leur grand-mère. / À toutes les règles (*rules*).

5. Solange. / Les vêtements et les chaussures.

6. Tout va bien! / Georges n'y va pas.

B. Une fête. Écoutez la réponse et posez la question avec le pronom interrogatif qui convient: **Qui est-ce qui... ?** ou **Qu'est-ce qui... ?** Puis écoutez pour vérifier votre réponse.

> MODÈLE: Vous entendez: Patrick invite ses amis à la maison.
> Vous dites: Qui est-ce qui invite ses amis à la maison?
> Vous entendez: Qui est-ce qui invite ses amis à la maison?

> MODÈLE: Vous entendez: La fête commence à neuf heures.
> Vous dites: Qu'est-ce qui commence à neuf heures?
> Vous entendez: Qu'est-ce qui commence à neuf heures?

1. ...   2. ...   3. ...   4. ...   5. ...

C. Allons en Provence! Deux amis parlent d'un voyage en Provence. Indiquez à quelle question correspond chacune des réponses.

1. Qui est-ce qui va avec toi? _____

2. Qu'est-ce qu'il y a à faire en Provence? _____

3. À quoi t'intéresses-tu surtout? _____

4. À qui parles-tu de la Provence? _____

5. Qui est-ce que tu appelles pour louer une maison? _____

6. Qu'est-ce qui reste (*What remains*) à faire? _____

a. On peut aller à la plage, jouer au golf et faire des randonnées.
b. On a encore besoin d'acheter les billets de train.
c. Plusieurs amis partent avec moi.
d. À mon patron.
e. Mon cousin, parce qu'il a une maison à louer.
f. J'aime énormément le golf.

D. Une partie de pétanque. On va jouer à la pétanque. Complétez chaque question avec le pronom interrogatif qui permet d'obtenir la réponse entre parenthèses. *Attention:* Un des pronoms de la liste n'est pas utilisé. Utilisez chaque pronom interrogatif une fois seulement.

Vocabulaire utile: à qui, à quoi, de qui, de quoi, pour qui, que, qu'est-ce que, qu'est-ce qui, qui, qui est-ce que, qui est-ce qui

1. _____ réfléchis-tu? (au week-end)

2. _____ veux-tu faire? (jouer à la pétanque)

3. _____ as-tu besoin? (des boules)

4. _____ vas-tu téléphoner pour jouer? (à mon ami Gilles)

5. _____ va venir jouer? (Gilles et Philippe et toi)

6. _____ joue le mieux? (Philippe)

7. _____ tu invites à déjeuner après la partie? (tout le monde)

8. _____ nous allons préparer? (des sandwichs gruyère)

9. _____ est dans la voiture? (une tarte et de l'eau)

10. _____ est cette tarte? (pour tout le monde)

E. Un mariage en plein air. Complétez le dialogue suivant avec les pronoms interrogatifs convenables. Faites tous les changements nécessaires. *Attention:* Un des pronoms de la liste n'est pas utilisé, et un autre est utilisé deux fois.

Vocabulaire utile: à quoi, avec quoi, chez qui, de quoi, que, qu'est-ce que, qui est-ce que, qui est-ce qui

MARCEL: Quand Étienne et Mireille vont se marier en octobre, _____[1] veux-tu leur offrir comme cadeau? Je veux leur donner une nouvelle tente.

JACQUELINE: _____[2] penses-tu? _____[3] parles-tu? Étienne et Mireille n'aiment pas faire du camping!

MARCEL: Hmmmm. Dommage.[a] Enfin, _____[4] vient pour la fête?

JACQUELINE: Tout le monde vient!

MARCEL: _____[5] on va faire la nuit pour dormir? Il n'y a pas assez de chambres d'hôtel dans le petit village où ils se marient!

JACQUELINE: Je ne sais pas. On peut peut-être loger chez quelqu'un...

MARCEL: _____[6] tu connais là?

JACQUELINE: Personne.

MARCEL: Alors, _____[7] est-ce que nous allons loger si on ne connaît personne?

JACQUELINE: _____[8] tu suggères[b]?

MARCEL: Je veux faire du camping.

JACQUELINE: On n'a pas de tente!

MARCEL: Peut-être qu'Étienne et Mireille vont recevoir une tente que nous pouvons emprunter[c]!

[a]*Too bad* [b]*suggest* [c]*borrow*

F. Une interview. Vous allez poser des questions à un(e) camarade de classe sur ses loisirs. Préparez l'interview en écrivant six questions. Essayez d'employer différents pronoms interrogatifs.

1. _____

2. _____

3. _____

4. _____

5. _____

6. _____

À écrire

Un voyage

Imaginez que vous êtes en vacances. Vous voulez écrire une lettre ou trois cartes postales pour en parler à votre correspondant(e) en France.

Première étape. Dans quel ordre allez-vous répondre à ces questions? Indiquez-le en mettant les numéros 1 à 8 devant les phrases suivantes.

_____ Où vous trouvez-vous? Identifiez l'endroit.

_____ À quelle distance cet endroit est-il de chez vous et comment est-ce que vous vous y êtesrendu(e) (*got there*)?

_____ Pourquoi y êtes-vous allé(e)?

_____ Quelles sortes de sports peut-on y faire? Pour quel niveau (*level*)—débutant(e)? expert(e)?

_____ Quelles sortes d'activités plus calmes sont possibles—pique-niques? randonnées? Comment est-ce qu'on les organise?

_____ Quelles sortes d'activités et de loisirs faites-vous (ou allez-vous faire) pendant vos vacances?

_____ Comparez les activités dans cet endroit à celles (*those*) qui sont disponibles chez vous.

_____ Quelles sont les qualités les plus importantes de cet endroit, selon vous? Pourquoi?

Deuxième étape. Pour chaque numéro dans la première étape, notez le vocabulaire essentiel.

1. _____

2. _____

3. _____

4. _____

5. _____

6. _____

7. _____

8. _____

Troisième étape. Maintenant, composez votre lettre ou vos cartes postales en vous servant du vocabulaire et de l'ordre que vous avez choisis.

MODÈLE: Chère Véronique,

Me voilà sur la plage à Scituate, dans le Massachusetts. Le soleil brille. Scituate est une ville dans la banlieue sud de Boston, au bord de l'Atlantique. On y trouve un joli port avec de nombreux bateaux à voile. La pêche joue un rôle important dans l'économie de cette ville, la pêche au homard (*lobster*) en particulier...

_____

_____

_____

_____

_____

_____

_____

_____

_____

_____

Quatrième étape. Maintenant, relisez votre narration et corrigez les fautes d'orthographe, de ponctuation, de grammaire et de vocabulaire, s'il y en a. Faites particulièrement attention aux accords sujet-verbe et substantif-adjectif, ainsi qu'aux temps des verbes.

Chapitre (17)

Je cherche la trace d'un homme.

Vocabulaire en contexte

Le relief de la France

🎧 **A. Au cœur de la France.** Vous allez entendre une publicité sur la région du Massif central. Complétez le passage avec les mots que vous entendez. Vous allez entendre le paragraphe deux fois.

Le Massif central est une ancienne chaîne de _____.[1] Il est composé de régions

bien diverses. À l'est, on trouve _____[2] de la rivière la Saône. Il y a aussi le

Rhône. Ce grand _____[3] débouche[a] dans la mer Méditerranée. Au sud, on

peut admirer les hauts[b] plateaux et les profondes[c] _____[4] des Cévennes.

À l'ouest, on descend vers des _____[5] moins élevés. C'est aussi le cas au

nord, où l'altitude est plus basse[d] aux alentours du[e] _____[6] parisien.

Le _____[7] du Massif central est vraiment unique! Alors, venez visiter cette

région au cœur de la France.

[a]*empties* [b]*high* [c]*deep* [d]*plus... lower* [e]*aux... in the vicinity of the*

B. Photos de vacances. Solange vient de passer deux semaines à la Réunion* avec plusieurs amis. Complétez les descriptions de ses photos avec les mots qui conviennent. Utilisez le pluriel quand c'est nécessaire. Pour chaque photo, un des mots n'est pas utilisé.

Vocabulaire utile: champ, colline, île, relief, vallée

Le paysage de toute l'_____[1] est vraiment très

varié. Une _____[2] vaste et plate reçoit l'eau qui

coule° des _____,[3] alors elle est très bonne pour

l'agriculture. Regardez tous les _____.[4]

°*that flows*

_____

*La Réunion est une île de l'océan Indien sur la côte sud-est de l'Afrique.

Vocabulaire utile: baie, côte, fleuve, montagne, forêt

Sur la _____,[5] nous avons visité un joli port de plaisance.° On voit sur cette photo des bateaux de couleurs différentes. Ils se trouvaient dans la _____.[6] Au fond, on voit les maisons et les hôtels, une _____[7] verte, et tout au fond, de belles _____.[8]

°port... *yacht harbor*

Vocabulaire utile: au bord de, champ, lac, océan, plage

À Saint-Gilles les Bains, j'ai passé beaucoup de temps à la _____[9] à dormir sur le sable. Je suis restée toute la journée _____[10] l'eau. Je me suis baignée[a] dans l'_____,[11] parce que je préfère l'eau salée.[b] Mais il y a aussi de très beaux _____ dans l'île.[12]

[a]Je... *I bathed*   [b]l'eau... *salt water*

Vocabulaire utile: colline, île, plaine, relief

Voilà la _____[13] des sables.[a] Vous voyez, le paysage[b] de l'_____[14] n'est pas toujours plat: des formations rocheuses, des plateaux et des collines font aussi partie du _____.[15]

[a]*sands*   [b]*landscape*

C. **Les points cardinaux.** Où sont les pays africains l'un par rapport à (*in relation to*) l'autre? Consultez la carte de l'Afrique dans votre manuel de français, si nécessaire.

MODÈLE: l'Algérie / le Mali →
          L'Algérie se trouve au nord du Mali.

1. la Côte d'Ivoire / le Burkina Faso

   _____

2. le Niger / le Tchad

   _____

3. le Bénin / le Togo

   _____

4. la République centrafricaine / le Congo

   _____

5. le Sénégal / la Mauritanie

   _____

D. Une famille active. La famille d'Édith est très active pendant les vacances. Utilisez un endroit différent (mais logique) pour indiquer où chaque membre de sa famille fait les activités suivantes. *Attention:* Un des endroits de la liste n'est pas utilisé.

Vocabulaire utile: campagne, mer, forêt, massif, montagne, parc, rivière, vallée

MODÈLE: sœur / faire une randonnée / dans →
Sa sœur fait une randonnée dans la vallée.

1.   grand-père / jouer à la pétanque / à

_____

2.   mère / faire de l'escalade / dans

_____

3.   frères / faire de la planche à voile / à

_____

4.   oncle et tante / prendre des photos des oiseaux / dans

_____

5.   toute la famille / monter à cheval / à

_____

6.   cousins / aller à la pêche / au bord de

_____

Demander et donner le chemin

A.   Un touriste perdu. Un touriste demande son chemin à un homme dans la rue. Complétez leur conversation avec les mots que vous entendez. Vous allez entendre le dialogue deux fois.

TOURISTE: Excusez-moi, monsieur, pourriez-vous _____[1] le chemin pour aller

à la gare de Lyon?

MONSIEUR: Écoutez, il n'est pas difficile de la trouver. D'abord, sortez d'ici et

_____[2] le boulevard de Ménilmontant à gauche. Au deuxième

_____,[3] tournez à droite et prenez la rue de la Roquette. C'est à

deux minutes d'ici. Vous me suivez?

TOURISTE: Oui, oui.

MONSIEUR: Ensuite, _____[4] la place Léon Blum. À la place Léon Blum, restez à

_____[5] et prenez la rue Ledru-Rollin. Descendez cette rue jusqu'à la

rue Daumesnil. Alors _____[6] le boulevard Daumesnil. Sur votre

droite, vous allez voir un _____[7] pour la gare

de Lyon.

TOURISTE: Merci, monsieur.

B. Où est ma carte? Votre camarade de chambre a laissé sa carte de Lyon sur son lit. Il vous téléphone de la place Bellecour. Dites-lui comment trouver l'appartement de son amie. Puis écoutez pour vérifier votre réponse.

Vocabulaire utile: le pont (*bridge*)

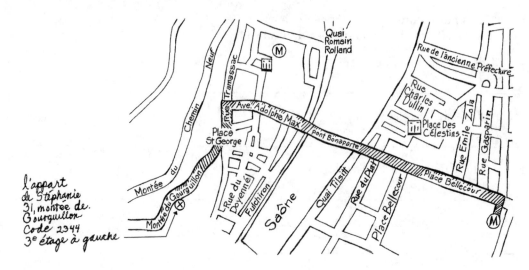

MODÈLE: Vous entendez: Je viens de sortir du métro à la place Bellecour. Est-ce que je tourne à droite ou à gauche sur la place?

          Vous regardez: la carte

          Vous dites: Tourne à gauche sur la place.

          Vous entendez: Tourne à gauche sur la place.

1. ...   2. ...   3. ...   4. ...   5. ...   6. ...

C. Se rendre chez Michel à Alès. L'ami de Michel arrive ce week-end en train. Michel lui indique comment se rendre à son appartement. Regardez le plan de la ville d'Alès et écrivez l'itinéraire pour l'ami de Michel.

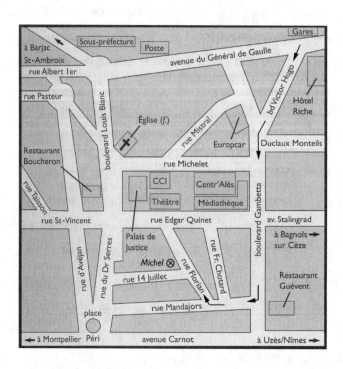

MODÈLE: D'abord, tu sors de la gare et...

_____

_____

_____

_____

_____

À l'affiche

A. Qui a dit quoi? En vous basant sur votre compréhension du film, décidez qui a dit les phrases suivantes: Camille (**C**), Bruno (**B**), la patronne du Bar des Cévennes (**P**) ou Éric Leblanc (**É**).

1. _____ Je suis au milieu (*in the middle*) des montagnes, dans un paysage féerique (*enchanting*)!

2. _____ En fait, tu sais, on a des problèmes ici, hein...

3. _____ Quoi, le président me met à la porte (*is firing me*)?

4. _____ Pierre Leblanc, non, je ne l'ai pas connu. Il est mort en 1943, je crois. Mais son petit-fils est là, par contre.

5. _____ J'ai hérité de la ferme (*I inherited the farm*) de mes parents. Je suis le dernier. Les autres jeunes (*young people*) sont partis.

6. _____ Vos deux parents sont morts, alors?

7. _____ Je cherche la trace d'un homme qui est venu, lui aussi, dans ce village.

8. _____ Je comprends. Mais ma grand-mère ne vous le dira pas. Elle ne parle jamais de la guerre.

B. À propos des personnages

Première étape. En vous basant sur les informations que vous avez déjà sur Éric Leblanc, complétez les phrases avec le choix (*choice*) que vous trouvez logique.

1. Éric est le _____ de Jeanne et Pierre Leblanc.

   a. fils   b. petit-fils

2. Éric habite maintenant dans _____.

   a. une grande ville   b. un village

3. Il y a _____ jeunes à Saint-Jean de Causse.

   a. beaucoup de   b. peu de

4. Les parents d'Éric sont morts _____.

   a. pendant la guerre   b. dans un accident de voiture

5. Au Bar des Cévennes, Éric _____.

   a. joue au flipper (*pinball*)   b. joue aux cartes (*cards*)

6. Éric _____ la vie à la montagne.

   a. aime bien   b. n'aime pas

Deuxième étape. Maintenant, écoutez ce texte sur la vie d'Éric Leblanc.

Le 15 septembre 1995 a été un jour triste pour la petite famille Leblanc: pour Jeanne, la grand-mère, pour Michel, son fils, pour Annick, sa belle-fille, et surtout pour Éric, leur fils. C'est ce jour-là que le jeune Éric a quitté son village et la ferme de son père. Il n'allait pas loin: la ville d'Alès n'était qu'à 48 kilomètres de Saint-Jean de Causse. Mais pour la famille Leblanc, c'était la fin[1] d'une tradition. Depuis cinq générations, les fils Leblanc travaillaient la terre.[2] Après la mort de Pierre Leblanc en 1943, son fils Michel, encore petit, avait aidé[3] sa mère, et à l'âge de 15 ans, il était devenu[4] responsable de la ferme. Éric, le fils de Michel et le petit-fils de Pierre, voulait bien travailler dans le village; mais il n'y avait pas de travail. Éric, qui devait gagner sa vie,[5] est donc[6] allé à Alès pour travailler dans une usine.[7]

Il n'était pas très heureux à Alès, mais il a accepté cette nouvelle vie. Dans cette petite ville, il a retrouvé beaucoup d'autres jeunes qui avaient quitté[8] le village. Il rentrait à Saint-Jean pour les fêtes, et ses parents venaient de temps en temps à Alès dans leur vieille voiture. C'est à l'occasion d'une de ces visites que la tragédie est arrivée. En rentrant d'Alès, après un week-end avec leur fils, Michel et Annick ont eu un accident. La voiture a glissé[9] sur la neige, a raté un virage[10] et est tombée dans un ravin. Les parents d'Éric sont morts immédiatement et c'est Jeanne, sa grand-mère, qui lui a téléphoné le lendemain pour lui annoncer l'horrible nouvelle.[11]

À 31 ans, la vie d'Éric a donc changé encore une fois. Il est revenu à Saint-Jean et a repris le travail à la ferme. Il a d'abord vécu avec sa grand-mère, mais après, il a pris une petite maison au village. Aujourd'hui, il n'y a pas beaucoup de jeunes au village, mais là, au moins, il n'est pas loin du Bar des Cévennes et des amis de son père. En hiver, il passe des heures à jouer au flipper et à discuter avec les vieux. Comme Pierre, son grand-père et Michel, son père, Éric Leblanc est chez lui à la montagne et il va y rester jusqu'à la fin de sa vie.

[1]*end* [2]*land* [3]*avait... had helped* [4]*était... had become* [5]*gagner... to earn a living* [6]*therefore* [7]*factory*
[8]*avaient... had left* [9]*a... slipped* [10]*a... missed a curve* [11]*news*

Troisième étape. Maintenant, relisez vos réponses dans la première étape et corrigez-les, si nécessaire.

C. Vous avez compris? En vous basant sur l'histoire d'Éric, décidez si les phrases que vous entendez font allusion à (*refer to*) Saint-Jean de Causse, à Alès ou si on ne sait pas.

	SAINT-JEAN DE CAUSSE	ALÈS	ON NE SAIT PAS
1.	☐	☐	☐
2.	☐	☐	☐
3.	☐	☐	☐
4.	☐	☐	☐
5.	☐	☐	☐
6.	☐	☐	☐
7.	☐	☐	☐

D. Tu me manques? Mettez le nom d'un personnage approprié dans chaque phrase. *Attention:* Un des noms n'est pas utilisé.

Noms utiles: Antoine, Camille, Louise, Mado, Sonia, Yasmine

1. _____ manque à Louise quand il travaille avec la Résistance.

2. Sonia manque à _____ quand elle n'est pas là.

3. Marseille manque à _____ après le déménagement (*move*) de la famille.

4. Louise manque à _____ après sa mort.

5. _____ manque à Bruno quand elle est dans les Cévennes.

Structure 51

Le futur

Narrating

A. Quand ça? Écoutez les extraits de la conversation entre Éric Leblanc et Camille au Bar des Cévennes. Identifiez le temps du verbe—passé, présent ou futur. Vous entendrez chaque phrase deux fois.

> MODÈLE: Vous entendez Camille: Je peux vous parler un instant?
> Vous choisissez: présent

		PASSÉ	PRÉSENT	FUTUR
1.	Camille	☐	☐	☐
2.	Éric	☐	☐	☐
3.	Éric	☐	☐	☐
4.	Camille	☐	☐	☐
5.	Camille	☐	☐	☐
6.	Camille	☐	☐	☐
7.	Éric	☐	☐	☐
8.	Éric	☐	☐	☐
9.	Camille	☐	☐	☐

B. Plus ça change... (*The more things change . . .*) Écoutez chaque phrase et refaites-la au futur pour dire que la situation ne changera pas. Puis écoutez pour vérifier votre réponse.

Vocabulaire utile: conseils (*advice*)

> MODÈLE: Vous entendez: Nous achetons des produits (*products*) biologiques.
> Vous dites: Nous achèterons toujours des produits biologiques.
> Vous entendez: Nous achèterons toujours des produits biologiques.

1. ...   2. ...   3. ...   4. ...   5. ...   6. ...   7. ...   8. ...

C. La vie universitaire. Dites comment les étudiants suivants passeront leur soirée. Puis écoutez pour vérifier votre réponse.

> MODÈLE: Vous entendez: Thomas, qu'est-ce qu'il fera?
> Vous lisez: étudier les mathématiques
> Vous dites: Il étudiera les mathématiques.
> Vous entendez: Il étudiera les mathématiques.

1. assister à la conférence
2. apprendre sa leçon
3. aller au concert de jazz
4. voir son ami
5. finir nos devoirs
6. envoyer des méls
7. vouloir se coucher
8. attendre l'arrivée de leurs amis

D. Mes idées sur l'avenir. (*My ideas about the future.*) Complétez les phrases avec le futur des verbes donnés, puis indiquez dans quel ordre, selon vous, les événements auront lieu (*will take place*).

_____ Une femme _____[1] (être) élue (*elected*) présidente des États-Unis.

_____ Tous les Américains _____[2] (parler) espagnol.

_____ Je _____[3] (recevoir) mon diplôme universitaire.

_____ Mes amis et moi, nous _____[4] (faire) une randonnée dans les Pyrénées.

_____ Je _____[5] (s'installer) dans la maison de mes rêves (*dreams*).

E. Qui ne risque rien, n'a rien. (*Nothing ventured, nothing gained.*) Jacquot écrit une lettre à ses parents pour parler de ses projets pour l'avenir. Complétez sa lettre avec les verbes qui conviennent, au futur. *Attention:* Un des verbes n'est pas utilisé.

Vocabulaire utile: accepter, avoir, discuter, être, faire, offrir, payer, pouvoir, prendre, rester (2 fois), revenir, tourner, travailler

> Chère maman et cher papa,
>
> Je vous écris pour vous donner quelques nouvelles et pour vous parler de mes projets pour cet été et pour mon avenir.
>
> J'ai toujours aimé passer l'été dans les Cévennes avec vous et travailler dans la ferme familiale. Mais cette année, je ne _____[1] pas vous aider autant que les années précédentes: je ne _____[2] qu'une ou deux semaines à la campagne, et je _____[3] en ville pour le reste de l'été. Il y _____[4] un stage dans une grande entreprise, et je _____[5] partie de l'équipe qui construira[a] son nouveau site Web. Je _____[6] avec de vrais experts dans le domaine. La compagnie me _____[7] pour mon travail et m'_____[8] peut-être un emploi permanent.

[a]qui... *that will build*

Sans doute serez-vous déçus[b] par cette nouvelle. Notre ferme est très importante pour moi, mais après mes études, je ne _____[9] pas la place de mon père et de mon grand-père. _____[10] un poste dans une entreprise à Paris, si l'offre est intéressante. De toute façon[c], je _____[11] en ville.

Nous _____[12] de tout ça quand je _____[13] à la maison, d'accord? Je vous embrasse très fort.

   À bientôt,

   Jacquot

[b]*disappointed* [c]*De... In any case*

F. **Des compromis.** Plusieurs étudiants discutent de leurs projets pour le week-end. Faites des phrases en précisant ce qui se passera si les conditions sont respectées ou quand elles seront respectées.

 MODÈLE: s'il / faire beau ce week-end, / nous / partir / ensemble →
     S'il fait beau ce week-end, nous partirons ensemble.

 MODÈLE: quand les cours / être terminés, / nous / aller à la montagne →
     Quand les cours seront terminés, nous irons à la montagne.

1. si Lionel / ramasser notre argent (*to collect our money*), / il / pouvoir aller chercher les billets en avance

 _____

2. si Pierre et Jacqueline / venir, / nous / prendre leur voiture

 _____

3. si nous / prendre / leur voiture, / nous / ne pas aller en train

 _____

4. si Yannick / ne pas avoir le temps, / moi, je / appeler / l'hôtel

 _____

5. quand ils / arriver, / Yannick et Lionel / cueillir des fleurs / dans la vallée

 _____

6. quand je / être au soleil, / je / devoir mettre / de la crème solaire

 _____

7. si Ève / avoir une réunion dimanche après-midi, / nous / revenir / dimanche matin

 _____

8. quand nous / finir nos vacances, / nous / savoir apprécier la nature

 _____

G. Un avenir certain? Faites deux prédictions sur l'avenir de chaque étudiant en utilisant la paire d'expressions qui convient le mieux. *Attention:* Une des paires d'expressions n'est pas utilisée.

Paires d'expressions:
réussir ses études / être médecin
ne pas avoir de bonnes notes / échouer le cours de français
recevoir des prix d'interprétation musicale / jouer dans des orchestres célèbres (*famous*)
continuer à aider les autres / être bénévoles (*volunteers*)
écrire une thèse / devenir professeur d'histoire
devenir critique de films / gagner (*earn*) beaucoup d'argent

> MODÈLE: Arnaud et Marie-Pierre travaillent pendant leur temps libre (*free time*) avec des enfants handicapés. →
> Ils continueront à aider les autres et seront bénévoles.

1. Sabah étudie toujours à la bibliothèque. Elle est très travailleuse.

   _____

   _____

2. Trois étudiants font la queue au cinéma pour voir le film *Les 400 coups.*

   _____

   _____

3. Frédéric aime écouter son professeur d'histoire chinoise discuter de sujets intéressants au café.

   _____

   _____

4. Catherine lit son roman français en regardant la télé et en écoutant son lecteur de CD.

   _____

   _____

5. Fabienne joue du violon quatre heures par jour.

   _____

   _____

H. Et la suite? (*And what comes next?*) Imaginez la suite de l'histoire du *Chemin du retour* à partir des événements suivants. Écrivez deux phrases pour chaque scène.

1. la rencontre de Camille avec la grand-mère d'Éric: _____

   _____

2. le retour de Camille à Paris: _____

   _____

3. l'amitié (*friendship*) de Camille et Bruno: _____

   _____

Structure 52

Les pronoms compléments (*révision*)

Avoiding repetition

A. Les pronoms. Écoutez la phrase et changez-la en employant un pronom complément d'objet direct ou indirect, **y** ou **en**.

> MODÈLE: Vous entendez: Nous avons traversé le fleuve.
> Vous dites: Nous l'avons traversé.
> Vous entendez: Nous l'avons traversé.

1. ...   3. ...   5. ...   7. ...   9. ...   11. ...
2. ...   4. ...   6. ...   8. ...   10. ...   12. ...

B. Des préparatifs. Aurélie et Lucien vont en visite chez leurs grands-parents. Leur mère veut vérifier qu'ils n'ont rien oublié. Complétez les phrases avec un pronom complément d'objet direct ou indirect, **y** ou **en**.

Aurélie, tu as les bonbons? Je _____[1] ai mis dans ton sac. N'oublie pas de _____[2] donner à

grand-mère. Elle _____[3] aime beaucoup! Tu n'as pas oublié ton pull? Tu pourras _____[4] mettre

s'il fait froid.

Lucien, ton grand-père va sans doute _____[5] montrer son nouvel appareil photo. Tu ne dois

pas _____[6] toucher! Dis à ton grand-père que je vais _____[7] envoyer mon vieil appareil qui ne

marche pas. Peut-être qu'il pourra _____[8] réparer. Bon, quoi d'autre? Ah oui, si ton cousin

Christophe est là, tu peux _____[9] inviter chez nous pour le week-end prochain. Si tu apportes

du chocolat, n'_____[10] offre pas à Christophe—il est allergique!

Bon, les enfants, grand-père a un beau jardin. S'il fait beau, vous pouvez _____[11] jouer

après le dîner. Surtout, soyez gentils avec vos grands-parents. Obéissez-_____[12] toujours et

parlez-_____[13] poliment. Dites-_____[14] que je vais _____[15] téléphoner demain.

C. Contradictions! Les amis de Mélanie ne sont jamais d'accord. Ils se contredisent toujours. Refaites les phrases pour dire le contraire, en employant un pronom complément d'objet direct ou indirect, **y** ou **en**. Puis, ajoutez une autre suggestion.

> MODÈLE: Achetons le nouveau CD de MC Solaar! →
> Non, ne l'achetons pas! Achetons plutôt ce CD de Corneille.

1. Allons au cinéma maintenant! _____

   _____

2. Regardons ce documentaire! _____

   _____

3. Parlons des élections présidentielles! _____

   _____

Regards sur la culture

L'agriculture dans le sud-ouest de la France

Dans l'Ariège, une région près de l'Espagne, l'agriculture est toujours une occupation importante. Découverte intéressante: Les agriculteurs sont plus jeunes en l'an 2000 qu'en 1988. Y a-t-il de l'espoir° pour l'agriculture?

°hope

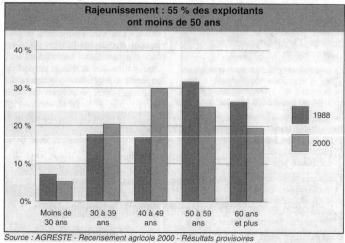

Source : AGRESTE - Recensement agricole 2000 - Résultats provisoires

Les statistiques dans l'Ariège. Regardez le tableau des résultats du recensement agricole (*agricultural census*) et répondez aux questions.

1. Quelle tranche d'âge (*age group*) a augmenté le plus entre 1988 et 2000?

   _____

2. Est-ce qu'il y avait plus ou moins d'agriculteurs très jeunes (de moins de 30 ans) en l'an 2000?

   _____

3. Approximativement quel pourcentage d'agriculteurs avait entre 30 et 39 ans en l'an 2000?

   _____

4. Quelle tranche d'âge semble avoir changé (*to have changed*) le moins?

   _____

5. En 1988, est-ce qu'il y avait plus ou moins d'agriculteurs de plus de 59 ans?

   _____

Structure 53

Les pronoms compléments d'objet direct et indirect

Avoiding repetition

A. Quel pronom? Écoutez la phrase et changez-la en employant un deuxième pronom. Puis écoutez pour vérifier votre réponse.

> MODÈLE: Vous entendez: Elle me donne le cadeau.
> Vous dites: Elle me le donne.
> Vous entendez: Elle me le donne.

1. Il nous invite *à la soirée*.
2. Tu ne me parles pas *de l'examen*?
3. Nous les rendons *à notre voisine*.
4. Nous vous dirons *la vérité*.
5. Elle me rendra *son cahier*.
6. Je te donnerai *mes notes*.
7. Je vous lirai *l'histoire* ce soir.
8. Elle m'a donné *le nom du professeur d'anglais*.
9. Tu ne m'as pas donné *ta radio*.
10. Montre-moi *la photo*, s'il te plaît.
11. Ne me parle pas *de mon mari*.
12. Ne me dites pas *que vous partez*.

B. Le bon choix. Vous verrez deux phrases contenant deux pronoms. Choisissez la phrase qui correspond à la phrase que vous entendez, puis dites-la à haute voix (*aloud*). Finalement, écoutez pour vérifier votre réponse.

> MODÈLE: Vous entendez: Elle donne son chien à Jérôme et à moi.
> Vous choisissez: (Elle nous le donne.)/ Elle nous les donne.
> Vous dites: Elle nous le donne.
> Vous entendez: Elle nous le donne.

Au présent

1. Il l'y invite. / Il les y invite.

2. Tu leur en parles? / Tu lui en parles?

3. Je les y appelle. / Je les en appelle.

Au futur proche

4. Elles vont la leur annoncer. / Elles vont la lui annoncer.

5. Vous allez nous les raconter? / Vous allez nous la raconter?

6. Elles vont lui en parler. / Elles vont nous en parler.

Au passé composé

7. Elle le lui a rendu. / Elle la lui a rendue.

8. Je la lui ai écrite. / Je la leur ai écrite.

9. Je la leur ai racontée. / Je la lui ai racontée.

À l'impératif

10. Ne leur en donnez pas. / Ne la leur donnez pas.

11. Rends-le-lui. / Rends-le-leur.

12. Écris-lui-en une. / Écris-leur-en une.

C. **On s'amusera!** Mehdi et Sandrine organisent une fête pour l'anniversaire de leur meilleur ami Ludovic. Répondez aux questions en remplaçant les mots soulignés (*underlined*) par des pronoms.

1. Mehdi enverra <u>les invitations</u> <u>à ses amis</u>?

   Oui, _____.

2. Mehdi et Sandrine inviteront <u>Pascale</u>?

   Non, _____.

3. Est-ce que Mehdi et Sandrine recevront <u>les amis</u> <u>dans leur maison</u>?

   Oui, _____.

4. Mehdi indiquera <u>le chemin</u> <u>aux invités</u> (*guests*)?

   Non, _____.

5. Mehdi offrira <u>du chocolat</u> <u>à Ludovic</u>?

   Non, _____.

6. Mehdi achètera-t-il <u>des provisions</u> <u>au marché</u>?

   Oui, _____.

7. Est-ce qu'il y aura <u>des fleurs</u> sur la table?

   Oui, _____.

8. Est-ce que Ludovic donnera <u>un cadeau</u> (*gift*) <u>à Mehdi et à Sandrine</u>?

   Non, _____.

D. **Des précisions, s'il te plaît.** Patrice vous pose beaucoup de questions. Répondez affirmativement à chacune de ses questions en utilisant des pronoms. Puis écoutez pour vérifier votre réponse.

   MODÈLE: Vous entendez Patrice: As-tu écouté ce CD de Jacques Brel?
            Vous répondez: Oui, je l'ai écouté.
            Vous entendez: Oui, je l'ai écouté.
            Vous entendez Patrice: L'as-tu écouté dans la salle de séjour?
            Vous répondez: Oui, je l'y ai écouté.
            Vous entendez: Oui, je l'y ai écouté.

   1. ...   2. ...   3. ...   4. ...   5. ...

E. **Hier ou demain?** Un couple parle de leur fils, Guy, qui n'a pas fait ses devoirs mais qui a promis de les faire demain. Complétez le dialogue en écrivant les paroles de la mère. Utilisez des pronoms autant que possible et faites l'accord du participe passé quand c'est nécessaire.

   MODÈLE: PÈRE: A-t-il écrit des méls à ses professeurs? →
            MÈRE: Non, il ne leur en a pas encore écrit, mais il leur en écrira demain.

1. PÈRE: A-t-il apporté (*Did he take*) les devoirs au professeur?

   MÈRE: Non, _____,

          mais _____.

2. PÈRE: Mais est-ce qu'il a au moins (*at least*) rendu son projet au professeur d'anglais?

   MÈRE: Non, _____,

          mais _____.

3. PÈRE: Tous les devoirs en retard? J'espère qu'il leur a parlé de ce délai (*delay*).

    MÈRE: Non, _____,

    mais _____.

4. PÈRE: Avons-nous déjà parlé à la directrice de l'école de tous ces devoirs?

    MÈRE: Non, _____,

    mais _____.

5. PÈRE: Et nous n'avons jamais parlé de Guy à ses professeurs?

    MÈRE: Non, _____,

    mais _____.

F. On n'est pas d'accord. Deux jeunes réagissent (*react*) différemment aux décisions de leurs parents. Écrivez les demandes de Nelly et d'Alfred.

MODÈLE: Les parents veulent envoyer les photos de Noël aux cousins. →
NELLY: Oui, maman, papa, envoyez-les-leur.
ALFRED: Non, maman, papa, ne les leur envoyez pas.

1. Les parents veulent vendre leur vieille voiture aux voisins.

    NELLY: Oui, maman, papa, _____.

    ALFRED: Non, maman, papa, _____.

2. Le père veut rendre le dictionnaire d'anglais à Nelly.

    NELLY: Oui, papa, _____.

    ALFRED: Non, papa, _____.

3. La mère veut donner des pains au chocolat à Nelly et à Alfred.

    NELLY: Oui, maman, _____.

    ALFRED: Non, maman, _____.

4. Les parents veulent recommander des écrivains à Nelly et à Alfred.

    NELLY: Oui, maman, papa, _____.

    ALFRED: Non, maman, papa, _____.

G. Oui ou non? Donnez une réponse aux questions en utilisant des pronoms. Faites l'accord du participe passé quand c'est nécessaire.

MODÈLE: De quoi est-ce que Lise a parlé à son professeur? →

De sa thèse? —Non, *elle ne lui en a pas parlé.*

De ses problèmes de santé? —Oui, *elle lui en a parlé.*

1. À qui est-ce qu'elles donnent des conseils?

    À Michel et Hervé? —Non, _____.

    À Juliette et à moi? —Oui, _____.

(continued)

2. Qu'est-ce que Juliette écrivait à Jean-Luc?

   Des cartes postales? —Non, _____.

   Les instructions? —Oui, _____.

3. Qu'est-ce que les patrons vont offrir à leurs employés?

   Une augmentation de salaire? —Non, _____.

   Des congés (*days off*) supplémentaires? —Oui, _____.

4. Qu'est-ce que tu as perdu?

   Tes clés? —Non, _____.

   Ton iPod? —Oui, _____.

5. À qui empruntera-t-il les CD?

   À Catherine? —Non, _____.

   À vous? —Oui, _____.

6. De quoi est-ce qu'elle nous parlera?

   De l'immigration? —Non, _____.

   Du gouvernement de Sarkozy? —Oui, _____.

H. **Camille dans les Cévennes.** Souvenez-vous des détails de l'arrivée de Camille dans les Cévennes. Répondez «oui» ou «non» aux questions et remplacez chaque expression soulignée par un pronom. Faites l'accord du participe passé quand c'est nécessaire.

   MODÈLE: Est-ce que Camille cherche <u>les traces de son grand-père</u> <u>dans les Cévennes</u>? →
             Oui, elle les y cherche.

   1. Est-ce que Camille a reçu <u>un coup de téléphone</u> (*telephone call*) quand elle était <u>à la campagne</u>?

      _____

   2. Est-ce que le président a donné <u>des ordres</u> <u>à Bruno</u>?

      _____

   3. Est-ce que Camille a expliqué (*explained*) <u>la raison de son absence</u> <u>au président</u>?

      _____

   4. Est-ce que Camille a posé <u>une question</u> <u>à la serveuse du bar</u>?

      _____

   5. Est-ce que les hommes retrouvent <u>leurs amis</u> <u>au Monument aux morts</u>?

      _____

   6. Est-ce que Camille a rencontré <u>le petit-fils de Pierre Leblanc</u> <u>au Bar des Cévennes</u>?

      _____

   7. Selon Éric, est-ce que sa grand-mère parlera <u>à Camille</u> <u>de la guerre</u>?

      _____

À écrire ✎

Venez chez nous!

Préparez un dépliant (*brochure*) touristique pour votre région ou pays. Utilisez les étapes suivantes pour prendre des notes avant de rédiger (*before writing*) le texte du dépliant.

Première étape. Prenez des notes.

Identifiez l'endroit. _____

Où est-il? Utilisez les points cardinaux (par exemple, à l'est de, au nord de) ou une distance (par

exemple, à deux heures de). _____

_____

Quels moyens de transport desservent (*serve*) cet endroit? _____

_____

Deuxième étape. Identifiez les caractéristiques géographiques de cet endroit et les loisirs qu'on peut y faire. Par exemple, peut-on faire du ski en montagne? faire de la voile sur le lac? se promener sur la plage? autre chose?

CARACTÉRISTIQUE GÉOGRAPHIQUE	LOISIR

Troisième étape. Répondez aux questions.

Comment est le climat? _____

_____

Quel est le meilleur moment pour visiter cet endroit? Pourquoi? _____

_____

_____

Quels adjectifs et adverbes seront utiles pour décrire l'endroit?

_____

_____

Quatrième étape. Maintenant, rédigez votre texte. Utilisez des phrases courtes (*short*), mais riches en description! Employez le futur pour parler de ce qu'un(e) touriste trouvera en arrivant.

MODÈLE:

Visitez la ville de Santa Cruz et ses plages!

Au bord de l'océan, Santa Cruz vous séduira[a]! Venez surfer ou venez simplement pour vous détendre[b]!

À une heure et demie de la ville de San Francisco, vous trouverez un endroit calme et charmant. C'est Santa Cruz.

L'automne est la saison idéale! Avec de longues journées ensoleillées[c] et moins de touristes, vous apprécierez toutes les attractions de la ville et de la région...

[a]vous... *will captivate you*   [b]pour... *to relax*   [c]*sunny*

_____

_____

_____

_____

_____

_____

_____

Cinquième étape. Maintenant, relisez le texte de votre dépliant et corrigez les fautes d'orthographe, de ponctuation, de grammaire et de vocabulaire, s'il y en a. Faites particulièrement attention aux accords sujet-verbe et substantif-adjectif, ainsi qu'aux temps des verbes. Ensuite, préparez le dépliant.

Chapitre 18

Histoires privées

Vocabulaire en contexte

L'environnement et la politique

A. **Un discours politique. (*A political speech*.)** Mme Bahri est candidate aux élections présidentielles. Écoutez son discours et complétez le passage avec les mots que vous entendez. Vous entendrez le passage deux fois.

Je m'intéresse particulièrement à _____[1] de nos enfants. Je sais que les gens

s'inquiètent de plus en plus pour _____.[2] Moi aussi, je pense à l'avenir de notre

terre. Nous pouvons changer nos vies si nous trouvons des moyens plus _____[3]

pour la protection de la terre. _____[4] de l'énergie sera une priorité dans mon

gouvernement. S'il y a moins de _____,[5] nous conserverons nos ressources

naturelles. Il est aussi nécessaire de _____,[6] et les ménages° peuvent facilement

participer au _____[7] du verre et du plastique. Nous devrons travailler

ensemble. Un bon_____,[8] c'est le début d'une solution. Ensemble, nous

pouvons rendre l'avenir meilleur.

°*households*

B. **Après le discours.** Mme Bahri répond aux questions des journalistes. Donnez sa réponse, à la forme affirmative ou négative, en vous basant sur son discours dans l'Exercice A.

MODÈLE: Est-ce que les membres de votre parti et vous-même, vous vous intéresserez à l'environnement? →
Oui, nous nous intéresserons à l'environnement.

1. Est-ce que vous consommerez moins?

_____

2. Est-ce que vous gaspillerez moins d'énergie que le gouvernement actuel (*current*)?

_____

(continued)

3. Est-ce que vous soutiendrez les lois qui protègent l'environnement?

_____

4. Est-ce que vous encouragerez les consommateurs à acheter des 4×4 (*SUVs*)?

_____

5. Est-ce que vous essaierez de limiter notre empreinte écologique?

_____

6. Comme source d'énergie, est-ce que vous préférerez l'énergie solaire à l'énergie nucléaire?

_____

7. Est-ce que vous reconnaîtrez les dangers du réchauffement climatique?

_____

C. **Les mesures nécessaires.** Complétez chaque phrase avec la forme correcte d'un des verbes suivants. *Attention:* Un des verbes de la liste n'est pas utilisé.

Voculaire utile: arrêter, se comporter, consommer, s'engager, influencer, protéger, soutenir

1. Les Français veulent _____ la production des OGM pour

_____ la biodiversité naturelle.

2. Les gouvernements doivent _____ dans le combat contre le

réchauffement climatique.

3. Si tout le monde _____ de façon plus responsable, nous réussirons à

_____ moins de ressources naturelles.

4. Quand tous les gouvernements _____ les mouvements écologiques,

nous verrons les résultats positifs.

L'individu et l'environnement

A. **Les solutions individuelles.** Écoutez la description de chaque problème et choisissez la meilleure solution, puis écoutez pour vérifier votre réponse.

Il est nécessaire de...

1. faire plus de recyclage   faire du covoiturage
2. moins surchauffer les bâtiments   éteindre les lumières quand on n'en a pas besoin
3. utiliser des détergents non-polluants   recycler de l'aluminium et du plastique
4. créer plus de transports en commun   acheter un vélo
5. mettre les déchets à la poubelle   chercher des pistes cyclables

B.   De bons conseils. Il est facile de contribuer à l'amélioration (*improvement*) de l'environnement. Complétez chaque phrase en précisant ce qui arrivera si on fait certaines choses.

Vocabulaire utile: avoir un meilleur avenir, conserver de l'eau, conserver du papier, consommer moins d'essence, faire moins de pollution, gaspiller moins d'énergie

MODÈLE: Si Jacques se lave plus rapidement, *il conservera de l'eau* _____.

1.   Si nous allons au travail à vélo, nous _____
_____.

2.   Si Ève achète du papier recyclé, elle _____
_____.

3.   Si les gens recyclent, ils _____
_____.

4.   Si on préserve des ressources naturelles, on _____
_____.

5.   Si on ne surchauffe pas sa maison, on _____
_____.

6.   Si tout le monde prend des douches rapides, on _____
_____.

C.   Votre avis. À votre avis, quels sont les plus grands problèmes environnementaux aujourd'hui? Décrivez un problème qui vous semble urgent et offrez au moins deux solutions possibles à ce problème. Finalement, expliquez comment (ou si) vous avez changé votre comportement personnel face à ce problème. Utilisez les mots de la liste ou d'autres mots que vous connaissez.

Vocabulaire utile: biodiversité, durable, empreinte écologique, gaz à effet de serre, loi, OGM, organisme, parti politique, réchauffement climatique, ressources naturelles

Verbes utiles: arrêter, changer, se comporter, conserver, consommer, s'engager, polluer, protéger, réduire, soutenir

_____

_____

_____

_____

_____

_____

_____

_____

À l'affiche

A. Des choses qui vont ensemble. Choisissez les mots et les expressions qui ont un rapport avec l'objet ou la personne au centre de chaque groupe.

MODÈLE:

est le fils de Jeanne

a refusé de parler à Camille — ÉRIC

(travaille à la ferme familiale)

(habite à Saint-Jean de Causse)

n'aime pas sa grand-mère

(a donné l'adresse de Jeanne à Camille)

1.   ne parle pas avec Camille

ne connaissait pas Antoine — JEANNE

a une photo de son fils

fait la cuisine pour Camille

a une photo d'Antoine

parle gentiment avec Camille

2.   était gentil

était un professeur — PIERRE

était le père d'Éric

était triste

était un résistant

était beau

était courageux

était le mari de Jeanne

3.   a voulu monter des opérations plus fortes

n'était pas gentil avec Pierre — ANTOINE

habitait avec Pierre et Jeanne

était patient

parlait de sa femme

ne parlait pas de sa fille

B. À propos des personnages

Première étape. Selon votre sens de la vie et du caractère de Jeanne Leblanc, décidez si les phrases sont vraies ou fausses ou si c'est impossible à dire.

	VRAI	FAUX	IMPOSSIBLE À DIRE
1. Jeanne habite dans une ferme.	☐	☐	☐
2. Le mari de Jeanne était un Parisien.	☐	☐	☐
3. La guerre a changé la vie pour Jeanne et pour tous les Français en 1939.	☐	☐	☐
4. Jeanne ne se souvient pas de la guerre.	☐	☐	☐
5. Jeanne sait où Antoine est allé.	☐	☐	☐
6. Jeanne a une lettre d'Antoine.	☐	☐	☐
7. Jeanne a eu un enfant.	☐	☐	☐
8. Jeanne va aider Camille.	☐	☐	☐

 Deuxième étape. Maintenant, écoutez ce texte sur la vie de Jeanne Leblanc.

La petite Jeanne Martial était une fille de la montagne. Les fleurs, les arbres, les rivières et les moutons jouaient un rôle important dans sa vie. Elle allait à l'école de Saint-Jean de Causse et c'était une fille très intelligente. Elle adorait lire, surtout les livres qui parlaient de sa région. Elle a fini l'école à l'âge de 14 ans et, comme beaucoup d'autres jeunes filles, elle n'est pas allée au lycée. Il y avait trop à faire à la maison. Elle n'avait ni frères ni sœurs[1] et elle devait aider sa mère à faire la cuisine et le ménage. Elle aidait aussi son père à s'occuper des[2] animaux de la ferme.

Le samedi, elle allait au marché du village avec sa mère, et là, elle retrouvait les jeunes qu'elle connaissait bien: des filles et des garçons des fermes près du village. En 1933, le jour de ses 16 ans,[3] c'était jour de marché, comme tous les samedis, mais ce jour-là, elle a décidé de mettre sa jolie robe à fleurs et de faire le marché toute seule, sans sa maman. C'était une vraie petite dame.[4] Et c'est comme ça que le jeune Pierre Leblanc l'a remarquée.[5] Il la connaissait déjà; tout le monde à la montagne se connaissait. Mais ce jour-là, elle était vraiment très belle. Ce jeune homme de 17 ans était trop timide pour lui parler, alors il a pris des fleurs, il est passé à côté de Jeanne et il les lui a données. Elle a accepté, toute contente, car[6] elle trouvait Pierre très sympathique.

Bientôt, le jeune Pierre a commencé à passer régulièrement chez les parents de Jeanne, pour aider le père de Jeanne avec les moutons ou pour donner quelques tomates à sa mère, toujours avec un petit bouquet de fleurs de la montagne pour Jeanne. Leur mariage en 1936 n'a surpris personne au village et les deux familles étaient très heureuses. Le bonheur[7] du couple a été complet en 1937 avec la naissance d'un fils, Michel Martial Leblanc. Mais le bonheur n'a pas duré[8] longtemps. La guerre en 1939 a touché toute la France, même à la montagne où, toute jeune, Jeanne se sentait à l'abri[9] de tout danger...

[1]ni... *neither brothers nor sisters* [2]s'occuper... *take care of* [3]le... *on her sixteenth birthday* [4]*lady* [5]la... *noticed her*
[6]*because* [7]*happiness* [8]n'a... *didn't last* [9]à... *sheltered*

Troisième étape. Maintenant, relisez vos réponses dans la première étape et corrigez-les, si nécessaire, en vous basant sur le texte précédent.

C. **Vous avez compris?** En vous basant sur l'histoire de Pierre et Jeanne, choisissez le mot ou l'expression qui répond à la question que vous entendez.

1.	14 ans	16 ans		5.	des fleurs	des tomates
2.	étudier les maths	lire des livres		6.	en 1926	en 1936
3.	la cuisine	des animaux		7.	un fils	une fille
4.	au marché	à la montagne				

Structure 54

Les pronoms relatifs

Combining related ideas

A. **Un mot de liaison.** Écoutez les phrases et marquez le pronom relatif que vous entendez.

MODÈLE: Vous entendez: As-tu déjà séché le cours qu'il enseigne?
Vous voyez: qui   que   où
Vous choisissez: qui   (que)   où

1.	qui	que	où	5.	qui	que	où
2.	qui	que	où	6.	qui	que	où
3.	qui	que	où	7.	qui	que	où
4.	qui	que	où	8.	qui	que	où

B. Rappelons des détails. Racontez les événements de l'Épisode 18 en complétant chaque début de phrase avec qui convient.

    MODÈLE: Camille cherche les traces de son grand-père, _d_

1. Pierre a accueilli (*welcomed*) Antoine, _____
2. Pierre avait des amis résistants _____
3. 1943, c'est l'année _____
4. Antoine parlait souvent de sa femme, _____
5. Antoine s'inquiétait beaucoup pour sa

    femme et pour sa fille, _____

a. qu'il aimait beaucoup.
b. qui restaient à Paris.
c. qui faisaient la guerre contre (*against*) les Allemands.
d. qui est mort pendant la guerre.
e. où Antoine est mort.
f. qui est très vite devenu son ami.

C. L'environnement. Finissez chaque phrase avec les indications données et le pronom relatif qui convient, puis écoutez pour vérifier votre réponse.

    MODÈLE: Vous voyez: J'achèterai la voiture hybride.
                  Vous entendez: La voiture hybride est à mon beau-père.
                  Vous dites: J'achèterai la voiture hybride qui est à mon beau-père.
                  Vous entendez: J'achèterai la voiture hybride qui est à mon beau-père.

1. Le président soutient la loi.
2. Où se trouve la poubelle?
3. Voici les maisons.
4. Voici les organismes écologiques?
5. Nous cherchons l'individu.
6. Voici les produits.
7. Je n'ai pas vu les résultats positifs.
8. Quelles sont les ressources naturelles?
9. Voici l'homme.
10. C'est le réchauffement climatique.

D. Sortons! Un groupe d'étudiants décide d'aller dans un restaurant très chic. Faites des phrases à partir des éléments donnés. Faites attention aux temps des verbes et soyez logique.

    MODÈLE: nous / sortir / restaurant / être / très chic →
                 Nous sortons dans un restaurant qui est très chic.

1. ce / être / le restaurant / se trouver / en face de / Palais (*palace*) de justice

    _____

2. les clients / nous / voir au restaurant / s'habiller / élégamment

    _____

3. les garçons / mettre / des costumes / être / à la mode

    _____

4. les filles / porter / foulards en soie (*silk*) / elles / acheter (p.c.) / Tunisie

    _____

5. je / annoncer (fut.) / la bonne nouvelle / au moment / tout le monde / être (fut.) / là

    _____

6. nous / se retrouver (fut.) à l'endroit / les taxis / attendre les passagers

    _____

E. Que se passe-t-il dans cette scène? Un de vos camarades à l'université ne suit pas de cours de français. Il vous demande d'expliquer quelques scènes du film *Le Chemin du retour*. Complétez les phrases.

1. Saint-Jean de Causse est le village où _____
   _____.

2. Camille est une personne qui _____
   _____.

3. *Le Chemin du retour* est un film que _____
   _____.

4. C'est une photo que _____
   _____.

5. Antoine et Pierre sont deux amis qui _____
   _____.

6. Cette photo date de l'époque (*time*) où _____
   _____.

F. Votre avis. Expliquez ce que vous savez au sujet des personnes et des choses suivantes. Faites deux phrases et utilisez deux pronoms relatifs différents dans vos phrases.

Vocabulaire utile: personne, endroit, époque

MODÈLE: Que savez-vous de la Révolution Française? →
         C'est un événement qui a eu lieu (*took place*) en 1789. C'est un événement que les
         historiens discutent toujours.

Que savez-vous...

1. du président américain? _____
   _____
   _____

2. des années 1990? _____
   _____
   _____

3. de la Maison-Blanche? _____
   _____
   _____

4. du jour de votre naissance? _____
   _____
   _____

Structure 55

Les verbes comme *conduire*

Talking about everyday actions

 A. Prononciation. Listen and repeat the conjugation of the verb **conduire**, trying to match your pronunciation as closely as possible to the speaker's.

je conduis	nous conduisons
tu conduis	vous conduisez
il conduit	ils conduisent
elle conduit	elles conduisent
on conduit	

The verbs **conduire**, **construire**, **détruire**, **produire**, **réduire**, and **traduire** all form their present tense in a similar way, and so the pronunciation rules for **conduire** also apply to the others. For each verb, notice how the singular forms all sound the same. Listen and repeat.

je construis	tu construis	il construit	elle construit	on construit
je traduis	tu traduis	il traduit	elle traduit	on traduit

Notice too that you can differentiate between the singular **il/elle** form and the plural **ils/elles** form by listening for the final sound in the verb. The singular stem ends with a vowel sound, and the plural has a final consonant sound. Listen and repeat.

il détruit / detʀɥi /	ils détruisent / detʀɥiz /
elle produit / pʀɔdɥi /	elles produisent / pʀɔdɥiz /
il réduit / ʀedɥi /	ils réduisent / ʀedɥiz /

Now listen to each sentence, and repeat it aloud. Then, circle the verb form you hear. Pay attention to both the pronoun and the verb. You will hear each sentence twice.

1.	détruisent	détruit	6.	produisent	produit
2.	réduis	réduit	7.	détruis	détruit
3.	construisent	construit	8.	traduisent	traduit
4.	traduis	traduit	9.	produisent	produit
5.	réduisent	réduisons	10.	construisez	construisons

 B. Non, vous vous trompez. Les phrases que vous entendez sont fausses. Corrigez chaque phrase en utilisant les renseignements (*information*) donnés. Puis écoutez pour vérifier votre réponse.

MODÈLE:	Vous entendez:	Alfred et Marie conduisent trop vite.
	Vous voyez:	Non, c'est toi!
	Vous dites:	Non, c'est toi! Tu conduis trop vite.
	Vous entendez:	Non, c'est toi! Tu conduis trop vite.

1. Non, ce sont les ouvriers.
2. Non, c'est Aline.
3. Non, c'est Edgar.
4. Non, c'est vous.
5. Non, ce sont les profs.
6. Non, c'est moi.
7. Non, c'est nous.
8. Non, c'est toi.

C. Une histoire tragique. Lisez ce reportage sur un écrivain qui n'a jamais eu beaucoup de succès. Complétez le texte avec un verbe au passé composé ou à l'imparfait. *Attention:* Un des verbes de la liste n'est pas utilisé. N'utilisez aucun verbe plus d'une fois.

Vocabulaire utile: conduire, construire, détruire, produire, réduire, traduire

Ma mère a connu un poète chinois qui vivait en France. Pendant les années 1980, il

_____[1] beaucoup de poèmes en français, mais il ne les a

jamais publiés. En 1995, quand il avait 53 ans, il est tombé malade. Pendant sa maladie, il avait

moins d'énergie pour écrire, alors, il _____[2] le nombre de

poèmes qu'il écrivait. En même temps, il a augmenté le nombre de textes qu'il

_____[3] du chinois en français. Pour les traductions, il a

travaillé avec sa femme et son fils. Ensemble, ils _____[4] un

site Web où les internautes pouvaient lire les traductions. Tragiquement, le poète est mort en 2001.

Mais, avant de mourir, il _____[5] tous ses poèmes. Alors, il ne

reste plus de trace de ses poèmes en français.

D. Le passé, le présent et le futur. Conjuguez les verbes suivants aux temps indiqués.

	produire (tu)	**construire** (ils)	**ne pas traduire** (nous)
présent			
passé composé			
imparfait			
futur			
impératif			

E. Un meilleur avenir. Un petit changement d'habitudes peut permettre d'améliorer (*improve*) l'avenir. Faites des phrases avec les éléments donnés.

MODÈLE: si / nous / traduire / les rapports (*reports*) sur l'écologie d'autres pays, / nous / comprendre mieux la situation mondiale de l'environnement →
Si nous traduisons les rapports sur l'écologie d'autres pays, nous comprendrons mieux la situation mondiale de l'environnement.

1. si / nous / consommer / moins d'énergie, / nous / produire / moins de gaz dangereux

_____

_____

2. si / les habitants de la ville / conduire / moins, / on / réduire / la production des gaz à effet de serre

_____

_____

(*continued*)

3. si / on / recycler / plus de / papier, / on / ne pas détruire / si vite / les forêts

_____

_____

4. si / le gouvernement / construire / plus de / centres d'énergie solaire, / notre société / conserver / ressources naturelles

_____

_____

5. si / nous / produire / moins de / pollution, / nous / être / en meilleure santé

_____

_____

F. **Une conversation à la fac.** (*A conversation at the university.*) Complétez le dialogue entre Serge et Farid en vous servant des verbes **conduire, construire, détruire, produire, réduire** et **traduire**. Faites attention aux temps des verbes.

SERGE: Salut Farid! Comment vas-tu? Martin et vous, vous _____[1] toujours ce

document pour l'ONU°?

FARID: Oui, c'est ça. Moi, je _____[2] le texte de l'anglais en français et Martin

_____[3] le reportage qui passera à la télé.

SERGE: Un reportage à la télé, c'est du travail ça. As-tu vu ce reportage d'hier soir?

FARID: Le reportage sur la qualité de vie dans les villes?

SERGE: Oui, c'est ça. Apparemment, nous _____[4] le dernier parc dans notre

quartier en ce moment. Bientôt, n'y aura plus de parc pour se promener. Tu vois cette

construction qui commence? On dit que l'année prochaine, ils _____[5]

des maisons à cet endroit-là. Je serai triste s'il n'y a plus de parc dans le quartier!

FARID: Oui, mais ils _____[6] une nouvelle ligne de métro. Alors pour venir à

la fac, les étudiants prendront le métro et ils ne _____[7] pas.

SERGE: D'accord, nous _____[8] le nombre de voitures à la fac, mais cette

réduction ne signifiera pas une meilleure qualité de vie à la fac. Il est très important

d'avoir des parcs pour les étudiants.

FARID: C'est sûr. Mais si on _____[9] moins qu'avant, on

_____[10] moins de monoxyde de carbone. Et nous aurons de l'air un

peu moins toxique.

SERGE: Oui, espérons, mais je ne suis pas optimiste.

°l'Organisation des Nations Unies

Regards sur la culture

La ville de Toulouse

VISITES 2008
Toulouse

* Le Capitole
* Les Grands monuments
* Croisière fluviale
* Train touristique
* Cité de l'Espace

FRANCE

CROISIÈRE EN BATEAU MOUCHE...

Adulte : 8 €
Enfant : 5 €
(de 3 à 12 ans)
Gratuit : (moins de 3 ans)

Tous les jours du 1er avril au 15 novembre.
EMBARQUEMENT : Quai de la Daurade.
10H30 - 15H - 16H30 - 18H
Billetterie à l'Office de Tourisme, Donjon du Capitole.
Durée de la croisière : 1h15.
Vous découvrirez les quais de la Garonne et les plus beaux ponts de Toulouse, les monuments historiques et les berges sauvages de l'île du Grand Ramier.

LA CITÉ DE L'ESPACE

Adulte : 20 €
Enfant : 14 €
(jusqu'à 16 ans inclus)

Vivez une grande aventure spatiale : Ariane 5 et des expositions retraçant son histoire ; un planétarium et les spectacles du ciel... les satellites... la station MIR... la météo... et le terr@dome pour évoquer l'histoire de la terre.

TRAIN TOURISTIQUE

Tous les jours du 1er juin au 30 septembre 2008.
1er départ : 10H30 - Dernier départ : 19H00.
Billetterie à l'Office de Tourisme,
Départ place Wilson.
Durée de la promenade : 30 mn.

Adulte : 5 €
Enfant : 2,50 €
(de 3 à 12 ans)
Gratuit : (moins de 3 ans)

MONUMENTS ET DEMEURES HISTORIQUES

8 €

15H00

Tous les samedis. Les mercredis pendant les vacances scolaires toutes zones.
Inscriptions et départ à l'Office de Tourisme, Donjon du Capitole.
Visite à pied. Durée 2 heures env.
LE CAPITOLE : Hôtel de Ville.
Tour des Archives, Cour Henri IV.
LA BASILIQUE SAINT-SERNIN.
Abrite la sépulture de St-Saturnin, martyrisé en 250. Le plus bel héritage de la période Comtale.

À Toulouse. Comme toutes les villes en France, Toulouse a sa propre personnalité et elle en est fière. Utilisez les informations sur la ville pour répondre aux questions en formant des phrases complètes.

1. Si quelqu'un s'intéresse aux satellites, que peut-il visiter?

_____

(continued)

2. Si quelqu'un adore les fleuves, quelle visite touristique peut-il faire? Où peut-il acheter son billet?

_____

3. Quel moyen de transport part de la place Wilson? De quel mois à quel mois peut-on le prendre?

_____

4. Le Capitole est un bon exemple de l'architecture du sud-ouest. À quelle heure la visite du Capitole commence-t-elle? Quels jours?

_____

Structure 56

La construction *verbe* + *préposition* + *infinitif*

Talking about everyday actions

A. Autrement dit. (*In other words.*) Écoutez les personnes suivantes et choisissez la phrase qui correspond au passage que vous entendez. Puis écoutez pour vérifier votre réponse.

> MODÈLE: Vous entendez: Éric, est-ce que tu peux m'aider à faire la vaisselle?
> Vous voyez: Il lui dit de l'aider. / Il lui demande de l'aider.
> Vous choisissez: Il lui dit de l'aider. / (Il lui demande de l'aider.)
> Vous dites: Il lui demande de l'aider.
> Vous entendez: Il lui demande de l'aider.

1. Elle finit de travailler chez L'Oréal. / Elle commence à travailler chez L'Oréal.

2. Elle continuera à faire des études. / Elle cessera d'étudier à l'université.

3. Il arrive à finir l'exercice. / Il hésite à finir l'exercice.

4. Elle accepte de collaborer. / Elle refuse de collaborer.

5. Il déteste prendre l'autobus. / Il adore prendre l'autobus.

6. Elle a réussi à le faire. / Elle a essayé de le faire.

7. Il se dépêche de finir ses devoirs. / Il vient de finir ses devoirs.

8. Il décide de passer vers 3 h. / Il lui demande de passer vers 3 h.

B. La pollution sonore. (*Noise pollution.*) Lisez les remarques de ces gens qui ont des voisins (*neighbors*) qui font trop de bruit (*noise*). Complétez les phrases avec **à** ou **de**, si nécessaire. Ne mettez rien si une préposition n'est pas nécessaire.

> JOËL: Chez moi, c'est impossible. Tous les matins à 6 h, j'entends les voisins qui chantent°
>
> dans leur bain. J'en ai assez d'écouter des chansons de Vanessa Paradis chantées par
>
> un monsieur de 40 ans. Il pourrait choisir _____¹ chanter dans sa voiture! J'ai essayé
>
> _____² lui en parler mais il m'explique qu'il se réveille comme ça. Il m'a dit _____³
>
> fermer les fenêtres.
>
> °*sing*

EMMANUELLE: Chez moi, il y a un chien qui hurle.° Toutes les nuits, j'entends ce chien. Je n'arrive

pas _____⁴ m'endormir. Et puis le matin, c'est la même chose. Le chien recommence

_____⁵ hurler. Il ne cesse pas _____⁶ hurler et c'est toujours au moment où je désire

_____⁷ rester au lit.

°*howls*

JEAN-HENRI: Moi, j'habite dans un immeuble où le voisin apprend _____⁸ jouer du violon. Il

s'exerce° excessivement, au moins quatre heures par jour. S'il continue _____⁹ le

faire, moi, je deviendrai fou. Avant, j'adorais _____¹⁰ écouter de la musique classique

mais maintenant, je refuse _____¹¹ mettre la radio.

°*practices*

VIVIANE: Moi, j'ai un voisin qui n'hésite pas _____¹² travailler dans son jardin très tôt le matin.

Moi, je comprends qu'il aime _____¹³ faire du jardinage, mais la tondeuse à gazonᵃ

ça ne va pas à 7 h du matin! J'espère qu'un jour il arrivera _____¹⁴ faire quelque

chose qui fasseᵇ moins de bruit. Ce jour-là, je l'encouragerai _____¹⁵ le faire. Il peut

_____¹⁶ ramasser les feuilles mortes, par exemple! S'il refuse _____¹⁷ changer ses

habitudes, moi, je cesserai _____¹⁸ conduire son fils à l'école.

ᵃtondeuse... *lawnmower*   ᵇqui... *that makes*

C. **Prendre la retraite.** Yves était président d'une grande entreprise lyonnaise mais, à l'âge de 42 ans, il a tout abandonné pour s'installer (*to settle*) à la campagne. Complétez le dialogue.

1. JOURNALISTE: Alors, vous avez quitté un bon travail. Avez-vous envie de retourner à votre ancien poste de président?

   YVES: non, / je / finir (p.c.) / travailler en entreprise

   _____

2. JOURNALISTE: Votre femme et vous retournerez-vous à Lyon?

   YVES: nous / aimer mieux (pres.) / rester à la campagne

   _____

3. JOURNALISTE: Est-ce que la vie rurale est plus difficile?

   YVES: elle / aller / devenir de plus en plus facile

   _____

4. JOURNALISTE: Est-ce qu'on a besoin de connaissances particulières?

   YVES: on / devoir / savoir / se réveiller tôt

   _____

(continued)

5. JOURNALISTE: Qu'est-ce que vous faites pendant votre temps libre?

   YVES: je / essayer / donner un nouveau sens à mon existence

   _____

6. JOURNALISTE: C'est très philosophique. Est-ce que vos enfants apprécient ce changement?

   YVES: non, / ils / préférer / vivre en ville

   _____

D. Sages conseils. (*Wise advice*.) Votre ami a besoin de sages conseils. Donnez votre opinion en utilisant le verbe entre parenthèses et un infinitif. Mettez vos réponses à l'impératif. Quand c'est possible, utilisez des pronoms pour éviter la répétition.

   MODÈLE: AMI: Je n'arrive pas à dire à ma copine (*girlfriend*) que je l'aime. (apprendre) →
   VOUS: Apprends à le dire.

1. AMI: Est-ce que je dois lui être fidèle (*faithful*)? (promettre)

   VOUS: _____

2. AMI: Elle veut aller voir une pièce de théâtre avec moi. (ne pas refuser)

   VOUS: _____

3. AMI: Est-ce que je lui achète des fleurs? (ne pas hésiter)

   VOUS: _____

4. AMI: Je ne sais pas si je dois lui envoyer des fleurs ou lui offrir des chocolats. (choisir)

   VOUS: _____

5. AMI: Est-ce que je dois bientôt lui téléphoner? (se dépêcher)

   VOUS: _____

E. Qu'est-ce qui se passe? Expliquez ce qui se passe dans les scènes suivantes. Utilisez une préposition (si nécessaire) et un verbe à l'infinitif avec chacun des verbes donnés.

Je suis désolé, elle ne veut pas vous parler!

1. désirer _____

   _____

   refuser _____

   _____

Entrez.

2. permettre _____

   _____

   _____

   accepter _____

   _____

3. commencer _____
_____

vouloir _____
_____

En septembre 1943. Il venait de la part
d'un ami commun. Il voulait faire de
la résistance.

F. **Votre meilleur(e) ami(e).** Faites des phrases en pensant à votre meilleur(e) ami(e). Utilisez un
infinitif et une préposition, si nécessaire, après chacun des verbes donnés.

MODÈLE: encourager →
Elle m'encourage à faire mes devoirs de français.

1. ne pas hésiter _____
_____

2. promettre _____
_____

3. devoir _____
_____

4. encourager _____
_____

5. vouloir _____
_____

6. inviter _____
_____

7. venir _____
_____

8. espérer _____
_____

9. réfléchir _____
_____

À écrire

Habiter où?

Préférez-vous la vie à la campagne, en ville ou en banlieue? Vous allez les comparer.

Première étape. Complétez le tableau en faisant une liste d'adjectifs, d'adverbes et de substantifs qui, selon vous, caractérisent chacun des endroits suivants. Utilisez des comparatifs ou des superlatifs, si vous voulez.

VILLE	BANLIEUE	CAMPAGNE

Deuxième étape. Esquissez (*Sketch out*) une étude des problèmes écologiques qui se posent dans chacun de ces endroits.

Vocabulaire utile: l'érosion, l'étalement urbain (*urban sprawl*), les gaz d'échappement, la pluie acide, la pollution sonore, la surutilisation des engrais (*overuse of fertilizers*)

VILLE	BANLIEUE	CAMPAGNE

Troisième étape. Maintenant, écrivez votre texte. Identifiez l'endroit que vous préférez et expliquez pourquoi, en le comparant aux deux autres endroits. Ensuite, précisez les problèmes environnementaux qui menacent (*threaten*) l'endroit que vous préférez et suggérez des solutions.

MODÈLE: Je préfère la vie en ville pour plusieurs raisons. La ville est plus intéressante que la banlieue ou la campagne, parce qu'on peut y faire plus d'activités. Par exemple,...

_____

_____

_____

_____

_____

_____

_____

Quatrième étape. Maintenant, relisez votre paragraphe et corrigez les fautes d'orthographe, de ponctuation, de grammaire et de vocabulaire, s'il y en a. Faites particulièrement attention aux accords sujet-verbe et substantif-adjectif, ainsi qu'aux temps des verbes.

Chapitre  19

Un certain Fergus

Vocabulaire en contexte

Un reportage sur la Résistance

 A. **Un reportage à la radio.** Écoutez le reportage suivant à la radio et remplissez les blancs. Vous entendrez le reportage deux fois.

Ici Frédéric Deltour pour Radio de la Nation. Un incident aujourd'hui à Cherbourg, en

Normandie, a causé la mort de plusieurs personnes. Deux hommes sont entrés dans une banque

avec des _____.[1] Ils y _____[2] plusieurs clients. Deux

personnes sont mortes. Ensuite, les malfaiteurs[a] _____[3] à l'intérieur.

_____,[4] les policiers sont arrivés sur la scène. Ils _____[5]

un moyen d'entrer dans la banque. Mais, pour _____[6] des policiers,

les malfaiteurs ont pris des _____[7] et les ont gardés tout près d'eux.

Pour sortir de la banque, les malfaiteurs ont demandé _____.[8] Les

policiers leur en ont donné un avec _____.[9] Mais c'était un

_____.[10] Le conducteur était un ancien[b] _____[11] qui

travaillait pour la police. Il les a conduits vers _____[12] où les policiers les

attendaient. Quand le camion est passé sur le pont, les policiers _____.[13] Les

malfaiteurs _____[14] un des otages. Ils ont dit aux policiers qu'ils allaient le

_____.[15] En guise de réponse, les policiers _____[16] un des

malfaiteurs. L'autre _____.[17] Il a suivi une _____[18]

et a disparu dans la forêt.

[a]*criminals* [b]*former*

B. Une période difficile. Lisez la lettre écrite par une grand-mère et apportée à sa petite-fille par un ami pendant la Deuxième Guerre mondiale. Trouvez les mots qui manquent (*are missing*) et conjuguez les verbes, si nécessaire. *Attention:* Un des mots de la liste n'est pas utilisé.

Vocabulaire utile: camion, s'échapper, fort, fusiller, guerre, otage, rechercher, se réfugier, soldats, troupes, tué

28 décembre 1943

Ma chérie,

J'ai été bien heureuse de recevoir de tes nouvelles. En ces temps de

_____¹, une grand-maman a bien besoin

de savoir que ses petits-fils et ses petites-filles vont bien. Il est vrai

que nous avons de la chance dans la famille et que personne n'a été

_____²au front.

Mais tous n'ont pas la même chance ici. Je viens d'apprendre

que Mme Gentil, une amie de ta mère, a très peur pour son fils. Il y

a trois mois, il a été fait prisonnier par les Allemands. La semaine

dernière, il a réussi à _____³. Personne ne l'a vu.

Il a conduit un _____⁴ pendant toute une

nuit sans être découvert. Il _____⁵dans une ferme

où un couple de vieux fermiers l'ont accueilli. De la ferme, il a écrit

une lettre à sa mère pour lui raconter son aventure.

Les _____⁶ allemandes se sont certainement rendu

compte qu'il n'est plus là, et elles vont le_____⁷

partout. Sa mère est très inquiète. Si les _____⁸

le retrouvent ils lui feront du mal Ils vont peut-être le

_____⁹¡

Je t'embrasse très _____¹⁰.

Mamie

C. Les jeux de mots. Trouvez les mots de vocabulaire qui conviennent aux catégories suivantes.

> MODÈLE: un camion   : conduire
>
> une arme   : _____*tirer*_____

Établissez un rapport logique.

1. une arme   : un soldat

      un camion   : _____

2. un camion   : l'autoroute

      un train   : _____

3. le courage   : courageusement

      le silence   : _____

4. la collaboration   : un collaborateur

      la Résistance   : _____

Maintenant, trouvez le contraire.

5. le patriotisme   ≠ _____

6. avancer   ≠ _____

7. un pays étranger (*foreign*) ≠ _____

8. fort   ≠ _____

Maintenant, trouvez un synonyme ou un mot similaire.

9. un prisonnier   ≈ _____

10. exécuter   ≈ _____

D. Une reconstruction du passé. Choisissez un élément de chaque colonne pour compléter chaque phrase. Si vous le faites correctement, vous raconterez une petite histoire de guerre. Racontez l'histoire au passé, bien sûr!

se réfugier	de trahison
accuser un ami	sous le train
tirer	dans un piège
tomber	sur les résistants français

1. Les résistants *sont* _____

    _____

2. Les soldats allemands _____

    _____

3. Plusieurs résistants _____

    _____

4. Un résistant _____

    _____

Le changement paisible

A. Différentes manières de réagir. Écoutez ces courts extraits d'un reportage à la radio sur l'histoire des formes de résistance dans différents pays, puis décidez s'ils décrivent une manière violente ou non-violente de réagir et marquez votre choix.

1. violente   non-violente

2. violente   non-violente

3. violente   non-violente

4. violente   non-violente

5. violente   non-violente

B. Les stratégies d'opposition. Complétez chaque phrase suivante avec l'expression la plus appropriée de la liste. Faites tous les changements nécessaires. *Attention:* Une des expressions de la liste n'est pas utilisée.

Vocabulaire utile: améliorer, attirer, chercher, coller, grève, manière, question, signer

1. En France, chaque fois que le gouvernement _____ à augmenter (*increase*)

    l'âge de la retraite pour les fonctionnaires qui travaillent à la SNCF, les syndicats (*unions*) font la

    _____ et il devient presque impossible de se rendre au travail, parce que le

    système des transports en commun est paralysé.

2. Généralement, les syndicats en France n'ont pas pour but (*goal*) de (d') _____

    les conditions du travail, mais de les préserver.

3. À mon avis, quand il y a moins de manifestations, elles _____ plus

    l'attention du gouvernement.

4. Il n'est pas permis de (d') _____ des affiches sur la plupart des murs

    en France.

5. Pour certains, la meilleure _____ d'exprimer son mécontentement est de

    _____ une pétition.

À l'affiche

A. Dans l'Épisode 19. Combinez les deux phrases à l'aide d'un pronom relatif (**qui**, **que**, **où**). Soyez logique et faites les changements nécessaires.

MODÈLE: Jeanne raconte l'histoire de la nuit tragique. Cette nuit, Pierre est mort. →
Jeanne raconte l'histoire de la nuit tragique où Pierre est mort.

1. Camille écoute l'histoire. Jeanne raconte l'histoire.

    _____

2. Un ami d'Antoine est arrivé de Paris. Pierre ne connaissait pas l'ami d'Antoine.

    _____

3. Pierre a réuni (*got together*) ses amis. Ses amis étaient résistants.

_____

4. Les résistants ont attaqué un train. Il y avait des armes allemandes dans ce train.

_____

5. À la fin de l'épisode, Camille a une photo de Fergus. Éric lui a donné la photo.

_____

6. Fergus habitait Marseille. Il avait un garage à Marseille.

_____

B. À propos des personnages

Première étape. En vous basant sur votre compréhension de l'histoire jusqu'ici (*up to now*), complétez les phrases suivantes.

1. Pierre, le mari de Jeanne Leblanc, est _____ pendant la guerre.

   a. écrivain   b. résistant   c. pompier

2. Antoine habite chez les Leblanc à _____.

   a. Saint-Jean de Causse   b. Lille   c. Paris

3. _____ manquent à Antoine pendant son absence de Paris.

   a. Pierre et Michel   b. Pierre et Jeanne   c. Mado et Louise

4. Un soir en décembre 1943, les Allemands _____ Pierre.

   a. arrêtent (*arrest*)   b. tirent sur   c. choisissent

5. Pierre dit à Jeanne qu'Antoine est _____.

   a. un traître   b. mort   c. sympa

6. Pierre meurt _____.

   a. dans la rue   b. près du train   c. dans son lit

Deuxième étape. Maintenant, écoutez ce texte sur la mort de Pierre Leblanc.

Cette guerre ne finira-t-elle jamais? C'est la question que Jeanne Leblanc se pose[1] tous les soirs, surtout les soirs où son mari Pierre part avec les autres résistants. C'est un homme courageux et il refuse l'Armistice. Il refuse de collaborer avec les Allemands, même[2] par le silence. Il doit faire quelque chose. Antoine, son nouvel ami parisien, l'aide beaucoup. Ensemble, ils parlent d'une nouvelle France, une France où les enfants n'auront pas peur et où il n'y aura plus d'injustice. Antoine parle de sa fille Mado, et Pierre, avec le petit Michel sur ses genoux,

pense à un meilleur monde. Antoine est comme un oncle pour Michel, et Pierre pense au jour où il pourra rencontrer la petite Mado. Un jour, quand la guerre ne séparera plus[3] les familles...

   Mais, ce soir en particulier, Jeanne s'inquiète. Pierre et Antoine sont partis. Ils ne lui ont rien dit; mais Jeanne sait que ce soir est différent des autres. Elle le sait. Elle met Michel au lit et elle attend son mari.

[1]*se... asks herself*   [2]*even*   [3]*ne... will no longer separate*

(*continued*)

Vers 3 h du matin, elle entend un bruit.[4] Elle ouvre la porte et elle voit Pierre, par terre, couvert de sang.[5] Il ne peut plus marcher[6] et il a du mal[7] à parler. Il répète toujours les mêmes mots: «Les Allemands»... «le train»... «Les Allemands»... «le train». Et Jeanne comprend. C'était un piège.

Jeanne aide son mari à se coucher dans leur lit, mais elle sait qu'il va mourir. Le médecin du village est loin, trop loin, et elle ne veut pas quitter Pierre pour aller le chercher.[8] Elle reste avec lui jusqu'au matin et elle l'écoute. Petit à petit, elle comprend la trahison. Pierre a vu Antoine et Fergus qui parlaient. Et Fergus portait un uniforme nazi. Pierre en était sûr. L'ami Antoine, ce faux ami, était un traître. Ce sont les dernières paroles[9] de Pierre, qui meurt dans les bras de sa femme.

Pour Jeanne, les jours suivants sont un cauchemar.[10] Elle doit expliquer à Michel que son papa est mort et que c'est lui, maintenant, l'homme de la famille. À six ans, donc, Michel doit grandir[11] très vite pour aider sa maman. Un jour, il lui demande pourquoi son nouvel oncle Antoine n'est pas là pour les aider. Est-il mort avec papa? Jeanne regarde son fils dans les yeux et lui demande une chose... de ne jamais, jamais prononcer le nom d'Antoine devant elle. Jamais.

[4]noise [5]blood [6]walk [7]il... he has difficulty [8]aller... to get him [9]words [10]nightmare [11]grow up

Troisième étape. Maintenant, relisez vos réponses dans la première étape et corrigez-les, si nécessaire, en vous basant sur le texte précédent.

C. Vous avez compris? En vous basant sur l'histoire de Pierre, indiquez si les phrases que vous entendez se réfèrent à Antoine, à Pierre, à Jeanne, à Fergus ou à Michel. Il y a parfois plus d'une réponse.

	ANTOINE	PIERRE	JEANNE	FERGUS	MICHEL
1.	☐	☐	☐	☐	☐
2.	☐	☐	☐	☐	☐
3.	☐	☐	☐	☐	☐
4.	☐	☐	☐	☐	☐
5.	☐	☐	☐	☐	☐
6.	☐	☐	☐	☐	☐
7.	☐	☐	☐	☐	☐
8.	☐	☐	☐	☐	☐
9.	☐	☐	☐	☐	☐

Structure 57

Le conditionnel

Being polite and talking about possibilities

A. La politesse, s'il vous plaît. Rendez la conversation plus polie en mettant chaque phrase au conditionnel. Puis écoutez pour vérifier votre réponse.

MODÈLE: Vous entendez: Savez-vous quand le train doit partir?
Vous dites: Sauriez-vous quand le train doit partir?
Vous entendez: Sauriez-vous quand le train doit partir?

1. ...   2. ...   3. ...   4. ...   5. ...   6. ...

B. J'ai le cafard. (*I'm feeling down.*) Gilles ne prend pas toujours la meilleure décision. Suivez les indications pour dire ce que vous feriez différemment dans chacune des situations suivantes. Puis écoutez pour vérifier votre réponse.

MODÈLE: Vous entendez: Je n'étudie pas.
Vous dites: À ta place, j'étudierais.
Vous entendez: À ta place, j'étudierais.

1. ...   2. ...   3. ...   4. ...   5. ...   6. ...   7. ...   8. ...

C. Une situation de rêve. (*Dream situation.*) Complétez les hypothèses suivantes avec les éléments donnés. N'oubliez pas qu'il s'agit de (*it concerns*) suppositions!

1. ils / avoir / ordinateur / chaque pièce

   Dans la maison de leurs rêves, _____

   _____.

2. on / finir de / travailler / 2 h 30 de l'après-midi

   Dans un monde parfait (*perfect*), _____

   _____.

3. nous / ne pas fumer (*to smoke*) / cigarettes

   Pour une santé parfaite, _____

   _____.

4. les étudiants / ne pas cesser / parler français

   Dans un cours de français idéal, _____

   _____.

5. on / aller / plus souvent / cinéma

   Dans un monde sans télévisions et sans ordinateurs, _____

   _____.

6. cinéma / être / gratuit (*free*)

   Dans un monde parfait, _____

   _____.

D. Mon premier appartement. Roland va vivre en appartement pour la première fois. Il a beaucoup de questions et il demande des conseils à son meilleur ami. Écrivez ses questions.

MODÈLE: prendre un appartement en ville →
À ma place, est-ce que tu prendrais un appartement en ville?

1. choisir un appartement non meublé (*unfurnished*)

   _____

2. regarder beaucoup d'appartements avant de choisir

   _____

(*continued*)

3. payer une caution (*security deposit*) tout de suite

_____

4. obéir à tous les règlements

_____

5. acheter beaucoup de plantes

_____

6. rendre les clés (*keys*) à la fin de la location (*rental*)

_____

E. Dans un monde parfait. Sylvie a des idées très optimistes sur le monde. Vous n'êtes pas tout à fait d'accord avec elle. Modérez chacune de ses déclarations en précisant que les choses se passeraient ainsi dans un monde parfait. Puis écoutez pour vérifier votre réponse.

MODÈLE: Vous entendez: Tout le monde est sympathique.
Vous dites: Dans un monde parfait, tout le monde serait sympathique.
Vous entendez: Dans un monde parfait, tout le monde serait sympathique.

1. ...   2. ...   3. ...   4. ...   5. ...   6. ...   7. ...   8. ...

Structure 58

Les phrases avec *si*

Expressing hypothetical situations and conditions

A. Un fait ou une condition? Écoutez chaque phrase et déterminez si elle exprime un fait (*fact*) ou si elle exprime une situation hypothétique.

MODÈLE: Vous entendez: Il pleut pendant toute la journée.
Vous choisissez: (un fait) une situation hypothétique

MODÈLE: Vous entendez: Il viendrait s'il avait le temps.
Vous choisissez: un fait (une situation hypothétique)

1.	un fait	une situation hypothétique	6.	un fait	une situation hypothétique
2.	un fait	une situation hypothétique	7.	un fait	une situation hypothétique
3.	un fait	une situation hypothétique	8.	un fait	une situation hypothétique
4.	un fait	une situation hypothétique	9.	un fait	une situation hypothétique
5.	un fait	une situation hypothétique	10.	un fait	une situation hypothétique

B. Un après-midi bien chargé. (*A busy afternoon.*) Votre amie a beaucoup d'activités et peu de temps libre (*free time*) pour tout faire. Expliquez-lui que, si vous étiez elle, tout serait fait une heure plus tôt. Puis écoutez pour vérifier votre réponse.

MODÈLE: Vous entendez: Je viens à 12 h 15.
Vous dites: Si j'étais toi, je viendrais à 11 h 15.
Vous entendez: Si j'étais toi, je viendrais à 11 h 15.

1. ...   2. ...   3. ...   4. ...   5. ...   6. ...   7. ...   8. ...

C. **L'évasion. (*The escape*.)** Un prisonnier parle à un autre prisonnier d'un projet d'évasion. Complétez leur dialogue en conjuguant dix des verbes de la liste aux temps qui conviennent.

Vocabulaire utile: attendre, avoir, s'échapper, pouvoir, rechercher, réfléchir, retarder, savoir, tirer, se tuer, ne pas vouloir

DIDIER: Je n'en peux plus. Je n'ai plus d'espoir.[a] Je m'en vais.[b]

JULES: Attention, ce n'est pas aussi facile que ça. À ta place, je (j') _____[1] aux conséquences.

DIDIER: J'ai déjà pensé à tout cela. Si je restais encore une semaine en prison, je (j') _____.[2]

JULES: Si tu avais une arme, tu _____[3] prendre un otage.

DIDIER: Non, je (j') _____[4] tout seul, sans otage.

JULES: Mais si tu prenais un otage, tu _____[5] l'avance des officiers.

DIDIER: Au contraire, si les officiers le _____,[6] ils me _____[7] tout de suite. Alors, je préfère m'en aller la nuit quand il n'y _____[8] personne ici.

JULES: D'accord, mais à ta place, je (j') _____[9] la décision de ton recours en appel.[c]

DIDIER: Tu n'es pas moi et moi, je (j') _____[10] être toi. Alors chacun son chemin. Adieu.

[a]*hope* [b]*Je... I'm getting out of here.* [c]*ton... your appeal*

D. **Une réaction en chaîne. (*Chain reaction*.)** Complétez les phrases avec les éléments donnés en employant correctement le conditionnel et l'imparfait.

1. si nous / manger / moins / frites, nous / perdre / plus / kilos

_____

2. si nous / perdre / kilos, nous / se sentir / moins / fatigués

_____

3. si on / se sentir / plus en forme, on / faire / plus / sport

_____

4. si je / faire / plus / sport, je / avoir / moins / faim

_____

5. si je / avoir / moins / faim, je / ne pas manger / autant / frites

_____

E. Un week-end idéal. Christophe parle à sa collègue d'un week-end idéal. Pour chaque phrase, choisissez un des verbes entre parenthèses et mettez-le au conditionnel, pour compléter le dialogue.

MARLÈNE: Si tu n'avais plus de travail, s'il ne pleuvait pas, si tu avais de l'argent, que

_____[1]-tu (faire, voyager) ce week-end?

CHRISTOPHE: Je ne (n') _____[2] (prendre, aller) nulle part.[a] Je

_____[3] (se reposer, se lever) chez moi.

MARLÈNE: Comment? Tu _____[4] (partir, rester) chez toi?

Tu ne _____[5] (voyager, dormir) pas?

CHRISTOPHE: Non, je _____[6] (recevoir, passer) mon temps

libre à la maison. Ma femme et moi, nous _____[7]

(se téléphoner, se reposer) et nous _____[8]

(rendre, réfléchir) visite à nos voisins.[b]

MARLÈNE: Vous n'_____[9] (aller, arriver) même pas à une

pièce de théâtre où au cinéma?

CHRISTOPHE: Non, tout simplement je _____[10] (refuser de,

choisir de) rester à la maison avec ma femme.

[a]nulle... *nowhere*   [b]*neighbors*

Et vous? Êtes-vous plutôt d'accord avec Marlène ou avec Christophe? Pendant un week-end idéal, que feriez-vous? Écrivez au moins cinq phrases avec une variété de verbes.

Verbes possibles: aller, construire, se coucher, étudier, faire, ouvrir, passer, planter, prendre, suivre, trouver, voyager

_____

_____

_____

_____

_____

_____

_____

Regards sur la culture

L'Occupation et la Résistance, 1940–1944

L'Occupation de la France pendant la Deuxième Guerre mondiale a eu comme résultat la division de ce pays en plusieurs zones. Deux années sont importantes dans l'établissement de ces zones—1940 et 1942.

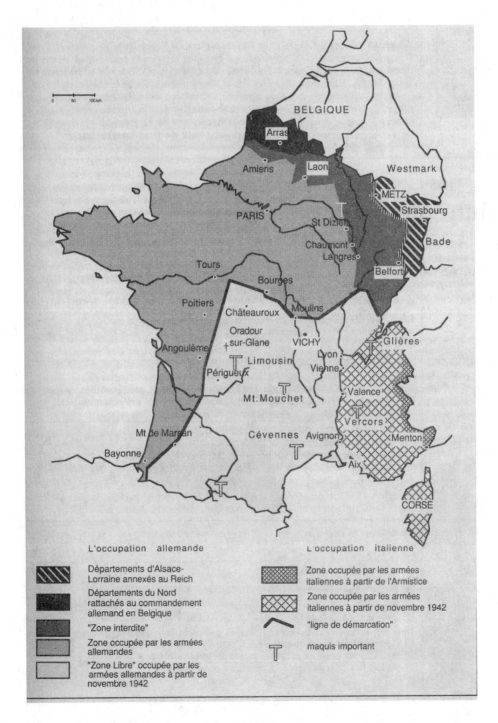

L'Occupation. Regardez à la page précédente la carte de France pendant l'Occupation pour mettre ensemble des éléments des deux colonnes.

1. Paris se trouvait dans _____

2. Au sud des Cévennes et près de Périgueux aussi, il y avait _____

3. La Corse se trouvait dans _____

4. La «ligne de démarcation» séparait _____

5. Dans la «zone interdite» (*restricted zone*), on trouvait _____

6. La «zone libre» a été occupée par les armées allemandes _____

a. un maquis (*resistance cell*) important.
b. la ville de Belfort.
c. en novembre 1942.
d. la «zone libre» et la zone occupée par les armées allemandes.
e. la zone occupée par les Allemands.
f. la zone occupée par les Italiens à partir de 1942.
g. la France et l'Allemagne.

Structure 59

Les pronoms démonstratifs

Avoiding repetition

A. Des préférences. Indiquez quels vêtements Céline préfère—ceux à droite ou ceux à gauche. Puis écoutez pour vérifier votre réponse.

MODÈLE: Vous entendez: Quelle robe préfère Céline?
Vous voyez: que Céline a choisi la robe à droite.
Vous dites: Elle préfère celle à droite.
Vous entendez: Elle préfère celle à droite.

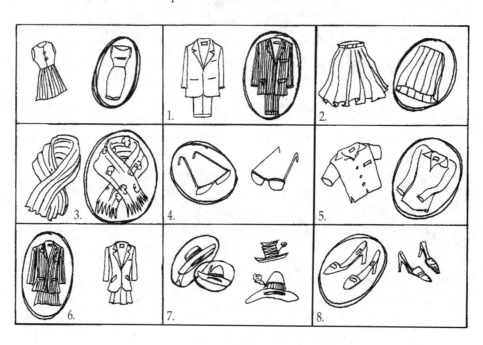

B. À qui est-ce? Écoutez les questions et dites à qui l'objet appartient. Puis écoutez pour vérifier votre réponse.

> MODÈLE: Vous entendez: C'est ton crayon?
> Vous voyez: Alain
> Vous dites: Non, c'est celui d'Alain.
> Vous entendez: Non, c'est celui d'Alain.

1. Alphonse   3. Jacqueline   5. Isabelle   7. Claude   9. Sabine
2. Olivier   4. Josiane   6. Philippe   8. Lucien

C. Au musée Jean Moulin. Le Centre National Jean Moulin à Bordeaux honore un des grands chefs de la Résistance française. Complétez les commentaires de deux visiteurs au musée qui parlent de leurs préférences.

> MODÈLE: «Des sculptures? Je trouve ____*celle-ci*____ moins belle que ____*celle-là*____.»

1. «Aimes-tu les dessins de guerre? _____ sont plus réalistes que _____.»

2. «Et regarde ces portraits des résistants. Je trouve _____ plus impressionnants que

    _____.»

3. «Ici, il y a encore des lettres clandestines? _____ sont aussi intéressantes que

    _____.»

4. «Tu vois les deux affiches? Il y a autant de symbolisme dans _____ que dans

    _____.»

D. Des précisions, s'il te plaît. Pour compléter chaque phrase, mettez le pronom démonstratif approprié et écrivez la lettre qui précède la conclusion logique de la phrase. Finalement, si vous le pouvez, indiquez à qui ou à quoi la phrase fait allusion.

1. Tu parles de quel jour?

    Je parle de ____*celui*____ _g_

2. Tu parles de quelle fête?

    Je parle de _____ ____

3. Tu parles de quelle guerre?

    Je parle de _____ ____

4. Tu parles de quel parc parisien?

    Je parle de _____ ____

5. Tu parles de quelles montagnes françaises?

    Je parle de _____ ____

6. Tu parles de quels personnages dans le film?

    Je parle de _____ ____

7. Tu parles de quel président français?

    Je parle de _____ ____

a. qui se trouvent sur la frontière entre la France et l'Espagne.
b. qui a commencé en 1939 en Europe.
c. où on trouve le Sénat.
d. qui a signé l'armistice avec l'Allemagne en 1940.
e. qui a lieu le 14 février chaque année.
f. qu'on voit ensemble devant la gare de Lyon.
g. où Pétain a signé l'Armistice avec l'Allemagne.

(continued)

1. *C'est le 22 juin 1940.*

2. _____

3. _____

4. _____

5. _____

6. _____

E. On compare. Faites une comparaison entre les objets dans les deux chambres et écrivez vos préférences. Expliquez vos choix (*choices*).

Vocabulaire utile: affiche, canapé, chaîne stéreo, ordinateur, piano, tapis, télévision

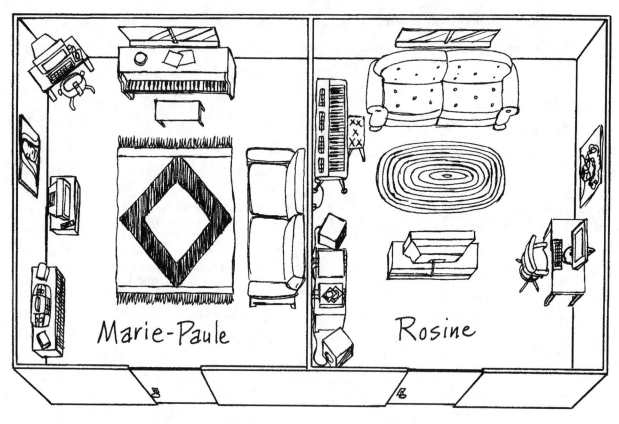

MODÈLE: J'aime mieux le canapé de Rosine que celui de Marie-Paule parce qu'il a l'air plus confortable. (Le canapé de Rosine est plus confortable que celui de Marie-Paule, donc [*therefore*] je le préfère.)

1. _____

   _____

2. _____

   _____

3. _____

   _____

4. _____

_____

5. _____

_____

6. _____

_____

À écrire

Controverses à mon université

On vous invite à faire un petit reportage sur les questions les plus discutées sur votre campus en ce moment.

Première étape. Identifiez la question qui fait l'objet d'une controverse. S'agit-il (*Is it a matter*) du manque de logement pour les étudiants en première année? de la qualité de la cuisine dans le restaurant universitaire? d'athlètes expulsés? de manifestations (*demonstrations*) politiques? d'autre chose?

Deuxième étape. Identifiez les partis opposants et précisez leurs arguments. Voici quelques expressions pour vous aider.

Partis possibles: administration, habitants de la ville, conseil des étudiants (*student senate*), étudiants, professeurs

Expressions utiles: être attentif aux demandes, exagérer l'importance du problème, il paraît que (*it seems that*), la plupart de (*most*), prétendre (*to claim*), promettre, réclamer (*to call for*), régler (*to settle*) le problème, se plaindre (il se plaint, ils se plaignent) (*to complain*), soutenir

Parti		
Arguments		

Troisième étape. Qu'est-ce qui arrivera si le problème n'est pas réglé bientôt? Quelle solution pourrait satisfaire les deux partis opposants? Quelle serait, à votre avis, la meilleure solution à cette crise ou à ce problème?

_____

_____

Quatrième étape. Maintenant, organisez et rédigez (*write*) votre paragraphe. *Attention:* N'oubliez pas de former des phrases avec **si** et/ou des phrases au conditionnel pour parler de la solution éventuelle (*possible*).

MODÈLE: Actuellement, la question la plus discutée sur notre campus, c'est l'inflation des notes. Il paraît que les professeurs sont trop généreux en donnant un «A» à la plupart des étudiants. L'administration s'est déclarée contre cette pratique mais si nos professeurs commençaient à noter plus sévèrement, est-ce que nous, les étudiants, resterions compétitifs...

_____

_____

_____

_____

_____

_____

_____

_____

_____

Cinquième étape. Maintenant, relisez votre narration et corrigez les fautes d'orthographe, de ponctuation, de grammaire et de vocabulaire, s'il y en a. Faites particulièrement attention aux accords sujet-verbe et substantif-adjectif, ainsi qu'aux temps des verbes.

Chapitre 20

Risques

Vocabulaire en contexte

Rechercher un emploi

A. Quel travail! Laurence parle avec son ami Jean de sa recherche d'emploi. Complétez leur conversation avec les mots que vous entendez. Vous allez entendre le dialogue deux fois.

LAURENCE: Quel travail énorme juste pour trouver un travail! Quand j'ai commencé

_____,[1] je ne savais pas à quel point ce serait épuisant!

JEAN: Où en es-tu maintenant? As-tu _____[2] et cherché des

_____[3]?

LAURENCE: Oui, en fait, j'ai déjà _____[4] dans plusieurs entreprises et

maintenant j'attends des réponses avec impatience.

JEAN: Ça prend un temps fou d'écrire et de modifier ses _____,[5] non?

LAURENCE: Oui, j'y ai passé des heures. Mais à mon avis, la préparation pour

_____[6] si j'en ai, sera encore plus difficile.

JEAN: Oui, c'est vrai. Tu devras être prête à parler de tes _____[7] et de tes

_____,[8] tout en restant _____[9] et en faisant

bonne impression.

B. Synonymes. Trouvez un synonyme pour chacune des expressions suivantes. *Attention:* Une des expressions de la liste n'est pas utilisée.

Vocabulaire utile: besoin, un chômeur, un entretien, modifier, poser sa candidature, rédiger, se renseigner

1. personne sans emploi _____

2. écrire _____

3. changer un peu _____

4. soumettre son CV (*résumé*) _____

5. une interview _____

6. obtenir des informations _____

C. **À vous!** Décrivez votre expérience avec le processus d'embauche en répondant aux questions suivantes. Si vous n'avez jamais cherché de travail (ou pas récemment), répondez en faisant appel à votre imagination.

1. Où cherchez-vous des offres d'emploi?

   _____

2. Comment vous renseignez-vous sur les entreprises qui vous intéressent?

   _____

3. Comment vous préparez-vous pour en entretien d'embauche?

   _____

D. **Être sûr de soi.** C'est toujours une bonne idée de bien se préparer pour un entretien d'embauche. Réfléchissez aux questions suivantes et écrivez des réponses personnelles.

   Vocabulaire utile: ambitieux, autonome (*independent*), communicatif, consciencieux, diligent, esprit (*spirit*) d'équipe, honnête (*honest*), imaginatif, innovateur (*innovative*), persévérant

1. Quelles sont vos deux plus grandes qualités? Donnez un exemple pour illustrer chacune de ces qualités.

   _____

   _____

   _____

2. Quels autres aspects de votre personnalité ou de vos connaissances aimeriez-vous améliorer? Comment? Qu'allez-vous faire exactement?

   _____

   _____

   _____

Le monde du travail et de l'argent

A. **Le monde du travail.** Écoutez les phrases, puis dites et marquez la réponse logique. Finalement, écoutez pour vérifier votre réponse.

MODÈLE:	Vous entendez:	J'ai signé un contrat avec l'entreprise où je faisais un stage.
	Vous voyez:	_____ Quelle bonne nouvelle (*news*). Félicitations!
		_____ Pourquoi ne voulez-vous pas y travailler?
	Vous dites et vous marquez:	_X_ Quelle bonne nouvelle. Félicitations!
	Vous entendez:	Quelle bonne nouvelle. Félicitations!

1. _____ Quand allez-vous commencer le travail? Qu'allez-vous y faire?

   _____ Quoi, on vous met au chômage? Pourquoi a-t-on annulé (*cancelled*) votre contrat?

2. _____ Pourquoi avez-vous accepté ce poste?

   _____ Oui. J'ai cinq semaines de congé par an.

3. _____ Est-ce que vous recevez le même montant qu'un employé?

   _____ Est-ce qu'ils vont vous licencier pour cette raison?

4. _____ Comment, c'est une vedette de cinéma?

   _____ Alors elle est femme médecin?

5. _____ Vous avez déjà reçu votre carnet de chèques?

   _____ Vite, vite. La banque ferme à 5 h 30.

B. Les synonymes. Trouvez un synonyme pour les expressions suivantes. *Attention:* Certaines des expressions de la liste ne sont pas utilisées.

Vocabulaire utile: déposer un chèque, engager, faire un chèque, former, licencier, signer, toucher un chèque

MODÈLE: prendre des employés pour son entreprise → engager

1. mettre au chômage _____
2. montrer comment faire un travail _____
3. changer un chèque en argent _____
4. mettre un chèque dans un compte _____
5. écrire un chèque _____

C. Une bonne nouvelle! Mlle Papineau vient de recevoir cette lettre d'une entreprise dans laquelle elle a posé sa candidature. Complétez le passage.

Vocabulaire utile: congé, contrat, déposer, engager, former, montant, salaire, travail

CEGOS, S.A.

2 Boulevard du Roi René

13100 AIX-EN-PROVENCE

Aix-en-Provence, le 28 avril 2006

Chère Mlle Papineau,

Notre entreprise a décidé de vous _____[1] comme ingénieur civil. Si vous acceptez, vous pourrez signer un _____[2] et commencer votre nouveau travail lundi prochain. L'équipe de Mme Hébert va vous _____.[3] Nous sommes prêts à vous offrir de bonnes conditions de travail et un bon _____[4] de 48.000 €. Nous estimons que ce _____[5] correspond bien à vos qualifications et à votre expérience. De plus, vous aurez quatre semaines de _____[6] par an, en plus des vacances de Noël. Si vous avez des questions concernant votre contrat ou les conditions de _____,[7] veuillez[a] me contacter. Je vous souhaite la bienvenue[b] dans notre entreprise!

Raoul Gigot, directeur

[a]*please* (c'est l'impératif de **vouloir**)   [b]*Je... I would like to welcome you*

D. Et après? Chantal vient d'être engagée par une entreprise marseillaise. Qu'est-ce qu'elle fera dans les semaines à venir? Mettez les verbes au futur.

Vocabulaire utile: argent, chèque, compte, contrat, ouvrir, recevoir, signer, toucher

1. D'abord, _____

   _____ .

2. Ensuite, _____

   _____ .

3. Puis, à la fin du mois, _____

   _____ .

4. Enfin, _____

   _____ .

À l'affiche

A. Que savez-vous? Identifiez les personnages du film.

Personnages: Bruno, Camille, Martine, le patron du bar à Marseille, le président de Canal 7

1. Elle n'est pas retournée au travail après son voyage dans les Cévennes. C'est

   _____ .

2. Il propose de quitter Canal 7 et «Bonjour!». C'est _____ .

3. Il est furieux parce que Camille n'est pas là. C'est _____ .

4. Elle dit que si Camille quitte Canal 7, elle partira aussi. C'est

   _____ .

5. Il sert un café à Camille. C'est _____ .

6. Elle a une photo de Fergus. C'est _____ .

B. À propos des personnages

Première étape. En vous basant sur ce que vous savez de l'histoire jusqu'ici, choisissez la meilleure expression pour compléter chaque phrase. Si vous n'êtes pas sûr(e), devinez. Vous en apprendrez plus dans la deuxième étape.

1. Camille continue ses recherches _____.

   a. à Marseille   b. à Lyon   c. en Allemagne

2. Le patron du bar va aider Camille à trouver _____.

   a. Pierre Lebrun   b. son grand-père   c. Roland Fergus

3. Les parents de _____ sont à Marseille.

   a. Yasmine   b. Martine   c. Rachid

4. M. Bouhazid (le père de Rachid) est _____.

   a. catholique   b. musulman   c. protestant

5. _____ est un plat typiquement marocain.

   a. Le poulet au vinaigre   b. Une omelette   c. Le tajine

6. On sert _____ pour un repas typiquement breton.

   a. du couscous   b. une salade au saumon   c. des crêpes

7. Les musulmans pratiquants boivent souvent _____.

   a. du thé à la menthe (*mint*)   b. de la bière   c. du vin blanc

Deuxième étape. Maintenant, écoutez ce texte sur la visite de Camille à Marseille.

Quelle ville chaleureuse! Même en hiver quand il fait frais à Marseille, l'air est doux et parfumé et les terrasses des cafés sont pleines[1] de gens souriants.[2]

La rencontre de Camille avec le patron du bar se passe bien. Il dit qu'il va essayer de trouver Roland Fergus.

Plus tard, Camille va dans son hôtel et téléphone à Bruno à Canal 7 pour parler de «Bonjour!». Bruno n'est pas au bureau, mais Rachid répond au téléphone. Camille est à Marseille? Mais les parents de Rachid habitent à Marseille, ainsi que[3] sa petite sœur, Mina. Il dit à Camille de rappeler[4] dans quelques minutes; il téléphone à sa mère. Bien sûr, Mme Bouhazid serait ravie[5] d'inviter la gentille collègue de Rachid. Quand Camille rappelle Rachid, tout est décidé. Elle va chez les Bouhazid le soir même. C'est beaucoup mieux que de rester seule à l'hôtel, même si cet hôtel a une vue superbe sur la Méditerranée!

Ahmed Bouhazid, le père de Rachid, reçoit Camille dans son appartement. C'est un petit homme élégant et il est honoré de recevoir la jeune journaliste qu'il voit souvent à la télé. Avec lui se trouvent sa femme, Bernadette, et leur fille Mina. Camille leur parle de Canal 7, de Bruno et de Rachid et elle explique comment Rachid l'a aidée avec ses recherches. Pendant que Bernadette fait la cuisine, Ahmed et Mina parlent de Marseille, une ville où des Français et des Nord-Africains vivent ensemble et partagent leurs cultures. Camille remarque aussi le mélange subtil de cultures dans l'appartement de la famille Bouhazid. À côté des belles photos de la Bretagne, la région d'origine de Bernadette, il y a de beaux tapis marocains. Mina parle français et arabe, et même le dîner reflète[6] les deux cultures. Bernadette a préparé de délicieuses crêpes bretonnes et un savoureux tajine, un ragoût[7] marocain traditionnel. Bernadette, catholique, boit du vin, mais Ahmed et Mina respectent le Coran et ne boivent pas d'alcool.

[1]*full*   [2]*smiling*   [3]*ainsi... as well as*   [4]*call back*   [5]*delighted*   [6]*reflects*   [7]*stew*

Camille, qui observe tout cela avec beaucoup d'intérêt, leur pose discrètement des questions sur cette vie non traditionnelle, car[8] même au vingt-et-unième siècle, les mariages entre chrétiens et musulmans sont assez rares en France. Les Bouhazid expliquent qu'heureusement ces mariages sont assez bien acceptés à Marseille à cause de la grande diversité de la ville, mais ils disent aussi que les deux familles s'étaient opposées au mariage au début. Maintenant, les parents d'Ahmed connaissent bien Bernadette et le couple Bouhazid va souvent en vacances en Bretagne, en famille.

Pour Camille, c'est une soirée super, une soirée où elle peut oublier toutes les questions à propos d'Antoine, de Pierre Leblanc et de Roland Fergus. Après le repas, ils prennent du thé à la menthe et elle écoute de la musique raï avec Mina, qui adore cette musique moderne maghrébine. Elle retourne à son hôtel, fatiguée mais contente et, demain, peut-être trouvera-t-elle Roland Fergus et les réponses à ses questions.

[8]*for*

Troisième étape. Maintenant, relisez vos réponses dans la première étape et corrigez-les, si nécessaire, en vous basant sur le texte précédent.

C. Vous avez compris? En vous basant sur l'histoire de la visite de Camille chez les Bouhazid, décidez si les phrases suivantes sont vraies ou fausses ou si c'est impossible à dire.

	VRAI	FAUX	IMPOSSIBLE À DIRE
1.	☐	☐	☐
2.	☐	☐	☐
3.	☐	☐	☐
4.	☐	☐	☐
5.	☐	☐	☐
6.	☐	☐	☐
7.	☐	☐	☐
8.	☐	☐	☐
9.	☐	☐	☐
10.	☐	☐	☐

D. Un moment tendu. (*A tense moment.*) Écoutez des répliques tirées (*taken*) du film, et complétez-les. Vous allez entendre chaque réplique deux fois.

1. MARTINE: Tu as signé un _____ avec moi!

2. CAMILLE: J'ai pris deux semaines de _____ et ce n'est pas la fin du monde!

3. MARTINE: Camille est la _____ de notre émission, Monsieur le président.

4. LE PRÉSIDENT: Je vois. Donc, c'est nous qui l'avons découverte, _____ et rendue _____.

5. LE PRÉSIDENT: Si dans une semaine elle est toujours absente, je la _____, OK?

Structure 60

Les expressions impersonnelles + infinitif

Expressing judgments, necessity, and obligation

A. **Conseils pour trouver un travail.** (*Advice for finding a job.*) Faites une nouvelle phrase avec l'expression que vous entendez et la phrase que vous voyez. Puis écoutez pour vérifier votre réponse.

> MODÈLE: Vous entendez: il n'est pas essentiel
> Vous voyez: Travaillons en équipe.
> Vous dites: Il n'est pas essentiel de travailler en équipe.
> Vous entendez: Il n'est pas essentiel de travailler en équipe.

1. Je lis les petites annonces.
2. Je réponds à une annonce.
3. J'envoie un CV.
4. Je réussis à l'entretien d'embauche.
5. Je signe un bon contrat.
6. J'annonce la nouvelle à des amis.

B. **Quand exactement?** Écoutez les phrases et identifiez le temps de l'action—le passé, le présent ou le futur.

> MODÈLE: Vous entendez: Il est juste de dire la vérité.
> Vous cochez: le présent

	LE PASSÉ	LE PRÉSENT	LE FUTUR
1.	☐	☐	☐
2.	☐	☐	☐
3.	☐	☐	☐
4.	☐	☐	☐
5.	☐	☐	☐
6.	☐	☐	☐

C. **Quelques conseils.** Évitez l'impératif en utilisant des expressions qui expriment la nécessité ou l'obligation.

Vocabulaire utile: il est bon de, il est nécessaire de, il faut, il suffit de

> MODÈLE: Prenez un taxi à l'aéroport. →
> Il est nécessaire de prendre un taxi à l'aéroport.

1. Visitez autant de sites touristiques que possible.

_____

_____

2. Téléphonez pour confirmer les réservations d'hôtel.

_____

_____

(*continued*)

3. Écrivez des cartes postales à votre famille.

    _____

    _____

4. En été, habillez-vous avec des vêtements légers.

    _____

    _____

5. Soyez ouvert(e) à de nouvelles expériences.

    _____

    _____

D. Faut pas ou pas nécessaire? Xavier a perfectionné son CV pour l'envoyer à une entreprise américaine. Quels conseils lui donneriez-vous? Décidez s'**il n'est pas nécessaire de** (*not necessary to*) faire quelque chose ou s'**il ne faut pas** (*one should not*) faire quelque chose.

MODÈLE: _____*Il ne faut pas*_____ faire de fausse déclaration sur ton CV.

1. _____ envoyer de photo avec ton CV.

2. _____ faire d'erreurs de grammaire.

3. _____ écrire ton CV sur du papier coloré.

4. _____ exagérer tes qualifications.

5. _____ être négatif.

6. _____ ajouter une liste de tous les cours que tu as suivis à l'université et au lycée.

E. Les opinions. Quelle est votre opinion sur les activités suivantes?

Vocabulaire utile: bon, essentiel, inutile, juste, préférable, triste, utile

MODÈLE: _____*Il est préférable de*_____ se laver tous les matins.

1. _____ apprendre une langue étrangère.

2. _____ voter pour un bon président.

3. _____ voir les gens souffrir.

4. _____ se fâcher pour rien.

5. _____ manger beaucoup de fruits et de légumes.

6. _____ ne jamais mentir.

F. À vous la parole. Finissez les phrases pour parler de vos propres sentiments et besoins.

1. Je suis heureux/heureuse de (d') _____.

2. J'ai besoin de (d') _____.

3. Mes ami(e)s sont content(e)s de (d')_____.

4. Ce soir, je dois _____.

Structure 61

Le subjonctif

Expressing obligation and necessity

A. Une visite à Marseille. Safi parle au téléphone avec ses amis, Chantal et Jean-François. Écoutez ses remarques et, dans chaque cas, indiquez si le verbe que vous entendez est à l'indicatif, à l'impératif ou au subjonctif. Quand la phrase a deux verbes, indiquez le mode du deuxième verbe.

> MODÈLE: Vous entendez: Venez me rendre visite à Marseille.
> Vous cochez: impératif

	INDICATIF	IMPÉRATIF	SUBJONCTIF
1.	☐	☐	☐
2.	☐	☐	☐
3.	☐	☐	☐
4.	☐	☐	☐
5.	☐	☐	☐
6.	☐	☐	☐
7.	☐	☐	☐
8.	☐	☐	☐
9.	☐	☐	☐
10.	☐	☐	☐

B. Révisons les conjugaisons. Mettez chaque verbe au présent de l'indicatif et au présent du subjonctif.

		PRÉSENT DE L'INDICATIF	PRÉSENT DU SUBJONCTIF
1.	attendre	ils/elles _____	il suffit que tu _____
2.	finir	ils/elles _____	il faut que je _____
3.	se dépêcher	ils/elles _____	il suffit qu'on _____
4.	partir	ils/elles _____	il faut que nous _____
5.	espérer	ils/elles _____	il suffit qu'il _____
6.	réfléchir	ils/elles _____	il faut qu'ils _____
7.	mettre	ils/elles _____	il suffit que tu _____
8.	réduire	ils/elles _____	il faut que nous _____
9.	apprendre	ils/elles _____	il suffit qu'elle _____
10.	rendre	ils/elles _____	il faut que tu _____
11.	dire	ils/elles _____	il suffit qu'on _____
12.	suivre	ils/elles _____	il faut que je _____

C. Précisons qui doit le faire. Transformez chaque phrase en utilisant le pronom que vous entendez pour préciser qui doit faire la chose indiquée. Puis écoutez pour vérifier votre réponse.

> MODÈLE: Vous voyez: Il faut parler au directeur.
> Vous entendez: nous
> Vous dites: Il faut que nous parlions au directeur.
> Vous entendez: Il faut que nous parlions au directeur.

1. Il suffit de répondre à la petite annonce.
2. Il est nécessaire de choisir une bonne entreprise.
3. Il faut écrire un bon CV.
4. Il suffit de lire l'article sur l'entreprise.
5. Il est nécessaire de réussir au travail.
6. Il faut demander un congé de deux semaines.
7. Il faut ouvrir un compte en banque.
8. Il est important de bien vivre.

D. Trop de stress. Il semble que tout le monde souffre du stress de la vie. Donnez des conseils aux personnes suivantes en combinant des expressions de la liste à gauche avec les expressions de la liste à droite. Faites les accords nécessaires.

il est important que	se reposer plus souvent
il est nécessaire que	faire du yoga
il est indispensable que	dormir huit heures chaque nuit
il faut que	manger beaucoup de fruits et de légumes
il suffit que	consacrer moins de temps au travail
il n'est pas nécessaire que	conduire si vite
il est important que	bien connaître les habitants d'une ville

1. à une bonne amie: _____

    _____.

2. à un bon ami: _____

    _____.

3. à votre professeur: _____

    _____.

4. à une personne dans votre famille: _____

    _____.

5. à une personne dans votre cours: _____

    _____.

6. à un chauffeur de taxi: _____

    _____.

7. à une femme politique: _____

    _____.

E. **Avant le film.** Les enfants doivent finir certaines activités avant de regarder un DVD. Que dit leur mère? Transformez les phrases impératives en phrases au subjonctif avec un terme logique de la liste.

Vocabulaire utile: il est essentiel que, il est important que, il est indispensable que, il est nécessaire que, il faut que, il suffit que

1. Anthony, brosse-toi les dents!

    _____

2. Anthony et Marie, finissez vos devoirs!

    _____

3. Anthony, rends-moi le journal!

    _____

4. Marie, ferme la porte!

    _____

5. Les enfants, choisissez un film à regarder!

    _____

6. Marie, mets le film dans le lecteur de DVD!

    _____

Regards sur la culture

Payer par chèque

Même si beaucoup de Français se servent des cartes bancaires et des cartes de crédit, le chèque est toujours utile.

A. **Analyse du chèque.** Mettez le numéro approprié à côté des définitions suivantes.

_____ nom du bénéficiaire (la personne qui reçoit le chèque)

_____ montant du chèque

_____ date à laquelle le chèque a été fait

_____ numéro du chèque

_____ numéro du compte

_____ nom du tiré (la banque)

_____ adresse de la succursale (*branch office*) de la banque

_____ nom de la ville dans laquelle le chèque a été fait

B. **Questions.** Répondez aux questions.

1.   Qui a fait le chèque? _____

2.   Pour qui? _____

3.   Combien est-ce qu'il lui doit? _____

Structure 62

Les formes subjonctives irrégulières et le subjonctif de volonté
Expressing wishes and desires

A. **Les verbes irréguliers.** Conjuguez les verbes suivants au subjonctif. Faites attention au changement de certains verbes aux formes **nous** et **vous**.

1.   (faire)   ...que je _____   ...que nous _____

2.   (avoir)   ...que tu _____   ...que vous _____

3.   (devoir)   ...qu'il _____   ...que nous _____

4.   (venir)   ...qu'elle _____   ...que vous _____

5.   (être)   ...qu'on _____   ...que nous _____

6.   (savoir)   ...qu'ils _____   ...que vous _____

7.   (vouloir)   ...qu'il _____   ...que nous _____

8.   (croire)   ...que je _____   ...que vous _____

9.   (aller)   ...que tu _____   ...que nous _____

10. (boire)   ...qu'elle _____   ...que vous _____

11. (recevoir)   ...qu'elle _____   ...que nous _____

B. Un matin bien chargé. (*A busy morning.*) Écoutez la conversation chez les Archambault. Ensuite, choisissez les bonnes réponses.

1. Le père exige _____.

   a. que Pierre boive son lait   b. que Pierre aille à l'école

2. Les parents veulent _____.

   a. finir les céréales de Pierre   b. que Pierre finisse ses céréales

3. La mère désire _____.

   a. que Delphine prenne l'autobus   b. prendre l'autobus

4. Le père voudrait _____.

   a. que les enfants soient à l'heure à l'école   b. que les enfants rentrent avant une heure

C. Une visite guidée. Un groupe de touristes américains visite la ville de Marseille. Exprimez leurs désirs en combinant ce que vous entendez avec les phrases suivantes. Faites les transformations nécessaires. Puis écoutez pour vérifier votre réponse.

MODÈLE: Vous entendez: je veux que
            Vous voyez: Vous venez avec nous.
            Vous dites: Je veux que vous veniez avec nous.
            Vous entendez: Je veux que vous veniez avec nous.

1. Il fait beau.
2. Nous pouvons voir les ruelles étroites (*narrow streets*).
3. Les guides savent parler anglais.
4. Le groupe va dans un quartier d'immigrés.
5. On boit un thé à la menthe dans un café.
6. Nous prenons une rue piétonne (*pedestrian street*).
7. Mon ami vient avec nous.
8. Les habitants ont de la patience quand nous parlons français.
9. Les membres du groupe sont ensemble.

D. Des copines à la fac. Catherine et Sabah quittent leur village et leur meilleure amie, Julie, pour faire des études à Montpellier. Complétez au subjonctif ces phrases qui expriment la volonté.

1. Catherine dit: «Je veux que nous _____ (aller) à la Cité-U ensemble.»

2. Sabah veut que Catherine _____ (pouvoir) avoir une chambre à côté d'elle.

3. Sabah et Catherine désirent que Julie _____ (venir) leur rendre visite ce

   week-end.

4. Elles désirent que Julie _____ (prendre) le train au lieu de l'autobus.

5. Sabah et Catherine veulent aussi que Julie _____ (avoir) une visite agréable

   sur le campus.

6. Julie désire que ses amies _____ (être) libres pour sortir en ville.

7. Julie voudrait que ses amies _____ (faire) rapidement leurs études

   universitaires et qu'elles _____ (revenir) au village.

E. Le marché du travail. Complétez les phrases avec les éléments donnés.

1. je / vouloir / mon amie / avoir un bon travail

   _____

2. les parents d'Éric/ exiger / il / ne plus être chômeur

   _____

3. il est nécessaire / je / savoir parler une langue étrangère

   _____

4. il faut / nous / croire pouvoir être utiles à l'entreprise

   _____

5. nous / exiger / les employés / être payés 18 € de l'heure

   _____

6. nos parents / vouloir / nous / recevoir un bon salaire

   _____

7. il est important / je / prendre un congé de trois semaines

   _____

F. Le patron n'est pas toujours d'accord. Complétez les réponses du patron aux remarques d'un de ses employés.

1. EMPLOYÉ: J'irai en vacances la semaine prochaine.

   PATRON: Je ne veux pas que _____

   _____.

2. EMPLOYÉ: Je partirai vendredi à midi.

   PATRON: Non, il faut que _____

   _____.

3. EMPLOYÉ: Je ne retournerai pas avant le premier septembre.

   PATRON: On exige que _____

   _____.

4. EMPLOYÉ: Je prendrai une voiture de l'entreprise.

   PATRON: Il est impossible que _____

   _____.

5. EMPLOYÉ: Je serai bien reposé après les vacances.

   PATRON: On veut que _____

   _____.

G. Discours de fin d'année. (*Commencement speech*.) Un des étudiants de votre classe prépare un discours pour la fin de l'année. Aidez-le en transformant les phrases suivantes pour exprimer un désir ou une volonté.

Vocabulaire utile: désirer, exiger, vouloir

MODÈLE: Nous serons très forts! →
Je veux que nous soyions très forts.

1. Nous irons loin avec notre éducation!

    _____

2. Nous croyons à l'avenir!

    _____

3. Les entreprises veulent nous engager!

    _____

4. Vous voulez réussir!

    _____

5. Nos professeurs peuvent être fiers de nous!

    _____

6. Vous pouvez aussi être fiers de vos efforts!

    _____

H. Des obligations et des désirs. Mentionnez des choses que vous désirez faire et des choses que vous serez obligé(e) de faire ce week-end. Employez un verbe au subjonctif ou à l'infinitif, selon le cas.

1. Je veux (que) _____

    _____.

2. Je désire (que) _____

    _____.

3. Il faut (que) _____

    _____.

4. Il est nécessaire (que/de) _____

    _____.

5. Mes amis/professeurs exigent que _____

    _____.

6. Il ne faut pas (que) _____

    _____.

À écrire

Demande d'emploi

Vous pensez à votre avenir et vous décidez d'explorer les possibilités de travail à l'étranger. Rédigez une lettre de demande d'emploi. Pour commencer, relisez les expressions de **Rerchercher un emploi** à la page 375 de votre texte.

Première étape. Identifiez le travail que vous aimeriez trouver. S'agit-il d'un stage ou d'un emploi permanent? à plein temps ou à mi-temps?

_____

_____

Deuxième étape. Faites une liste des qualités, des compétences et des connaissances requises. Après, indiquez les qualités et les compétences qui vous permettent de penser que vous êtes qualifié(e) pour ce poste.

Qualités: créateur/créatrice, honnête, intelligent(e), patient(e), responsable, travailleur/travailleuse

Connaissances et compétences: connaissances en... , compétent(e) en... , un diplôme (un certificat) en... , parler (lire, écrire) couramment (*fluently*)...

QUALITÉS	CONNAISSANCES ET COMPÉTENCES

Troisième étape. Quelle est votre expérience dans ce domaine? Précisez en faisant une liste de responsabilités.

Vocabulaire utile: chargé(e) de vérifier... , employé(e) à mi-temps (plein temps) dans un(e)... , responsable de... , stagiaire dans l'agence gouvernementale...

_____

_____

_____

_____

_____

Quatrième étape. Pour bien rédiger votre lettre, il faut utiliser certaines formules de politesse. Pour commencer, remplissez les blancs dans le premier paragraphe. Ensuite, précisez vos compétences et vos expériences dans un deuxième paragraphe. La formule finale vous est donnée.

_____ (ville), le _____ (date)

Monsieur, Madame:

En réponse à votre annonce parue[a] dans (sur) _____ (nom du journal ou du site Web), j'ai l'honneur de poser ma candidature à l'emploi proposé de

_____ (titre d'emploi) dans votre entreprise. Je m'appelle

_____ et j'ai _____ ans.

Comme vous pourrez le constater (confirm) dans mon CV, _____

_____

_____

_____

_____

_____

_____

_____

Je me tiens prêt(e) à répondre à toute convocation de votre part.[b] Dans l'attente d'une réponse

favorable, je vous prie d'agréer, Monsieur, Madame, l'expression de mes sentiments respectueux.[c]

_____ (signature)

[a]appearing   [b]Je... I am available for an interview at your convenience.   [c]Dans...: C'est une salutation figée (fixed, standard) pour la fin d'une lettre d'affaires.

Cinquième étape. Maintenant, relisez votre lettre et corrigez les fautes d'orthographe, de ponctuation, de grammaire et de vocabulaire, s'il y en a. Faites particulièrement attention aux accords sujet-verbe et substantif-adjectif, ainsi qu'au temps et au mode des verbes.

Chapitre  21

D'où vient cette photo?

Vocabulaire en contexte

Spectacles et manifestations culturelles à Marseille

A. **Radio-Canada.** Écoutez la rubrique culturelle (*cultural notice*). Ensuite, arrêtez votre CD et cochez les fins de phrase qui sont vraies.

Vocabulaire utile: la face cachée de la lune (*the dark side of the moon*), rempli (*filled*), une tournée (*a tour*)

1. La rubrique culturelle propose

   ☐ une rencontre littéraire.

   ☐ un vernissage de tableaux.

   ☐ une pièce de théâtre.

   ☐ une exposition photographique.

   ☐ un concert de musique française.

2. Charles Aznavour

   ☐ donne des concerts au Canada.

   ☐ fait probablement ses derniers concerts.

   ☐ chante seulement en anglais.

   ☐ est un chanteur français célèbre.

   ☐ donne douze concerts.

3. Le spectacle de Robert Lepage

   ☐ aura lieu au théâtre du Nouveau Monde.

   ☐ sera la première représentation de la saison pour le théâtre.

   ☐ raconte l'histoire de la vie de Champlain.

   ☐ s'intitule «La Face cachée de la lune».

   ☐ est une pièce de théâtre.

(continued)

4. L'exposition de Marc Chagall

- ☐ aura lieu au musée d'art de Mont Saint-Hilaire.
- ☐ présente une série de peintures de cathédrales.
- ☐ est accompagnée d'une conférence sur le peintre.
- ☐ ouvre dans deux semaines.
- ☐ montre des tableaux du monde du cirque.

5. Quels spectacles proposerez-vous aux personnes suivantes?

Marie-Hélène préfère la musique. _____

_____

Pierre aime les peintres contemporains. _____

_____

🎧 B. **Rubrique culturelle.** Écoutez encore une fois la rubrique culturelle que vous avez entendue dans l'Exercice A. Complétez les paragraphes avec les mots que vous entendez.

Bonjour, vous écoutez Radio-Canada et voici trois _____ [1]

culturelles à considérer ce week-end.

D'abord, on vous propose _____ [2] avec le grand

_____ [3] Charles Aznavour. Grande vedette de

_____ [4] française, Aznavour commence une série de

_____ [5] à Montréal. Cette tournée d'adieu consistera en

une série de onze _____ [6] qui seront très probablement

ses derniers.

On vous propose également du théâtre. Pour cette dixième saison, le théâtre du Nouveau

Monde voulait monter des _____ [7] peu connues.

La dernière représentation de la saison, c'est «La Face cachée de la lune», écrite par

_____ [8] Robert Lepage. Préparez-vous à assister à un

spectacle rempli de charme.

Finalement, il y aura _____ [9] d'une partie oubliée de

_____ [10] de Marc Chagall au musée d'art de Mont

Saint-Hilaire. Le musée expose des _____ [11]

représentant les Fables de la Fontaine et l'univers du cirque. Le musée vous propose aussi

_____ [12] sur la vie de Marc Chagall. Cette soirée

culturelle _____ [13] le vendredi à 20 h.

La prochaine rubrique sera dans une heure, et on vous proposera d'autres activités

_____ [14] Merci d'écouter Radio-Canada.

C. **On s'amuse à Marseille!** Richard a récemment fait un voyage à Marseille. Il écrit une lettre à un ami qui habite au Viêtnam. Lisez et complétez la lettre. N'oubliez pas de faire les accords nécessaires. *Attention:* Un des mots de la liste n'est pas utilisé.

Vocabulaire utile: compositeur, culturel, opéra, Orchestre, peinture, photographe, photographie, poème, poésie, récit, rencontre, roman, romancier, sortie, tableau

Salut Nguyen,

Je viens de rentrer d'un voyage formidable à Marseille, dans le sud de la France. Je me suis offert quelques _____¹ culturelles. Je te raconte une journée remarquable.

Le matin, j'ai visité la maison internationale de la photographie où il y avait une exposition de l'œuvre d'un _____² vietnamien, Mai Chau. Les photos montraient des scènes dans la vie des femmes. J'ai pensé à ta famille et à mon voyage au Viêtnam l'été dernier. Ensuite, j'ai visité deux galeries d'art où j'ai vu beaucoup de beaux _____.³ J'adore la_____.⁴

L'après-midi, j'ai assisté à une _____⁵ littéraire où une femme poète parlait de sa_____⁶ et faisait une lecture de ses _____.⁷ Elle était accompagnée d'un _____⁸ marseillais qui a lu quelques extraits de son _____⁹ qui vient d'être publié. Il écrit aussi des histoires plus courtes et il a lu un de ses _____.¹⁰

Le soir de cette même journée, je suis allé à l'_____¹¹ où j'ai entendu l'_____¹² Philharmonique de Marseille. Ils ont interprété des morceaux créés° par des_____¹³ contemporains. C'était extraordinaire.

Quand tu viendras, nous irons ensemble à d'autres manifestations_____.¹⁴ J'attends de tes nouvelles. À bientôt!

Richard

°written, created

D. Les gens célèbres. Qui sont les personnes suivantes et pourquoi sont-elles célèbres? Faites des recherches dans une encyclopédie ou en ligne.

Choix possibles:

chanteuse («La Vie en rose»)
compositeur («Polonaise en si bémol [*in B flat*]»)
photographe («Le Baiser de l'Hôtel de Ville»)
peintre («Femmes au jardin»)
poète («Les Fleurs du mal»)
romancier (*Les Misérables*)

MODÈLE: Claude Monet →
          Claude Monet était un peintre français. Il est célèbre pour ses tableaux comme, par exemple, «Femmes au jardin».

1. Victor Hugo _____

    _____

2. Édith Piaf _____

    _____

3. Frédéric Chopin _____

    _____

4. Charles Baudelaire _____

    _____

5. Robert Doisneau _____

    _____

E. Vos préférences. Répondez aux questions sur l'art et la culture d'une façon personnelle. Écrivez des phrases complètes.

1. Assistez-vous souvent aux spectacles dans votre ville? Expliquez. _____

    _____

    _____

2. Qui est votre chanteuse préférée? Quel est son style de musique? _____

    _____

    _____

3. Quel auteur aimez-vous lire? Quel genre de livre écrit-il/elle? _____

    _____

    _____

4. Avez-vous déjà assisté à un vernissage ou à une exposition d'art? Qu'est-ce que vous avez vu?

    Donnez votre opinion. _____

    _____

    _____

5. Quelle sorte de musique préférez-vous? Pourquoi? Quelle sorte de musique aimez-vous le moins?

Pourquoi? _____

_____

_____

F. **Une réaction personnelle.** Une amie vous demande quel était le dernier film que vous avez vu, si vous l'avez aimé et pourquoi. Répondez-lui.

Vocabulaire utile: bien/mal joué, c'est nul (*awful*), génial (*brilliant*), j'ai adoré, j'ai détesté, je le trouve, je n'ai pas du tout aimé, médiocre, passionnant (*gripping*), sans intérêt

_____

_____

_____

G. **Un week-end culturel.** Vous êtes chef d'une équipe qui organise une soirée culturelle sur votre campus. Vous avez un budget illimité et toutes les personnes connues du monde sont heureusement disponibles. Créez une affiche publicitaire avec les détails (quoi? qui? quand?) pour trois catégories telles que rencontres littéraires, conférences, expositions, peinture, photographie.

À l'affiche

A. Dans quel ordre? Mettez les événements de l'Épisode 21 dans l'ordre chronologique.

_____ Camille apprend que la photo de Fergus vient de Casablanca.

_____ Camille demande au patron du bar si elle peut garder la carte de Marseille.

_____ Camille dit aux musiciens qu'elle aime le raï.

_____ Camille entend de la musique.

_____ Camille va au musée.

_____ La conservatrice du musée trouve une photo de Roland Fergus.

_____ Le patron du bar donne l'adresse du garage à Camille.

_____ Un des musiciens pense qu'il peut aider Camille.

B. À propos des personnages

Première étape. Écoutez l'histoire des chanteurs de raï à Marseille.

«Raï», en arabe, veut dire «opinion». Poésie chantée sur un rythme oriental traditionnel,[1] le raï utilise la musique contemporaine: le rock, le soul, le reggae. Historiquement, le raï est apparu en Algérie dans les années 1970.[2] C'était une période difficile pour ce pays en transition.

Dans ce contexte de tension politique et sociale en Algérie, le raï a donné aux jeunes une certaine liberté. C'est pourquoi le raï a fait peur à[3] des personnes très traditionalistes. En 1994, le chanteur Cheb Hasni a été assassiné,[4] puis, quatre ans plus tard, le poète et musicien Lounès Matoub. Mais le raï continue au Maghreb et en France...

À Marseille, Karim et Mourad ont fondé leur groupe de raï en 2001. Tous deux sont des «beurs» (nés en France de parents immigrés maghrébins). Ils travaillent dans un petit magasin pendant la journée, et ils jouent de la musique le soir et le week-end. Pour eux, le raï est vraiment leur raison de vivre.

Mourad a appris la musique au conservatoire municipal et il joue de plusieurs instruments: du piano, de l'harmonica et de l'accordéon. Karim, lui, n'a pas fait d'études de musique, mais il a beaucoup de talent. C'est un musicien né. Excellent guitariste, c'est aussi un bon chanteur. D'autres musiciens jouent souvent avec le groupe: percussionnistes, joueurs de trompette ou de saxophone, harpistes. Certains ont joué auparavant[5] du rock, d'autres du rap. Ils choisissent finalement le raï, plus riche sur le plan musical, moins macho dans ses paroles: en un mot, moderne. Mourad et Karim composent ensemble des chansons en arabe, en français et en anglais. Ces musiciens chantent l'amour, la vie et l'espoir.[6]

Le groupe joue souvent pour des fêtes et dans les petites salles de concert à Marseille. «Sois gentille» est leur titre préféré. Karim a écrit les paroles[7] en pensant à une jeune femme qu'il aimait. Un producteur parisien s'intéresse à cette chanson et il veut en faire un single pour un CD. Peut-être un jour les entendra-t-on à la radio. Mais pour l'instant, c'est dans le vieux garage de Roland Fergus que ces jeunes gens produisent leur musique. Pour les écouter, il suffit d'y aller...

[1]un... *a traditional Eastern rhythm*   [2]dans... *in the 1970s*   [3]a... *frightened*   [4]a... *was murdered*   [5]*in earlier times*
[6]*hope*   [7]*lyrics*

Deuxième étape. Maintenant, pour chacune des phrases suivantes, imaginez une question qui aurait pour réponse les mots en italique.

Vocabulaire utile: à qui, comment, où (2 fois), quand, que, qu'est-ce que, qui

MODÈLE: Le raï a commencé *en Algérie* dans les années 1970. →
Où est-ce que le raï a commencé?

1. «Raï», en arabe, veut dire «*opinion*».

_____

2. Le raï a donné *aux jeunes* une certaine liberté.

_____

3. *Deux chanteurs de raï, Cheb Hasni et Lounès Matoub* ont été assassinés.

_____

4. Karim et Mourad travaillent *dans un petit magasin*.

_____

5. Karim et Mourad jouent du raï *le soir et le week-end*.

_____

6. La chanson préférée de Karim et Mourad s'appelle «*Sois gentille*».

_____

7. On peut entendre la musique de Karim et Mourad *aux fêtes et dans les petites salles de concert à Marseille*.

_____

C. Vous avez compris? En vous basant sur l'histoire des chanteurs de raï, décidez si les phrases que vous entendez sont vraies ou fausses ou si c'est impossible à dire.

	VRAI	FAUX	IMPOSSIBLE À DIRE
1.	☐	☐	☐
2.	☐	☐	☐
3.	☐	☐	☐
4.	☐	☐	☐
5.	☐	☐	☐
6.	☐	☐	☐
7.	☐	☐	☐
8.	☐	☐	☐

Structure 63

Le subjonctif d'émotion et d'opinion

Expressing emotion and opinion

A. Possibilité ou émotion? Écoutez les phrases et déterminez si elles décrivent une émotion (et ont un verbe au subjonctif) ou si elles expriment une possibilité (et ont un verbe au conditionnel).

> MODÈLE: Vous entendez: Si leur mère était fâchée, les enfants n'iraient pas au cinéma.
> Vous cochez: possibilité (le conditionnel)
>
> MODÈLE: Vous entendez: La mère est fâchée que ses enfants aillent au cinéma.
> Vous cochez: émotion (le subjonctif)

	POSSIBILITÉ (LE CONDITIONNEL)	ÉMOTION (LE SUBJONCTIF)
1.	☐	☐
2.	☐	☐
3.	☐	☐
4.	☐	☐
5.	☐	☐
6.	☐	☐
7.	☐	☐
8.	☐	☐

B. Au mariage. Les personnes qui assistent à une cérémonie de mariage expriment toutes sortes d'émotions. Transformez la phrase que vous entendez en une phrase exprimant une émotion. Servez-vous des éléments donnés. Puis écoutez pour vérifier votre réponse.

> MODÈLE: Vous entendez: L'épouse (*The bride*) est si belle.
> Vous voyez: Les invités sont contents que...
> Vous dites: Les invités sont contents que l'épouse soit si belle.
> Vous entendez: Les invités sont contents que l'épouse soit si belle.

1. Les parents de Sophie sont contents que...
2. Les parents de Jacques sont un peu tristes que...
3. Il est formidable que...
4. Nous sommes ravis que...
5. Il est bon que...
6. Nous souhaitons que...
7. Il est triste que...
8. Il est dommage que...
9. Tout le monde est content que...
10. On a peur que...

C. Un mél. Alexandra écrit un mél à son amie pour lui faire part (*to let her know*) de son étonnement au sujet d'un article de presse. Complétez son mél avec le subjonctif, l'indicatif ou l'infinitif, selon le cas.

8 juin 2009   10:07

Sujet: Salut
Date: 8 juin 2009
de: Alex
à: Mimi

Salut Mimi,

Je cherche toujours du travail et je suis de plus en plus déprimée. Je viens d'apprendre qu'il existe une entreprise suédoise qui demande aux chercheurs d'emploi de payer 82 euros quand ceux-ci leur envoient leur CV. Il est incroyable qu'une entreprise _____[1] (faire) payer des gens qui ne travaillent pas. Il est ridicule de _____[2] (payer), n'est-ce pas? Qu'en penses-tu? C'est bien dommage qu'il y _____[3] (avoir) toujours des obstacles. Maintenant j'ai vraiment peur de ne jamais _____[4] (trouver) de poste. Es-tu surprise qu'il _____[5] (être) si difficile de trouver un emploi?

J'espère que tout _____[6] (aller) bien chez toi et je souhaite que tu _____[7] (réussir) à tes examens oraux. Je serais très heureuse de te _____[8] (voir) un de ces jours. Mais pour l'instant, il faut que j' _____[9] (aller) à un rendez-vous. À bientôt!

Alex

D. La réaction des personnages. Faites des phrases au présent qui résument les sentiments des personnages du film *Le Chemin du retour* à des moments différents.

1. Camille / être heureuse / le patron du bar / lui donner l'adresse de Fergus

   _____

   _____

2. le patron de Camille / être furieux / Camille / prendre un long congé

   _____

   _____

3. Bruno / regretter que / Camille / ne pas vouloir revenir tout de suite

   _____

   _____

4. Camille / être ravie / le musicien / savoir où elle peut trouver une piste

   _____

   _____

5. Camille / souhaiter / Fergus / être facile à retrouver

   _____

   _____

E. Les espoirs. (*Hopes.*) Marie et Pierre ont les mêmes émotions et espoirs pour l'avenir. Exprimez leurs désirs en suivant le modèle. *Attention*: Rappelez-vous que le verbe **espérer** prend l'indicatif au lieu du (*instead of the*) subjonctif. Utilisez des pronoms pour éviter la répétition, quand c'est possible.

   MODÈLE: souhaiter / devenir musicien →
   Marie souhaite devenir musicienne et elle souhaite que Pierre devienne musicien aussi.

1. préférer / finir ses études

   _____

   _____

2. espérer / aller à Marseille

   _____

   _____

3. souhaiter / aller à la conférence sur la musique du vingtième siècle

   _____

   _____

4. être heureux / recevoir un congé payé

   _____

   _____

F. **Les gros titres.** Donnez votre réaction (une opinion ou une émotion) aux gros titres qui viennent des journaux mondiaux.

> MODÈLE: L'ancien (*The former*) roi est de retour dans son pays natal. →
> Je suis étonné(e) que l'ancien roi soit de retour dans son pays natal. (Il est bon que l'ancien roi soit de retour dans son pays natal.)

1. Le président modernise le système de santé.

_____

_____

2. L'Organisation des Nations Unies veut humaniser le commerce international.

_____

_____

3. Internet joue un rôle important dans la campagne presidentielle.

_____

_____

4. Koné Dramane peut aider l'entreprise Burida en Côte d'Ivoire.

_____

_____

5. La Chine et l'Inde font face aux dangers du réchauffement climatique.

_____

_____

6. Une femme d'affaires doit travailler plus qu'un homme d'affaires à salaire égal (*equal*).

_____

_____

G. **Ève et Geneviève.** Ève est optimiste, positive et tolérante. Geneviève est pessimiste, négative et sarcastique. Pour chaque jeune fille, donnez une réaction appropriée aux situations suivantes. Variez les expressions d'émotion dans vos phrases. Utilisez des pronoms dans les réponses de Geneviève.

> MODÈLE: Alain va au vernissage d'une nouvelle artiste. →
> ÈVE: Je suis heureuse qu'Alain aille au vernissage. (Il est bon qu'Alain aille au vernissage.)
> GENEVIÈVE: Il est étonnant qu'il y aille. (Je suis surprise qu'il y aille.)

1. Didier fait de la peinture.

ÈVE: _____

GENEVIÈVE: _____

2. Claudine lit ses poèmes dans un café.

ÈVE: _____

GENEVIÈVE: _____

(*continued*)

3. La pièce de théâtre a lieu à 19 h.

ÈVE: _____

GENEVIÈVE: _____

4. José veut rencontrer la conservatrice du musée.

ÈVE: _____

GENEVIÈVE: _____

H. Votre vie. Utilisez l'expression donnée pour exprimer deux opinions ou idées personnelles. Dans une phrase, utilisez **que** + subjonctif, dans l'autre utilisez un infinitif.

MODÈLE: regretter → Je regrette que mon cours soit presque fini.
→ Je regrette de ne pas aimer mon cousin.

1. il est juste _____

_____

2. être désolé(e) _____

_____

3. il est bizarre _____

_____

4. préférer _____

_____

5. souhaiter _____

_____

6. espérer _____

_____

7. regretter _____

_____

Structure 64

Le subjonctif de doute, d'incertitude et de possibilité
Expressing doubt, uncertainty, and possibility

A. Certain ou pas certain? Écoutez chaque phrase. Indiquez si elle exprime une certitude ou un doute.

MODÈLE: Vous entendez: Il est sûr que les professeurs aiment travailler avec les étudiants.
Vous cochez: certitude (indicatif)

MODÈLE: Vous entendez: Il n'est pas sûr que tous les professeurs sachent faire la cuisine.
Vous cochez: doute (subjonctif)

	CERTITUDE	DOUTE
1.	☐	☐
2.	☐	☐
3.	☐	☐
4.	☐	☐
5.	☐	☐
6.	☐	☐
7.	☐	☐
8.	☐	☐

B. Le stress. Faites des phrases avec les éléments donnés pour exprimer les doutes et les certitudes des étudiants. Écrivez *I* quand la phrase est à l'indicatif et *S* quand elle est au subjonctif. Puis écoutez pour vérifier vos réponses.

> MODÈLE: Vous entendez: il est clair que
> Vous voyez: La fin du semestre est difficile.
> Vous dites: Il est clair que la fin du semestre est difficile.
> Vous écrivez: *I*
> Vous entendez: Il est clair que la fin du semestre est difficile.

> MODÈLE: Vous entendez: il est douteux que
> Vous voyez: Vous êtes en bonne santé.
> Vous dites: Il est douteux que vous soyez en bonne santé.
> Vous écrivez: *S*
> Vous entendez: Il est douteux que vous soyez en bonne santé.

1. Nous ne dormons pas assez.
2. Je suis en bonne santé.
3. Nous étudions beaucoup.
4. Le stress disparaît facilement.
5. Nous devons boire moins de café.
6. Le stress est un problème sérieux.
7. Le calme revient après les examens de fin d'année.
8. Je reçois la meilleure note de la classe.
9. Les vacances arrivent.
10. Les vacances sont trop longues.

C. Une soirée à la maison internationale. Votre ami a tendance à croire aux stéréotypes. Modérez ses commentaires.

Vocabulaire utile: douter que, il est incertain que, ne pas être certain que, ne pas être sûr(e) que, ne pas penser que

> MODÈLE: Voilà un Allemand. Il est probable qu'il boit de la bière. →
> Il n'est pas sûr qu'il boive de la bière. (Je ne pense pas qu'il boive de la bière.)

1. À côté d'Helmut, c'est une Norvégienne. Il est sûr qu'elle fait du ski du fond.

_____

2. Celui devant la fenêtre, c'est un Belge. Il est clair qu'il aime les frites.

_____

(continued)

3. En face de lui, c'est Stanislava. Elle est slovaque. Il est évident qu'elle vient de Bratislava.

_____

4. Près de la fenêtre, c'est une Américaine. Il est probable qu'elle conduit une grosse (*large*) voiture.

_____

D. Quelle est la probabilité? Réfléchissez sur la probabilité des faits suivants dans le film *Le Chemin du retour*.

Vocabulaire utile: douter que, ne pas douter que, il est certain que, il est possible que, il est (peu) probable que, il est sûr(e) que, il se peut que, ne pas penser que

MODÈLE: Camille devient chômeuse (*unemployed person*). →
Il est douteux que Camille devienne chômeuse.

1. Camille perd son travail à Canal 7.

_____

2. Fergus et Camille se réunissent.

_____

3. Le grand-père de Camille est un traître.

_____

4. Camille suit la piste jusqu'au Maroc.

_____

5. Camille met en ordre sa vie personnelle.

_____

6. Camille apprend la vérité sur son grand-père.

_____

E. Questions pour un médecin. Posez la question logique en vous basant sur la réponse du médecin. Rappelez-vous que certains verbes prennent le subjonctif quand ils sont utilisés dans une question.

MODÈLE: PATIENTE: *Pensez-vous que je doive me reposer?*
MÉDECIN: Oui, je pense que vous devez vous reposer.

1. PATIENTE: _____

MÉDECIN: Oui, je suis certain que votre maladie n'est pas sérieuse.

2. PATIENTE: _____

MÉDECIN: Oui, je crois que vous avez un rhume.

3. PATIENTE: _____

MÉDECIN: Oui, je suis sûr que les médicaments sont disponibles (*available*) sans ordonnance.

4. PATIENTE: _____

MÉDECIN: Oui, je souhaite vous voir dans une semaine.

F. **Les projets d'été.** M. Saada (au bureau) correspond par messages instantanés avec sa femme, qui vient de recevoir une lettre de l'agence de voyages. Il pose beaucoup de questions. Écrivez les réponses de Mme Saada en utilisant les expressions de certitude ou d'incertitude.

AGENCE DE VOYAGES CIEL BLEU
36, RUE CARDINAL LEMOINE
75005 PARIS, FRANCE

Paris, le 17 octobre 2008

Objet: Réservation 008-4533821-Saada

Chère Madame Saada,

Voici les renseignements[a] que vous m'avez demandés. Certains détails sont confirmés, mais d'autres détails ne sont pas encore sûrs.

Hôtel:	Hôtel Royal Azur
Date d'arrivée:	12 juillet 2006
Date de départ:	19 juillet 2006 ou 20 juillet 2006
Nombre d'adultes:	2
Nombre d'enfants:	2
Chambre:	3 lits, petits déjeuners inclus[b]
Vue sur mer:	possibilité
Piscine:	???
Terrains de tennis:	« en construction »
Restaurant dans l'hôtel:	Oui
Cours de planche à voile:	pas encore confirmé

Veuillez agréer, Madame Saada, l'expression de mes sentiments distingués.[c]

Brigitte Compagnon

---

[a]*information*   [b]*included*   [c]Veuillez...: C'est une salutation figée (*fixed, standard*) pour la fin des lettres d'affaires.

1. M. SAADA: Descendons-nous à l'Hôtel Royal Azur?

   MME SAADA: _____

2. M. SAADA: Partons-nous le 19 juillet?

   MME SAADA: _____

3. M. SAADA: Est-ce que le petit déjeuner est inclus?

   MME SAADA: _____

4. M. SAADA: Aurons-nous une chambre avec trois lits?

   MME SAADA: _____

5. M. SAADA: Dois-je acheter de nouvelles raquettes de tennis?

   MME SAADA: _____

6. M. SAADA: Les enfants suivront un cours de planche à voile?

   MME SAADA: _____

Regards sur la culture

Musées en France

Les musées de France sont beaucoup plus que de simples expositions de tableaux ou de sculptures. Quels sont les thèmes de ces musées?

Quel musée? Les personnes suivantes ont des intérêts différents. Pour chaque personne, indiquez quel(s) musée(s) elle voudrait visiter.

1. Didier s'intéresse au moyen âge (*Middle Ages*).

   _____

2. Christian veut regarder des tableaux de peintres très modernes.

   _____

3. David adore toutes sortes d'art de tous les pays du monde.

   _____

4. Anna préfère les petits musées consacrés à un seul artiste.

   _____

5. Sophie est étudiante en biologie.

   _____

6. Paul s'intéresse à l'histoire. Il veut visiter deux musées.

   _____

7. vous

   _____

Structure 65

Autres usages du subjonctif

A. **La suite logique. (*The logical continuation.*)** Pour chaque phrase que vous entendez, choisissez la suite logique et puis dites la phrase complète. Finalement, écoutez pour vérifier votre réponse.

> MODÈLE: Vous entendez: Il discute avec Albert...
> Vous voyez: avant de rendre leur projet / sans regarder la carte
> Vous choisissez: (avant de rendre leur projet)/ sans regarder la carte
> Vous dites: Il discute avec Albert avant de rendre leur projet.
> Vous entendez: Il discute avec Albert avant de rendre leur projet.

1. jusqu'à ce que la nuit tombe / afin d'avoir des renseignements (*information*)

2. pour arriver plus rapidement à notre destination / sans dire «bonjour»

3. afin d'écouter un chanteur français / avant que le spectacle ne* finisse

4. afin qu'il achète les billets / avant qu'il ne fasse trop chaud

5. pour que nous allions ensemble / pour savoir ce qui se passe dans le monde

6. afin d'apprendre à jouer du piano / jusqu'à ce que tu arrives au poteau indicateur (*signpost*)

B. **Trouver l'équilibre. (*Finding a balance.*)** Émilie est très travailleuse mais elle essaie de maintenir l'équilibre entre le travail et la vie personnelle. Choisissez l'expression qui convient le mieux. *Attention*: Faites l'élision quand c'est nécessaire.

1. (Bien que, Avant que) _____ Émilie soit très énergique, elle est souvent fatiguée après le travail.

2. Elle doit faire les courses (pour que, avant que) _____ les magasins ferment.

3. Elle ne peut pas partir du travail (pour que, sans que) _____ le dossier soit fini.

4. Son mari reste au travail (jusqu'à ce que, sans que) _____ son collègue vienne le chercher.

5. (Bien que, Sans que) _____ les enfants aient beaucoup d'activités, Émilie et son mari arrivent à passer du temps avec eux.

6. Chez elle, tout le monde se couche de bonne heure (pour que, bien que) _____ ils aient huit heures de sommeil.

7. (Sans, Avant de) _____ se coucher, les enfants aiment qu'on leur lise un petit conte.

8. Émilie ne peut pas partir le matin (sans, afin de) _____ dire «au revoir» à ses enfants.

9. Elle ne travaille pas trop (afin de, avant de) _____ maintenir l'équilibre entre le travail et la maison.

---

*Le **ne** dans cette phrase est un **ne** stylistique utilisé après **avant que** et dans certaines autres circonstances. Ce **ne** stylistique n'a aucune valeur négative.

C. Un dîner entre amis. Complétez les phrases suivantes avec l'infinitif passé.

1. Après _____ (préparer) le dîner, nous avons attendu
   nos amis.

2. Après _____ (arriver), nos invités se sont assis à table.

3. Après _____ (finir) le repas, nous avons discuté sur
   la terrasse.

4. Après _____ (se lever) le lendemain, nous avons fait
   la vaisselle.

D. Le monde des artistes. Faites des phrases avec les éléments donnés. N'oubliez pas le **ne** stylistique avec **avant que**. (Regardez la note à la page 177.)

1. avant que / la romancière / écrire son roman / son mari / écouter ses histoires

   _____

   _____

2. le compositeur / travailler (fut.) jour et nuit / afin que / la date limite / être respecté

   _____

   _____

3. le photographe / envoyer ses photos à l'exposition / bien que / le conservateur / ne pas vouloir
   les mettre dans le programme

   _____

   _____

4. le chanteur / chanter / jusqu'à ce que / le public / rentrer à la maison

   _____

   _____

5. la pièce de théâtre / ne pas avoir lieu (fut.) / sans que / l'acteur principal / apprendre son
   monologue

   _____

   _____

6. le poète / lire ses poèmes à la radio / pour que / le public / connaître son œuvre

   _____

   _____

E. **Un congrès. (*A conference.*)** Marcel doit participer à un congrès à la fin de l'été et il vient de recevoir des renseignements à ce sujet. Complétez le texte de la lettre de confirmation avec les conjonctions logiques. *Attention:* Plusieurs réponses sont parfois possibles.

Vocabulaire utile: afin de, afin que, avant de, avant que, bien que, jusqu'à ce que, pour, pour que, sans

Quand vous arriverez au congrès, il est important de passer par le centre d'accueil. Il est nécessaire

de montrer cette lettre de confirmation _____[1] vous puissiez avoir un laissez-

passer. Sans cette lettre, il nous faut une pièce d'identité. _____[2] le congrès

commence à 10 h du matin, vous devez arriver une heure à l'avance. Le centre d'accueil vous

propose une réception-rencontre de 9 h à 10 h _____[3] nous nous réunissions

dans les salles de conférence. On vous demande de rester _____[4] la fin de

la dernière conférence. Nous vous invitons à dîner _____[5] continuer les

discussions dans une ambiance informelle. _____[6] finir la journée, nous

présenterons un documentaire de Miguel Sales Loez. _____[7] partir, nous

souhaitons que les participants laissent leurs suggestions _____[8] on puisse

apporter des améliorations° dans les années à venir.

°*improvements*

F. **Vos habitudes.** Répondez aux questions suivantes avec des phrases complètes.

1. Qu'est-ce que vous faites le matin avant de partir à l'université?

   _____

   _____

2. Que faites-vous afin de réussir à votre cours de français?

   _____

   _____

3. Est-il possible de bien apprendre une langue étrangère sans parler en classe? Pourquoi ou pourquoi pas?

   _____

   _____

G. Réponses personnelles. Faites une phrase qui décrit votre vie ou une de vos propres opinions, en utilisant la conjonction donnée.

1. afin que _____

_____

2. jusqu'à ce que _____

_____

3. bien que _____

_____

À écrire ✎

Ma chanson préférée

Êtes-vous mélomane (*music lover*)? Dans cet épisode, vous avez entendu une chanson raï. C'est une musique originaire du Maghreb. Quels genres de musique entend-on souvent chez vous?

Première étape. Y a-t-il une musique particulière dans votre région ou pays?

Laquelle? (*which*) _____

Quel(s) genre(s) de musique préférez-vous personnellement? _____

_____

Quelle est votre chanson préférée? _____

Deuxième étape. Est-ce que les paroles de cette chanson racontent une histoire? Est-ce qu'on peut dire qu'il s'agit d'une chanson de protestation? d'une chanson humoristique? Peut-on utiliser d'autres termes pour la qualifier? Résumez le contenu de chacun des couplets (*verses*) et du refrain, s'il y en a un.

Strophe 1 _____

Strophe 2 _____

Strophe 3 _____

Refrain _____

Troisième étape. Quelles sont les caractéristiques de la chanson? Est-elle harmonieuse? mélodieuse? rythmée? autre chose? Quelle émotion cette chanson suscite-t-elle (*does it arouse*) en vous? Êtes-vous triste? fâché(e)? gai(e)? jaloux/jalouse? surpris(e)? La chanson est-elle passionnante? géniale (*brilliant*)? Est-ce une chanson classique? Notez ces caractéristiques et ces émotions dans le tableau suivant.

CARACTÉRISTIQUES DE LA CHANSON	ÉMOTIONS SUSCITÉES PAR LA CHANSON

Quatrième étape. Maintenant, composez votre paragraphe en essayant d'employer des expressions qui expriment des opinions et des émotions, ainsi que des conjonctions qui exigent le subjonctif.

Conjonctions: afin que, avant que, bien que, jusqu'à ce que, pour que, sans que

Autre vocabulaire utile: croire que, il est dommage que, il me semble que, il s'agit de (*it's about*), particulier/ière (*distinctive*), préférer que, regretter que, rendre, souhaiter que

> MODÈLE: Bien que la musique country soit de ma région, je préfère le blues. Je crois que ma chanson préférée, c'est «Saint Louis Blues»...

_____

_____

_____

_____

_____

_____

_____

_____

_____

_____

Cinquième étape. Maintenant, relisez votre paragraphe et corrigez les fautes d'orthographe, de ponctuation, de grammaire et de vocabulaire, s'il y en a. Faites particulièrement attention aux accords sujet-verbe et substantif-adjectif, ainsi qu'aux temps des verbes.

Chapitre 22

Secrets dévoilés

Vocabulaire en contexte

En voyage à Casablanca

A. Un voyage au Maroc. Une Américaine parle avec son amie française d'un voyage au Maroc. Écoutez et complétez le dialogue avec les mots que vous entendez.

MARIELLE: Salut, Patricia. Je suis très contente de te voir. Tu es déjà rentrée de ton voyage

_____[1]?

PATRICIA: Oui, j'ai passé trois semaines _____[2] du pays, plongée dans[a] la

culture arabe.

MARIELLE: Tu étais à Casablanca?

PATRICIA: Pendant une semaine, oui, et les deux autres semaines, j'ai habité

_____[3] Casablanca, dans des petits villages. J'ai aussi voyagé dans

le reste du pays avec une amie. Tu te souviens de Sarah?

MARIELLE: Celle avec les cheveux blonds et _____[4]?

PATRICIA: Oui, c'est ça. Sarah s'est mariée avec un Marocain et ils habitent ensemble dans

_____,[5] la vieille partie musulmane de Casablanca.

MARIELLE: Est-ce que les États-Unis lui manquent?

PATRICIA: Pas du tout. Elle adore la vie à Casablanca. Au début, cependant,[b] ça a été un peu

difficile. Elle m'a raconté qu'elle a eu des malentendus[c] avec ses

_____[6] parce que le monsieur n'avait pas l'habitude de voir une

femme _____.[7] Au Maroc, la plupart des femmes s'habillent en

djellaba. Une djellaba, tu sais, c'est une robe longue à manches[d] longues. Elle est portée

par les hommes et les femmes.

MARIELLE: Alors Sarah s'habille en djellaba et elle porte un foulard?

[a]plongée... *immersed in* [b]*however* [c]*misunderstandings* [d]*sleeves*

(continued)

PATRICIA: De temps en temps, oui. Mais, d'habitude, elle s'habille comme toi et moi. Elle essaie seulement de s'habiller un peu plus _____8 qu'avant.

MARIELLE: Donc[e] tu as appris beaucoup de choses sur la culture arabe et _____9?

PATRICIA: Oui, énormément. Mais ce qui est _____,10 c'est qu'en faisant ce voyage j'ai aussi appris beaucoup de choses sur moi-même et sur ma propre[f] culture. Après avoir passé seulement trois semaines dans ce pays _____,11 j'apprécie leur façon[g] de voir et de comprendre le monde. Je me sens[h] plus ouverte à la diversité d'opinions.

[e]So [f]own [g]way [h]Je... I feel

B. Découvrir le Maroc. Écoutez la publicité pour un voyage organisé par l'agence de voyages «Voir l'Afrique». Ensuite indiquez si les phrases sont vraies ou fausses. Vous entendrez le texte deux fois.

1.	L'agence propose un voyage au Maroc et en Algérie.	vrai	faux
2.	Quinze personnes participeront au voyage.	vrai	faux
3.	Le groupe sera au Maroc pendant vingt et un jours.	vrai	faux
4.	Le groupe partira au mois d'avril.	vrai	faux
5.	Ils feront des visites rapides de nombreuses villes.	vrai	faux
6.	Ils n'auront pas le temps de visiter les mosquées.	vrai	faux
7.	Ils ne passeront pas toutes les nuits à l'hôtel.	vrai	faux
8.	Chaque nuit, ils dormiront sous des tentes berbères.	vrai	faux
9.	On peut téléphoner au 01.89.33.91.22.	vrai	faux

C. Des scènes du Maroc. Complétez les phrases avec des mots appropriés de la liste. Faites tous les changements nécessaires. *Attention:* Une des expressions de la liste n'est pas utilisée.

Vocabulaire utile: au milieu de, berbère, dignement, en décolleté, large, mosquée, sombre

1. Autrefois, les touristes américains ne savaient pas que beaucoup de femmes musulmanes au Maroc ne devaient pas s'habiller _____.

2. La plupart des femmes arabes s'habillent _____ en djellaba et portent un foulard.

3. Les Musulmans pratiquent leur religion dans une _____.

4. Dans la médina, les ruelles (*alleyways*) ne sont pas très _____. Elles sont aussi assez _____ parce qu'elles ne sont pas beaucoup exposées au soleil.

5. De temps en temps, les touristes peuvent voir des hommes qui jouent de la flûte _____ une ruelle étroite.

D. Une soirée à Casablanca. Certains de vos amis marocains aimeraient sortir en ville. Regardez les activités culturelles. S'ils vous demandaient de les conseiller, que leur proposeriez-vous? Pourquoi?

> MODÈLE: Hamid aime travailler avec la céramique. →
> Je lui proposerais de voir l'exposition d'art céramique au musée de Marrakech.
> Le musée expose des œuvres de Kamal Lahbabi.

Cinéma Films espagnols. L'institut Cervantes organise la projection d'une série de films en version originale (espagnol) sur écran géant. Prochaines projections, du 10 au 14 mai, Place des Nations Unies.	**Musique** Mireille Marie: «Chansons de la Méditerranée». La femme troubadour qui chante les chansons traditionnelles de la Méditerranée se produit à Casablanca le 11 mai, place al Khayma.
Rencontre Bernard Desmoulin, «Propos d'architectes–I». Rencontre avec le prestigieux architecte français qui a une nomination pour le Prix[a] du meilleur architecte de l'année. Conférence et projection de diapositives[b] sur Casablanca, le 11 mai, Salon International du Bâtiment.	**Théâtre** «Une alliance nommée désert». Cette coproduction de Mer Théâtrale du Milieu (France), Théâtre l'Autre Rive (Maroc) et l'Institut Français de Casablanca, est une «adaptation libre» de «Désert à deux». Du 2 au 21 mai au Théâtre 121, Casablanca
Exposition Ferdaouss, ou l'art de la céramique. La fondation Omar Benjelloun et le musée de Marrakech s'associent pour organiser l'exposition des céramiques de Kamal Lahbabi. Jusqu'au 19 mai au musée de Casablanca.	**Exposition** La Qoubba invite My Youssef El Kahfaï. Luciano Natali et Abdellatif El Karti inaugurent la Qoubba Galerie d'Art avec une exposition de peinture ayant pour thème la Médina de Marrakech, jusqu'au 15 mai.
Danse «ANOKHA» par la Compagnie ACCRORAP. Un spectacle pour les yeux et les oreilles, une sorte de melting-pot de diverses cultures et de divers genres artistiques. Rendez-vous le 11 mai à Casablanca. Théâtre de l'université d'Hassan II.	

[a]*Prize* [b]*slides*

1. Ahmed et sa femme adorent voir les tableaux de vieilles villes.

   _____

   _____

2. Myriam et Ousmane préfèrent les sorties «intellectuelles».

   _____

   _____

3. Et vous, si vous passiez une soirée à Casablanca, qu'aimeriez-vous faire et pourquoi?

   _____

   _____

E. **Une brochure touristique.** Regardez les photos qui viennent du Maroc et qui seront mises dans une brochure touristique. Écrivez une description de quatre ou cinq phrases qui accompagnera chaque photo.

Vocabulaire utile: à l'écart de, arabe, berbère, court(e), étroit(e), large, médina, mosquée, musulman, pauvre, prière, riche, sombre, tapis, thé à la menthe

_____

_____

_____

_____

_____

_____

_____

_____

_____

_____

À l'affiche

A. Des extraits de dialogue. Lisez les extraits de dialogue de l'Épisode 22 et ajoutez les noms qui manquent. *Attention:* Ces noms peuvent être utilisés plusieurs fois.

Noms utiles: les Allemands, Antoine, Camille, Fergus, Fergus fils, Fergus père, Leblanc

Dialogue 1

EMPLOYÉ: (*parle en arabe, puis...*) Puis-je[a] vous être utile, mademoiselle?

_____:[1]   Je voudrais parler à Monsieur Fergus.

EMPLOYÉ: C'est malheureusement impossible. Monsieur

_____[2] est absent.

CAMILLE: Mais je suis venue de Paris pour le voir...

EMPLOYÉ: Je regrette. Il est malade. Il a demandé qu'on ne le

dérange[b] pas.

CAMILLE: Dites-lui que je viens de la part d'un ami. Je suis la petite-fille

d'_____[3] Leclair.

[a]*May I*   [b]*disturb*

Dialogue 2

FERGUS PÈRE: Je vous souhaite le bonsoir, mademoiselle. (*Il regarde*

_____[4] *avec attention.*) Oui, vous avez ses

yeux! Asseyez-vous, je vous en prie.°

_____:[5]   Bonsoir, mademoiselle.

CAMILLE: Bonsoir.

FERGUS PÈRE: Mon fils, Thomas.

°Asseyez-vous... *Please sit down.*

Dialogue 3

CAMILLE: Monsieur Fergus...

_____:[6]   _____[7] est mon ancien[a] nom. Maintenant,

par la grâce de Dieu,[b] je m'appelle Ahmed el-Diah...

_____:[8]   Merci de me recevoir, monsieur.

FERGUS PÈRE: Dites-moi ce qui vous amène[c] de Paris...

[a]*former*   [b]par... *by the grace of God*   [c]ce... *what brings you*

(*continued*)

Dialogue 4

_____:[9] Que s'est-il passé dans les Cévennes cette nuit-là? (*Fergus père trouve en lui, malgré[a] son émotion, assez de force pour commencer son récit.*)

FERGUS PÈRE: La Résistance avait rendez-vous avec _____[10] et moi.

CAMILLE: Mais Jeanne... Jeanne _____[11] m'a dit que vous n'étiez pas supposé[b] être à ce rendez-vous!

FERGUS PÈRE: C'est ce que tout le monde était censé[c] croire. Ma venue de Paris était un secret bien gardé. Nous sommes... nous sommes arrivés à la gare... mais _____[12] étaient déjà là.

CAMILLE: Mais cette nuit-là, vous étiez vêtu en[d] agent de la Gestapo?

FERGUS PÈRE: Oui. Mais je ne travaillais pas pour les nazis! J'avais mis un uniforme pour tromper[e] l'ennemi. C'est une décision que j'ai regrettée amèrement.[f]

CAMILLE: Et Antoine?

FERGUS PÈRE: _____[13] a vu que ses amis étaient tombés[g] dans un piège. _____[14] les tuaient un à un, comme des lapins[h]! _____[15] voulait rejoindre[i] les résistants. Mais j'ai vu que ce combat était perdu.

[a]*despite* [b]*vous... you weren't expected* [c]*était... was supposed* [d]*vêtu... dressed as* [e]*trick* [f]*bitterly* [g]*étaient... had fallen* [h]*rabbits* [i]*to join*

Dialogue 5

FERGUS PÈRE: (*d'une voix plus faible*) Et c'est ainsi qu'[a]_____[16] est mort, le 17 décembre 1943. (*la gorge nouée[b]*) Pour sauver ma vie, il a donné la sienne.[c]

CAMILLE: Pourquoi êtes-vous passés tous les deux pour des traîtres?

_____:[17] Un résistant, un certain Pierre _____,[18] les avait aperçus.[d] Il avait vu[e] votre grand-père, _____,[19] avec mon père qui portait un insigne nazi. C'est lui qui a lancé la rumeur...

[a]*c'est... that's how* [b]*la... a lump in his throat* [c]*la... his own* [d]*les... had caught sight of them* [e]*avait... had seen*

B. À propos des personnages

Première étape. En vous basant sur votre impression de Roland Fergus, décidez si les phrases suivantes sont vraies (V), fausses (F) ou si c'est impossible à dire (I).

1. _____ Roland Fergus devient un résistant pendant la guerre.

2. _____ Roland Fergus travaille avec les Allemands pendant la guerre.

3. _____ Roland Fergus est dans l'armée française.

4. _____ Roland Fergus vient de Marseille.

5. _____ Après la guerre, Roland Fergus vit à Casablanca.

6. _____ La femme de Roland Fergus est catholique.

7. _____ On dit que Roland Fergus et Antoine Leclair sont des traîtres.

8. _____ Roland Fergus et Antoine Leclair attaquent un train à Paris.

Deuxième étape. Écoutez l'histoire de Roland Fergus.

Roland Fergus a eu une enfance joyeuse et animée entre son père catholique et sa mère marocaine de religion musulmane. À Marseille, surnommée «la Porte de l'Orient», les personnes originaires du Maghreb étaient nombreuses. Ici, les mariages mixtes ne choquaient pas autant que dans les autres grandes villes françaises. Au garage de son père, Roland rencontrait toutes sortes de gens, et il comprenait très bien que sa ville était culturellement riche et très diverse.

En 1939, Roland avait 22 ans. Comme beaucoup de Marseillais, il détestait le message raciste d'Adolf Hitler. Il avait envie d'aller au front mais, comme[1] il souffrait d'une maladie respiratoire, l'armée ne l'a pas accepté. Alors, puisqu'il[2] ne pouvait pas être soldat, après l'Occupation, Roland a décidé d'être résistant.

Il est allé d'abord dans la ville de Lyon, un important centre de la Résistance. Roland était intelligent et courageux, et en plus il parlait allemand, donc[3] Jean Moulin, l'un des plus importants résistants, lui a donné une mission particulière. Il allait infiltrer les nazis en France. Il se présenterait comme le fils d'un commerçant[4] riche qui admirait Hitler et qui voulait l'aider. Ainsi il obtiendrait des informations importantes pour la Résistance.

Tout s'est bien passé. Les Allemands ont accepté Roland à Lyon. Il est devenu l'ami d'un chef[5] de la Gestapo et a voyagé avec lui à Paris. C'est à Paris qu'il a rencontré Antoine Leclair, le grand-père de Camille.

Après quelque temps, Roland, qui commençait à bien connaître les opérations secrètes des nazis en France, a pu sauver[6] un réseau entier de résistants. Malheureusement, les Allemands ont appris qu'il était résistant et il a dû fuir.[7] Les Allemands l'ont cherché partout, mais il est parti dans les Cévennes où il a retrouvé Antoine Leclair. Il savait que les nazis avaient caché[8] des armes dans un train près de Saint-Jean de Causse et il pensait que les résistants devaient absolument les prendre.

En septembre 1943, Roland a donc préparé cette opération dangereuse avec Antoine Leclair. Mais les Allemands le suivaient en secret et ils savaient que les résistants allaient attaquer le train. Et voilà l'origine du drame qui est arrivé une nuit de décembre dans les Cévennes. Antoine Leclair et ses amis résistants ont tous été exécutés par les Allemands. Seul Roland Fergus a pu s'échapper.

Après cette nuit terrible, Fergus est retourné à Marseille, et de là il est parti au Maroc, dans la famille de sa mère. Plus tard, il est revenu en France en secret et c'est pendant ce voyage qu'il a appris la rumeur. On disait que c'était un traître. Roland savait que Jean Moulin pourrait arrêter

[1]*as* [2]*because he* [3]*so* [4]*merchant* [5]*head* [6]*to save* [7]*to flee* [8]*avaient... had hidden*

(continued)

cette rumeur et dire la vérité mais la Gestapo l'avait déjà arrêté[9] et il est mort, sans jamais parler. La rumeur a continué. Selon cette rumeur, Roland Fergus et Antoine Leclair étaient des traîtres. Antoine était déjà mort; il ne souffrait pas de ces horribles histoires. Mais Roland ne pouvait plus vivre en France. Il est retourné au Maroc, pour recommencer sa vie...

À présent, Roland est commerçant. Il aime Casablanca, et quand il a pris la nationalité marocaine, il s'est converti à la religion de sa mère. Son existence est calme et la religion musulmane l'aide à vivre l'âme en paix.[10]

La visite de Camille Leclair le touche beaucoup. Il est triste, mais en même temps il espère que la vérité sera révélée.[11] Est-il possible que cette jeune fille charmante puisse l'aider? Pourra-t-elle rendre son honneur à un vieil homme?

[9]l'avait... *had already arrested him*   [10]l'âme... *with a sense of peace*   [11]*revealed*

Troisième étape. Maintenant, relisez vos réponses dans la première étape et corrigez vos réponses, si nécessaire, en vous basant sur le texte précédent.

 C. **Vous avez compris?** Pour chaque phrase que vous entendez, indiquez où se passe l'événement mentionné.

1. Casablanca	les Cévennes	Lyon	Marseille	Paris
2. Casablanca	les Cévennes	Lyon	Marseille	Paris
3. Casablanca	les Cévennes	Lyon	Marseille	Paris
4. Casablanca	les Cévennes	Lyon	Marseille	Paris
5. Casablanca	les Cévennes	Lyon	Marseille	Paris
6. Casablanca	les Cévennes	Lyon	Marseille	Paris
7. Casablanca	les Cévennes	Lyon	Marseille	Paris
8. Casablanca	les Cévennes	Lyon	Marseille	Paris
9. Casablanca	les Cévennes	Lyon	Marseille	Paris
10. Casablanca	les Cévennes	Lyon	Marseille	Paris

Structure 66

Le passé composé et l'imparfait (II)

A. **Avoir ou être?** Lisez chaque phrase et décidez si l'auxiliaire du verbe doit être **avoir** ou **être** au passé composé. Ensuite, écrivez la forme correcte du verbe.

1. Je (J') (descendre) _____ les verres pour mettre la table.

2. Nous (monter) _____ chercher l'appartement de notre ami.

3. Vous (sortir) _____ le fromage du réfrigérateur.

4. Ils (passer) _____ deux jours chez moi en avril.

5. Tu (sortir) _____ hier soir avec Giselle?

6. Elles (descendre) _____ au rez-de-chaussée et elles ne sont

   pas revenues.

7. Pierre (passer) _____ chez nous pour nous dire «au revoir».

8. Elle (monter) _____ les vieilles assiettes au grenier (*attic*).

B. Une sortie en ville. Écoutez chaque phrase de l'histoire au présent. Mettez la phrase au passé en utilisant l'imparfait (*I*) pour la description ou le passé composé (*P.C.*) pour les événements. Indiquez votre choix du temps passé. Puis écoutez pour vérifier votre réponse.

MODÈLE: Vous entendez: Il fait très chaud et humide.
Vous dites: Il faisait très chaud et humide.
Vous choisissez: *I*
Vous entendez: Il faisait très chaud et humide.

1. I   P.C.   7. I   P.C.

2. I   P.C.   8. I   P.C.

3. I   P.C.   9. I   P.C.

4. I   P.C.   10. I   P.C.

5. I   P.C.   11. I   P.C.

6. I   P.C.   12. I   P.C.

C. Quelle fête bizarre. Utilisez des verbes au passé composé ou à l'imparfait pour raconter comment s'est passée cette fête. Faites tous les accords nécessaires.

1. Janine / décider / donner une fête / parce que / ce / être / son anniversaire

_____

2. Elle / inviter / tous ses amis

_____

3. Elle / faire / les préparatifs toute seule

_____

4. Elle / faire / marché / préparer / nourriture / et / décorer / appartement

_____

5. Quand Joëlle et Jean-Marc / arriver / tout / être / prêt

_____

6. Mais / Janine / dormir / sur le canapé

_____

7. Ils / ne pas vouloir / la réveiller

_____

8. Quand les autres invités / venir / Joëlle et Jean-Marc / boire / coca / et / Janine / dormir / toujours

_____

9. Les invités / devoir / réveiller / leur hôtesse

_____

10. Janine / s'excuser / parce que / elle / avoir honte

_____

D. Dimanche. Écrivez une petite description de votre journée dimanche dernier. Décrivez le temps qu'il faisait et dites ce que vous avez fait. Est-ce que ça a été un dimanche typique? Pourquoi, ou pourquoi pas? Utilisez au moins quatre verbes à l'imparfait et quatre verbes au passé composé.

_____

_____

_____

_____

_____

_____

_____

Structure 67

Le plus-que-parfait

Narrating

A. Dans le bureau du prof. Un étudiant a échoué à son examen de chimie organique. Il parle au professeur qui lui pose les questions suivantes sur ce qu'il avait fait avant de passer l'examen. Donnez sa réponse affirmative à chaque question. Puis écoutez pour vérifier votre réponse.

> MODÈLE: Vous entendez: Aviez-vous bien écouté pendant les cours avant l'examen?
> Vous dites: Oui, j'avais bien écouté pendant les cours avant l'examen.
> Vous entendez: Oui, j'avais bien écouté pendant les cours avant l'examen.

1. ...   2. ...   3. ...   4. ...   5. ...

B. Une matinée du week-end. Dans une famille typique, les parents se lèvent avant les enfants. Racontez ce qui s'était passé avant le lever des personnes suivantes. Puis écoutez pour vérifier votre réponse.

> MODÈLE: Vous entendez: On a mis le chien dans le jardin.
> Vous voyez: Quand je me suis levé...
> Vous dites: Quand je me suis levé, on avait déjà mis le chien dans le jardin.
> Vous entendez: Quand je me suis levé, on avait déjà mis le chien dans le jardin.

Quand je me suis levé(e),...

1. ...   2. ...   3. ...   4. ...   5. ...

Quand mes parents se sont réveillés,...

6. ...   7. ...   8. ...   9. ...   10. ...

C. Dans le passé. Complétez chaque phrase pour indiquer ce qu'on avait fait avant de se coucher hier soir.

> MODÈLE: Mes grands-parents _____ *étaient venus* _____ (venir) me voir.

1. Seth, tu _____ (aller) dans la cuisine.

2. Mon frère et moi, nous _____ (sortir) en boîte avec des amis.

3. Mes amies et moi (*f.*), nous _____ (aller) au cinéma.

4. Charles et Robert, vous _____ (partir) et puis vous

   _____ (revenir).

5. Marie et Jeanne, vous _____ (partir) avec Charles et Robert.

6. Monsieur Klein, vous _____ (aller) à un concert.

7. Madame LeTuan, vous _____ (se casser) la jambe.

8. René, tu _____ (prendre) un verre de cognac.

D. **Une nuit inoubliable.** Dans le film *Le Chemin du retour*, Camille a découvert ce qui s'était passé la nuit du 17 décembre 1943. Complétez les phrases suivantes avec le plus-que-parfait.

1. On pensait que Fergus collaborait avec les nazis parce que la nuit du 17 décembre, il

   _____ (mettre) un uniforme nazi.

2. Fergus a eu du mal à nier (*denying*) sa collaboration parce que les Allemands

   _____ (reprendre) la rumeur à leur compte (*as their own*).

3. Fergus explique qu'Antoine a été étonné de voir que ses amis _____

   (tomber) dans un piège.

4. Fergus a quitté la France parce que des gens _____ (lancer) des représailles

   (*retaliation*) contre les collaborateurs.

5. Beaucoup de personnes ont faussement conclu qu'Antoine et Fergus _____

   (être) des traîtres.

6. À Casablanca, Camille a appris la vérité sur ce que son grand-père _____

   (faire) la nuit du 17 décembre 1943.

E. **En retard toute la journée.** Roger raconte sa journée dans un mél. Complétez le passage en mettant les verbes entre parenthèses au plus-que-parfait.

Salut Sandrine,

Quelle journée j'ai passée aujourd'hui! J'étais en retard pour tout. Je me suis réveillé en

retard parce que je (j') _____[1] (ne pas mettre) mon réveil-matin. Je suis allé à

l'école à pied parce que l'autobus _____[2] (déjà passer). Quand je suis arrivé

à l'université, les étudiants _____[3] (déjà entrer) dans l'amphithéâtre. J'y suis

entré silencieusement parce que le professeur _____[4] (déjà commencer)

son discours. Après le cours, mes amis et moi, nous sommes allés au café où nous

_____[5] (rencontrer) Pascal la semaine dernière. On a pris des cafés et des

pâtisseries que le cuisinier _____[6] (préparer) pour fêter l'anniversaire du

patron du café. Après, nous sommes allés chez Marie-Claire, mais sa camarade de chambre nous a

expliqué qu'elle _____[7] (partir) pour la soirée. Alors, nous avons décidé

(continued)

d'aller au cinéma. Mais en arrivant, Jean, qui était avec nous, nous a annoncé qu'il

_____⁸ (déjà voir) le film. C'était trop, tout ça. Alors, moi, j'ai expliqué que

je (j') _____⁹ (déjà perdre) trop de temps. Je suis rentré et voilà ma journée

d'occasions manquées. Ce soir, je me couche de bonne heure pour que demain se passe mieux.

Roger

F. **Qu'est-ce qui s'est passé avant?** Utilisez votre imagination et les éléments donnés pour faire des phrases au passé. Un verbe dans chaque phrase doit être au plus-que-parfait.

> MODÈLE: manger un bon repas / préparer →
> Les voisins de Mme et M. Renaud ont mangé un bon repas que l'étudiante camerounaise avait préparé.

1. réparer la fenêtre / casser

   _____

   _____

2. célébrer une bonne nouvelle (*news*) / recevoir

   _____

   _____

3. divorcer / se marier

   _____

   _____

4. montrer des photos de vacances / prendre

   _____

   _____

G. **À vous la parole.** Complétez les phrases suivantes de façon personnelle en employant le plus-que-parfait.

1. Je ne savais pas que _____

   _____

2. J'ai pris mon dîner, mais avant de le prendre _____

   _____

3. Hier, je n'ai pas vu certains de mes amis parce que _____

   _____

4. Quand je suis arrivé(e) en classe hier _____

   _____

5. Quand la fin du trimestre est arrivée _____

   _____

Regards sur la culture

Visiter le Maroc

Une visite à Fès. Imaginez que vous êtes à Fès, au Maroc, entre le 2 et le 14 juin de cette année. Remplissez ce formulaire (*Fill out this form*) avec les informations nécessaires.

1.

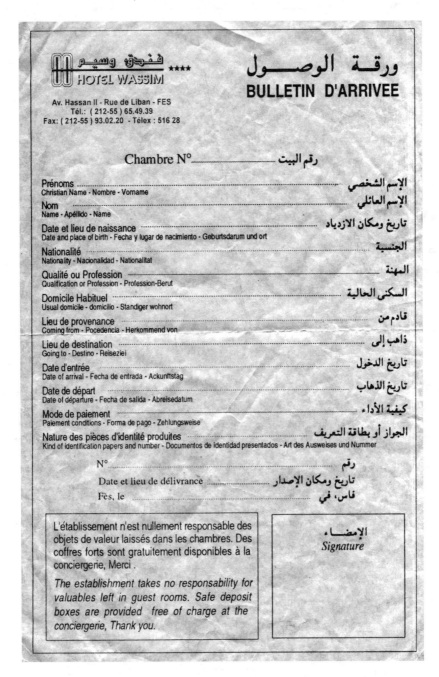

2. Quelle(s) indication(s) y a-t-il que des touristes de beaucoup de pays visitent le Maroc?

3. Ensuite, écrivez un mél où vous dites à un(e) ami(e) comment il/elle peut vous contacter pendant votre séjour (*stay*) dans cet hôtel.

Salut _____,

Me voilà à Fès. _____

_____

_____

_____

_____

_____ (*signature*)

Structure 68

Le discours indirect

Telling what others said

A. Une nouvelle importante. Magalie a une grande nouvelle pour ses parents. Trouvez la suite logique.

1. Magalie a annoncé à ses parents: _____

2. Les parents ont répondu: _____

3. Magalie a demandé à ses parents: _____

4. Les parents ont dit à leur fille: _____

5. Magalie a remercié ses parents en disant: _____

a. «Pouvez-vous annoncer la nouvelle aux grands-parents?»

b. «Bien sûr, on va la leur annoncer tout de suite.»

c. «Merci, maman et papa. Ce sera une fête magnifique!»

d. «Maman, papa, je me marie!»

e. «Nous sommes tellement heureux!»

B. Qu'est-ce qu'on dit? Vous allez entendre des phrases au discours indirect. Choisissez la phrase au discours direct (*a* ou *b*) qui correspond à ce qui est dit. Vous entendrez chaque phrase deux fois.

MODÈLE: Vous entendez: On demande au patron si on travaille vendredi.
           Vous voyez: a. «Pourquoi on ne travaille pas vendredi?»
                          b. «Est-ce qu'on vient au travail vendredi?»
           Vous choisissez: a. «Pourquoi on ne travaille pas vendredi?»
                          b. «Est-ce qu'on vient au travail vendredi?»

1. a. «Avez-vous fait les photocopies?»

   b. «Où sont mes photocopies?»

2. a. «Quand arrivera Michel?»

   b. «Est-ce que Michel arrivera à l'heure?»

3. a. «Pourriez-vous poster (*mail*) ces lettres?»

   b. «Avez-vous vu les lettres?»

4. a. «Parlez-vous arabe?»

    b. «Avez-vous visité un pays arabe?»

5. a. «Donnez ce dossier à votre voisine.»

    b. «Votre voisine vous a donné le dossier?»

6. a. «Leur comportement (*behavior*) est étonnant, n'est-ce pas?»

    b. «Je trouve leur comportement étonnant.»

7. a. «Je préférerais que vous ne vous habilliez pas en décolleté.»

    b. «Pourriez-vous mettre des vêtements décolletés?»

C. Un rendez-vous manqué. Lise avait rendez-vous avec Maryse et Didier, mais ils n'ont pas pu se rencontrer. Plus tard, ils ont parlé au téléphone. Lisez le dialogue et puis choisissez la phrase au style indirect (*a* ou *b*) qui correspond à ce qu'ils ont dit.

1. MARYSE ET DIDIER: «Vous vous êtes trompée.»

    a. Maryse et Didier ont déclaré que Lise s'était trompée.

    b. Maryse et Didier ont déclaré que Lise s'est trompée.

2. LISE: «Je n'ai pas tort. (*I'm not wrong.*)»

    a. Lise a précisé qu'elle n'avait pas tort.

    b. Lise a précisé qu'elle n'avait pas eu tort.

3. LISE: «Je ne suis pas arrivée en retard.»

    a. Elle a indiqué qu'elle n'arrivait pas en retard.

    b. Elle a indiqué qu'elle n'était pas arrivée en retard.

4. MARYSE ET DIDIER: «Nous n'avons pas vu votre voiture.»

    a. Ils ont déclaré qu'ils ne voyaient pas la voiture.

    b. Ils ont déclaré qu'ils n'avaient pas vu la voiture.

5. LISE: «De toute façon (*Anyway*), il est nécessaire de fixer un nouveau rendez-vous.»

    a. Lise a dit qu'il était nécessaire de fixer un nouveau rendez-vous.

    b. Lise a dit qu'il a été nécessaire de fixer un nouveau rendez-vous.

D. Tu as vu ce film? Lisez les phrases suivantes. Elles forment une histoire.

1. Véronique (une étudiante française dans une université américaine) a demandé à Amy (une étudiante de deuxième année) si elle avait vu le film *Le Chemin du retour*.
2. Amy a dit qu'elle l'avait vu dans son cours de français.
3. Ensuite, Véronique a dit qu'Amy parlait très bien français, et elle a demandé si le cours était difficile.
4. Amy a répondu que le cours n'était pas difficile et elle a ajouté qu'il était intéressant et utile.
5. Véronique a demandé si Amy avait étudié le français avant le cours.
6. Amy a répondu que non, qu'elle avait appris le français en classe. Elle a aussi ajouté que le film *Le Chemin de retour* l'avait aidée à comprendre et à parler le français.
7. Enfin, Véronique lui a dit au revoir. Elle a ajouté qu'elles pouvaient peut-être continuer à parler français ensemble.

(*continued*)

Maintenant, reconstruisez le dialogue (au style direct) entre Véronique et Amy à partir des informations ci-dessus.

1. VÉRONIQUE: _____

   _____

2. AMY: _____

3. VÉRONIQUE: _____

   _____

4. AMY: _____

   _____

5. VÉRONIQUE: _____

   _____

6. AMY: _____

   _____

7. VÉRONIQUE: _____

   _____

À écrire

La Francophonie

Préparez un dépliant (*brochure*) publicitaire pour une ville que vous connaissez. Vous pouvez imiter le style du dépliant présenté à la page 410 de votre manuel.

Première étape. Choisissez la ville que vous allez décrire. Identifiez l'intérêt de cette ville sur le plan social: Existe-t-il des contrastes entre les nouveaux quartiers et le centre historique? Y a-t-il une population diverse? S'agit-il d'une ville bilingue? Notez quelques idées dont (*of which*) vous voulez parler.

_____

_____

_____

Deuxième étape. Maintenant, prenez des notes sur les catégories suivantes. Signalez (*Point out*) ce qui distingue cette ville des autres.

l'intérêt global de cette destination (histoire, exotisme, ancienneté)	
composition démographique de la population	
vêtements distinctifs	
coutumes locales	
description de la ville	

Troisième étape. Maintenant, rédigez le texte de votre dépliant, de façon à encourager le tourisme.

Autre vocabulaire utile: ancienneté, chantier (*building site*), connu pour, côte à côte (*side by side*), cuisine, fier (fière), langage, mélange, modernité, tel(le)(s) que (*such as*), visiteur

    MODÈLE: En voyage à Marseille
                Ville connue pour son ancienneté et sa population multi-ethnique, Marseille offre
                aux visiteurs une diversité culturelle unique en France...

_____

_____

_____

(continued)

_____

_____

_____

_____

_____

_____

_____

Quatrième étape. Maintenant, relisez votre lettre et corrigez les fautes d'orthographe, de ponctuation, de grammaire et de vocabulaire, s'il y en a. Faites particulièrement attention aux accords sujet-verbe et substantif-adjectif, ainsi qu'aux temps des verbes.

Épilogue

Le Chemin du retour

À l'affiche

A. Après le visionnement. Indiquez quelle légende (*caption*) accompagne chacune des photos suivantes.

- a. Camille n'est pas contente de l'attitude de Bruno.
- b. Mado et Camille sont heureuses de se retrouver.
- c. La régie prépare la prochaine émission.
- d. Y aura-t-il une histoire d'amour entre Camille et David?
- e. Camille aura une bonne surprise.
- f. L'émission commence.

1.  _____

2.  _____

3.  _____

4.  _____

5.  _____

6.  _____

B. Dialogue. Maintenant, faites correspondre chaque photo de l'Exercice A avec l'extrait du dialogue qui convient.

_____   MARTINE: Bruno ne changera jamais! C'est un amour, mais il a un caractère de cochon°!

RACHID: (*sourit*) Il n'est pas méchant!

°il... *hard to deal with*

****

_____   CAMILLE: ...C'est tout ce que tu trouves à dire?... Un homme est mort assassiné. Il a perdu son honneur. Sa femme l'a pleuré pendant 60 ans, et toi, tu dis quoi? «C'est la vie!» Alors c'est ça, la vie?!

****

_____   HISTORIEN: (*sourit*) ...Ah, et je voulais aussi vous donner ceci.

****

_____   BRUNO: Bonjour!

****

_____   MADO: Tu ne lèveras plus les yeux au ciel?

CAMILLE: Jamais plus!

MADO: (*pour elle*) Oh, c'est sûrement un rêve,° mais c'est tellement bon à entendre!

°*dream*

****

_____   MADO: Tiens... ton médaillon... Vas-y, ouvre-le.

C. Le médaillon. En tenant compte de l'information culturelle dans ce chapitre et dans l'Épilogue du film, regardez ces photos. Décrivez simplement la différence entre les deux photos et expliquez pourquoi ces deux images encadrent (*frame*) bien l'histoire dans *Le Chemin du retour*.

_____

_____

_____

_____

_____

_____

Regards sur la culture

Un film bien français

L'affiche d'un film doit attirer (*attract*) les spectateurs par les images et par le texte.

A. La force d'une publicité. Décrivez et analysez cinq images que vous voyez sur l'affiche. Quelle méthode chacune utilise-t-elle pour attirer l'attention des spectateurs? Est-ce qu'elle attire les spectateurs qui s'intéressent à l'histoire? à la culture française? aux mystères? aux histoires de cœur? aux rapports interpersonnels? à autre chose?

MODÈLE: La photo de Louise montre une vieille dame avec beaucoup d'énergie. Nous voulons savoir...

_____

_____

_____

_____

_____

_____

_____

_____

_____

_____

B. En français, s'il vous plaît. L'affiche contient des mots en anglais. À vous de créer la version française de cette publicité. *Attention:* Une simple traduction n'est pas recommandée.

1. (à la place des mots au-dessous des photos des personnages)

   _____

   _____

2. (à la place des mots à droite de la tour Eiffel)

   _____

   _____

À écrire

Le Chemin du retour

Faites un compte rendu (*essay*) sur vos impressions du film *Le Chemin du retour.**

Première étape. Prenez des notes pour faire un résumé de l'intrigue (the plot).

De quoi s'agit-il? _____

_____

Quels sont les personnages principaux? _____

_____

Qu'est-ce qui leur arrive? _____

_____

_____

Quelle en est la fin, la conclusion? _____

_____

Deuxième étape. Révisez la note **Langage fonctionnel** à la page 393 de votre manuel scolaire et puis jugez les aspects suivants du film. En plus du vocabulaire à la page 393, vous aurez peut-être besoin d'autres adjectifs comme **exceptionnel(le)**, **original(e)**, **réaliste**, **vraisemblable** (*plausible*).

- la mise en scène (*production*) _____
- le jeu des acteurs _____
- l'intérêt de l'intrigue _____
- les costumes _____
- le décor (*sets/scenery*) _____
- la musique _____
- autre chose? _____

---

*Vous pouvez parler d'un autre film que vous avez vu récemment, si vous préférez.

Nom _____ Date _____ Cours _____

Troisième étape: Maintenant, écrivez votre compte rendu. N'oubliez pas de dire si vous recommanderiez ce film aux autres (et à qui), d'expliquer pourquoi ou pourquoi pas et de donner votre jugement global.

Vocabulaire utile: se distinguer (*to stand out*), il s'agit de (*it's about, it's a matter of*), sur le plan cinématographique (*in the area of cinematography*), sur le plan dramatique

_____
_____
_____
_____
_____
_____
_____
_____
_____
_____
_____

Appendice A: Chapitre (11)

De quoi as-tu peur?

Vocabulaire en contexte

Les métiers et les professions

A. **Des occupations.** Voici une affiche qui montre une variété de professions et d'emplois. Identifiez l'emploi ou la profession qui convient à chaque numéro. Puis écoutez pour vérifier votre réponse.

> MODÈLE: Vous voyez: [une pâtissière]
>
>
>
> Vous dites: C'est une pâtissière.
> Vous entendez: C'est une pâtissière.

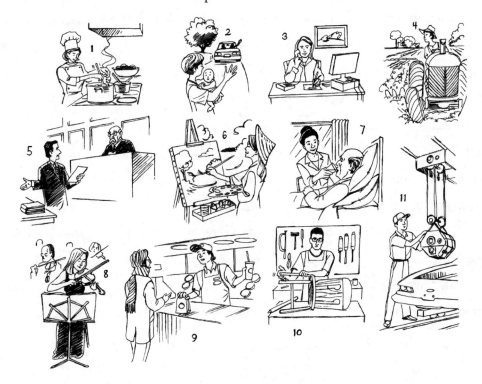

1. ...   3. ...   5. ...   7. ...   9. ...   11. ...
2. ...   4. ...   6. ...   8. ...   10. ...

B. C'est logique! Trouvez la fin (*ending*) logique de chaque phrase.

1. Je travaille quarante heures par semaine; __f__
2. Marie-Claire cherche sur Internet et dans les petites annonces du journal; _____
3. Céline a trouvé son poste à l'université; _____
4. Je veux être président d'une grande société un jour; _____
5. Béatrice Aubusson a employé son ordinateur pour trouver son emploi; _____
6. Maryse a trouvé son emploi dans le journal; _____
7. Je m'occupe des (*take care of*) publicités pour les produits de ma société; _____
8. Cet été, Elisabeth travaille dans une société pour préparer sa future carrière; _____
9. Jean étudie le marketing et la gestion; _____
10. Jules travaille dans le département de sécurité de ce musée; _____
11. Marc travaille vingt heures par semaine; _____
12. Citroën n'est pas une petite affaire (*business*); _____

a. il veut travailler dans le commerce.
b. je fais du marketing.
c. elle veut trouver un nouveau poste.
d. il a un emploi à mi-temps.
e. elle a regardé les petites annonces.
f. j'ai un emploi à plein temps.
g. c'est une société.
h. maintenant, j'étudie la gestion.
i. c'est un agent de sécurité.
j. elle fait un stage.
k. elle a regardé sur le tableau d'affichage.
l. elle a cherché sur Internet.

C. Quel est son métier? Identifiez les emplois qui correspondent aux descriptions suivantes. Attention à l'emploi de l'article indéfini.

MODÈLE: M. Leroy vend des rôtis de bœuf et du poulet. Il est → boucher.
Mlle Binoche joue dans des films. C'est → une actrice.

1. M. Vavin s'occupe de l'immeuble où il habite. Il est _____.

2. Mme Dorval travaille au musée d'Orsay à Paris. Elle organise des expositions de l'art du XIXᵉ siècle (*nineteenth century*). C'est _____.

3. Mme Charneau écrit (*writes*) des articles pour des magazines. Elle est _____.

4. Le travail de Ferdinand Lemoine est de comprendre et de parler le français, l'anglais et le japonais pour aider la communication. C'est _____.

5. Mlle Barion travaille dans le service de la comptabilité (*accounting*) chez Renault. C'est _____.

6. Alain Renard est responsable de la gestion d'un restaurant. Il est _____.

7. Béatrice Aubusson travaille dans un bureau où on développe les projets des nouveaux immeubles. Elle est _____.

8. Louis Dion et sa femme fabriquent des pots en céramique et les vendent dans un petit magasin. Ce sont _____.

9. Lise Costa travaille pour l'État. C'est _____.

10. Gérard Daumier est responsable de la gestion d'une société. Il est _____.

D. Les jobs et les professions. Répondez aux questions suivantes en faisant des phrases complètes.

1. Si vous avez déjà travaillé, quels moyens (*methods*) avez-vous utilisés pour trouver un emploi?

   _____

   _____

2. Nommez deux professions qui vous semblent intéressantes (*seem interesting to you*). Expliquez.

   _____

   _____

   _____

3. À quels métiers est-ce que vous ne vous intéressez pas? Expliquez.

   _____

   _____

   _____

Les nombres ordinaux

A. Quel mois est... ? Pensez à l'ordre des mois. Répondez à la question que vous entendez en identifiant chaque mois avec un nombre ordinal. Puis écoutez pour vérifier votre réponse.

MODÈLE: Vous entendez: le mois d'avril?
         Vous dites: Avril, c'est le quatrième mois.
         Vous entendez: Avril, c'est le quatrième mois.

janvier	avril	juillet	octobre
février	mai	août	novembre
mars	juin	septembre	décembre

1. ...   2. ...   3. ...   4. ...   5. ...

B. C'est quel numéro? Répondez à la question que vous entendez avec la forme correcte du nombre ordinal. Puis écoutez pour vérifier votre réponse.

MODÈLE: Vous entendez: C'est quel anniversaire?
         Vous lisez: C'est son 18e...
         Vous dites: C'est son dix-huitième anniversaire.
         Vous entendez: C'est son dix-huitième anniversaire.

1. C'est leur 39e...   4. C'est la 1e...
2. C'est sa 45e...   5. C'est le 11e...
3. C'est la 24e...

C. **Le calendrier de Michel Oberlé.** Michel fait son planning pour le mois de décembre. Voici son calendrier. Répondez aux questions avec des phrases complètes.

LUNDI	MARDI	MERCREDI	JEUDI	VENDREDI	SAMEDI	DIMANCHE
1	2	3	4	5	6 repas de Hanoukka chez Albert	7
8 anniversaire de mariage de maman et de papa	9	10	11	12 concert avec Julie	13	14
15	16	17 anniversaire de Paule	18	19	20	21
22	23	24	25 Noël chez maman et papa	26	27	28
29	30	31 réveillon chez Julie				

1. Noël (*Christmas*) a lieu (*takes place*) pendant (*during*) quelle semaine du mois?

   _____

2. Hanoukka a lieu pendant quelle semaine du mois?

   _____

3. L'anniversaire de Paule, c'est quel mercredi du mois de décembre?

   _____

4. Quelle est la date du troisième samedi?

   _____

5. Quelle est la date du quatrième mardi?

   _____

6. Le réveillon (*New Year's Eve*) a lieu pendant quelle semaine du mois de décembre?

   _____

7. L'anniversaire de mariage de la mère et du père de Michel tombe sur quel lundi du mois?

   _____

À l'affiche

A. **Que savez-vous?** Mettez les événements dans l'ordre chronologique.

_____ Antoine meurt (*dies*).

_____ Antoine quitte Paris et va dans les Cévennes.

_____ Bruno et Camille dînent ensemble au restaurant.

_____ Camille montre une photo d'Antoine à Louise.

_____ Les troupes nazies envahissent (*invade*) Paris. La France est occupée.

_____ Mado naît (*is born*).

B. **À propos des personnages**

Première étape. Écoutez l'histoire d'Antoine Leclair et de son travail dans la Résistance.

1940. En quatre semaines, l'armée française perd la guerre contre[1] l'Allemagne nazie. Le 17 juin, le chef[2] du gouvernement français accepte les conditions des nazis et c'est l'Armistice. Certains Français sont heureux. La guerre, pour eux, est finie.[3] D'autres Français décident de former la Résistance. La guerre, pour eux, va continuer. Antoine Leclair, le mari de Louise et le grand-père de Camille, refuse l'Armistice. C'est un homme simple qui travaille avec ses mains: un ébéniste.[4] Il est catholique et démocrate, et il ne peut pas accepter les injustices des Allemands. Les nazis persécutent les Juifs,[5] les communistes, les homosexuels et tous les gens[6] «différents».

Alors, Antoine commence à travailler avec la Résistance. D'abord, il est à Paris et il aide son ami Samuel Lévy à partir aux États-Unis. En décembre 1940, Antoine quitte Paris. Louise n'a aucune[7] information sur le travail secret de son mari. Il lui envoie des lettres de différentes villes (Lyon, Marseille, Lille), mais il ne parle pas des activités de son groupe. Ces lettres sont si chères à Louise. La petite Mado comprend que sa maman adore son père et s'inquiète beaucoup pour lui.

1943. Pas de lettres pendant deux mois, et puis une petite lettre pour le quatrième anniversaire de Mado. Elle vient d'un village dans les Cévennes, Saint-Jean de Causse. Et après? Rien.[8] On a perdu la trace d'Antoine. Après la guerre, Louise apprend qu'il est mort[9] et qu'on l'accuse de trahison.[10] Elle est triste, mais elle pense à la petite Mado et elle continue sa vie...

[1]*against* [2]*leader* [3]*est... is over* [4]*woodworker* [5]*Jews* [6]*people* [7]*n'a... has no* [8]*Nothing* [9]*apprend... learns that he is dead* [10]*betrayal*

Deuxième étape. Écrivez une question pour chacune (*each*) des réponses données.

Vocabulaire utile: où, quand, qu'est-ce que, qui

MODÈLE: En 1940, les Français perdent la guerre *contre l'Allemagne.* →
Contre qui est-ce que les Français perdent la guerre en 1940?

1. En 1940, *les Français* perdent la guerre contre l'Allemagne.

_____

2. *Le 17 juin 1940*, le chef du gouvernement français accepte les conditions des nazis.

_____

(continued)

3. Certains Français décident de former *la Résistance*.

   _____

4. Antoine est *le mari de Louise et le grand-père de Camille*.

   _____

5. *Antoine* commence à travailler avec la Résistance.

   _____

6. Antoine est *à Paris* quand il aide Samuel Lévy.

   _____

7. Samuel Lévy part *aux États-Unis*.

   _____

8. Antoine quitte Paris *en 1940*.

   _____

9. Antoine envoie *des lettres* à sa femme, Louise.

   _____

10. Antoine est *dans les Cévennes* à l'occasion du quatrième anniversaire de Mado.

   _____

11. On a perdu la trace *d'Antoine*.

   _____

12. Louise apprend *qu'Antoine est mort et qu'on l'accuse de trahison*.

   _____

C. Vous avez compris? Considérez l'histoire d'Antoine et décidez si les phrases que vous entendez sont vraies, fausses ou si c'est impossible à dire.

	VRAI	FAUX	IMPOSSIBLE À DIRE
1.	☐	☐	☐
2.	☐	☐	☐
3.	☐	☐	☐
4.	☐	☐	☐
5.	☐	☐	☐
6.	☐	☐	☐
7.	☐	☐	☐

Prononciation et orthographe 🎧

Les consonnes /p/, /t/ et /k/

The differences between the English sounds /p/, /t/, and /k/ and their French equivalents are subtle but important. They have to do with aspiration and release.

Aspiration

Place the palm of your hand in front of your mouth and say the English word *pop*. You will notice a puff of air accompanying the initial *p*. This puff is called aspiration. Now pronounce the word *spot*, again placing the palm of your hand in front of your mouth. Notice that the consonant *p* in this case is not aspirated. There is no puff of air. That is because in English, /p/, /t/, and /k/ are aspirated in initial position, but in second position in consonant clusters (such as *sp*) they are not.

In French, however, /p/, /t/, and /k/ are *never* aspirated in any position. For example, a /p/ has a sound rather between an English *b* and an English *p*. Listen to the following contrasts and repeat after the speaker. Remember not to aspirate the /p/, /t/, and /k/ in the French words.

ENGLISH	**p**ale	**t**able	com**b**	e**s**planade	**s**tage	**s**cale
FRENCH	**p**âle	**t**able	com**m**e	e**s**planade	**s**tage	e**s**cale

Release

Say the English word *pop* again, this time paying attention to the position of your lips and jaw when you have finished saying the word. You should notice that your lips remain closed. Your jaw does not move to "release" the consonant. That is because in word-final position in English, the sounds /p/, /t/, and /k/ are not fully released.

In French, on the other hand, when these sounds are in final position, they are *fully* released. Listen to the following contrasts and repeat after the speaker, remembering to release the final consonant.

ENGLISH	ra**p**	se**t**	sin**k**
FRENCH	ra**p**	ce**tte**	cin**q**

Spellings of the sounds /p/, /t/, and /k/

The sound /p/ can be spelled as **p** or **pp**.

> **p**ère /pɛʀ/   je m'a**pp**elle /ʒəmapɛl/

The sound /t/ can be spelled as t, tt, or th.

> repor**t**er /ʀəpɔʀtɛʀ/   a**tt**endre /atɑ̃dʀ(ə)/   **th**éâtre /teatʀ(ə)/

The sound /k/ can be spelled as **c** (except before **e, i, y,** or **h**) or as **k** or **qu**.*

> **c**ommer**c**e /kɔmɛʀs/   **k**aya**k** /kajak/   **qu**el**qu**es /kɛlkə/

Note: The letter **c** before **e, i,** and **y** is sounded as /s/: i**c**i, **c**e. In cases when the /s/ sound is needed from a letter **c** before **a, o,** or **u,** a cedilla is added to the **c**: fran**ç**ais, **ç**a va, nous commen**ç**ons, il a re**ç**u.

Écoutez et répétez. Listen to the following sentences and repeat them, imitating the pronunciation of the speaker as closely as possible. The letters pronounced as the sounds /p/, /t/, and /k/ are highlighted.

1. —Nous nous **p**romenons **t**rop! —**T**u as mal aux **p**ieds?
2. Je suis une fana**t**i**qu**e du s**p**ort: j'aime mieux jouer au foo**t**ball et faire du **sk**ate.
3. Voulez-vous **p**rendre de la **p**izza, du mou**t**on, une omele**tt**e ou un **p**oulet fri**t**es?
4. Il faut **p**ar**t**ir en vacances de **t**emps en **t**emps **p**our bien se re**p**oser.
5. Mon **p**ère est à l'hô**p**ital **p**ar**c**e **qu**'il s'est cassé l'é**p**aule **p**endant un ma**t**ch de **t**ennis.
6. Cha**qu**e ma**t**in, notre **c**uisinière **p**ré**p**are du **c**hocolat, un **c**roissant et une **t**ar**t**ine.
7. Les **p**rofessions **qui** m'in**t**éressent sont: avoca**t**e, ar**t**isane, femme **p**ein**t**re, **p**a**t**ronne d'un restaurant, **c**onserva**t**rice de musée, **c**om**pt**able et a**c**trice. C'est beaucoup!
8. On va **p**erdre la **t**ête avec **t**ous ces exemples!

Structure 33

Le passé composé avec *être*
Narrating in the past

A. Dans le passé. Choisissez le verbe qui convient à chaque phrase et conjuguez-le au passé composé. *Attention:* Un des verbes de chaque liste n'est pas utilisé.

Verbes: descendre, devenir, mourir, passer, rentrer, rester

1. Étienne est malade. Hier, il n'est pas sorti du tout; il _____ à la maison et il a dormi.

2. Nous sommes très tristes. Notre grand-mère _____ le week-end dernier à l'âge de 90 ans.

3. J'ai oublié mon livre de maths et pour cette raison, je _____ chez moi le chercher.

4. Vous _____ par la Californie en allant à (*on the way to*) Miami? C'est bizarre!

5. Tout d'un coup (*All of a sudden*), Mireille _____ toute rouge; elle avait très honte.

Verbes: aller, entrer, monter, naître, sortir, tomber

6. L'année dernière, tu _____ en Italie pour tes vacances, n'est-ce pas?

7. Ma petite sœur et moi, nous _____ au cinquième étage (*to the fifth floor*) pour rendre visite à une amie.

8. Les assiettes _____ par terre (*on the floor*). Elles sont cassées!

9. Tu me demandes où est Gérard. Il _____ dans le magasin pour acheter un plan (*map*) de la ville. Il va bientôt revenir.

10. Vous _____ avec deux hommes hier soir et vous allez au restaurant ce soir avec un autre? Vous vous amusez, n'est-ce pas?!

Verbes: arriver, descendre, entrer, mourir, naître, partir

11. Joëlle et Thierry _____ du train à Vichy.

12. Le train _____ de Nice à 19 h hier soir et il

    _____ à Amsterdam à 11 h ce matin.

13. Mes parents _____ en 1932. Ils ont presque (*almost*) 80 ans.

14. Je _____ dans le bureau de mon patron.

B. L'accord du participe. Choisissez la forme correcte du participe passé pour compléter la phrase que vous entendez. Si les deux formes sont possibles, choisissez «les deux».

> MODÈLE: Vous entendez: Tu es sorti(e) du cinéma après le film?
> Vous voyez: sorti   sortie   les deux
> Vous choisissez: sorti   sortie   (les deux)

1. venu	venue	les deux		6. entré	entrée	les deux
2. allés	allées	les deux		7. parti	partie	les deux
3. mort	morte	les deux		8. arrivée	arrivées	les deux
4. montés	montées	les deux		9. nés	nées	les deux
5. revenu	revenue	les deux		10. retournés	retournées	les deux

C. Le nouvel an. Christophe et ses amis ont fêté le réveillon et le nouvel an à La Nouvelle-Orléans cette année. Choisissez les verbes qui conviennent et mettez-les au passé composé. Attention à l'auxiliaire. *Attention:* Aucun des verbes n'est utilisé plus d'une fois et un des verbes de chaque liste ne sera pas utilisé.

Verbes: aller, boire, descendre, organiser, prendre, voyager

Christophe et ses amis _____[1] à La Nouvelle-Orléans

pour fêter (*celebrate*) le réveillon et le nouvel an cette année. Christophe et Aïsha

_____[2] la voiture d'un ami. Anne et Jean

_____[3] en avion (*by plane*). Les quatre amis

_____[4] dans un hôtel près du Mississippi. Pedro, un ami

de Christophe qui habite à La Nouvelle-Orléans, _____[5]

une fête pour le réveillon chez lui.

Verbes: acheter, arriver, danser, embrasser, monter, passer

Anne _____[6] la première parce que Christophe, Aïsha et

Jean _____[7] au bar pour prendre un apéritif avant la fête.

Christophe _____[8] du champagne. Pedro adore la

musique et tout le monde _____[9] à la fête. À minuit,

j'_____[10] tous mes amis. C'était (*It was*) un réveillon magnifique!

D. Et vous? Comment est-ce que vous avez fêté le dernier réveillon et le nouvel an? Écrivez un petit paragraphe où vous décrivez au passé composé ce que (*what*) vous avez fait. Choisissez au moins (*at least*) trois verbes avec **avoir** comme auxiliaire et trois verbes avec **être** comme auxiliaire.

_____

_____

_____

_____

_____

Structure 34

Le passé composé des verbes pronominaux

Narrating in the past

A. Hier comme aujourd'hui. Julie a fait la même chose hier qu'aujourd'hui. Récrivez les phrases suivantes au passé composé pour parler de ce qu'elle a fait hier.

> MODÈLE: Julie se réveille à 9 h aujourd'hui. →
> Julie s'est réveillée à 9 h hier.

1. Julie se lève tout de suite aujourd'hui.

   _____

2. Julie et son amie se dépêchent pour arriver à l'université.

   _____

3. Julie et son chien (*dog*) Pete se promènent l'après-midi.

   _____

4. Julie et ses parents s'intéressent à un documentaire à la télévision.

   _____

5. Pete, le chien, s'endort à 23 h.

   _____

6. Julie se souvient de ses devoirs à minuit.

   _____

7. Alors elle se couche à 2 h.

   _____

B. Le passé. Complétez chaque phrase en mettant le verbe au passé composé. Faites l'accord du participe passé quand c'est nécéssaire.

> MODÈLE: Robert et moi, nous _____ (se tromper) de numéro. →
> Robert et moi, nous nous sommes trompés de numéro.

1. Je m'appelle David et je _____ (se casser) la

   jambe.

2. Carlos et sa femme _____ (se disputer).

3. Est-ce que tu _____ (s'amuser), Christine?

4. Pascal et Thomas, en quoi est-ce que vous _____

   (s'habiller)?

5. Les petites filles _____ (se brosser) les dents

   avant de se coucher.

6. Maman _____ (se reposer) après sa longue

   journée.

C. Rien ne change! (*Nothing changes!*) Mettez au passé composé les phrases que vous entendez. Puis écoutez pour vérifier votre réponse.

> MODÈLE: Vous entendez: Elle se promène avec ses amis.
> Vous dites: Elle s'est promenée avec ses amis.
> Vous entendez: Elle s'est promenée avec ses amis.

1. ...   2. ...   3. ...   4. ...   5. ...   6. ...

Regards sur la culture

Annonces matrimoniales

Des agences matrimoniales aident les gens à se rencontrer.[a] Est-ce que c'est une bonne façon[b] de rencontrer l'homme ou la femme de sa vie? Y a-t-il des personnes ici qui sont compatibles?

[a]à... *to meet each other*   [b]*way*

Qui est compatible? Lisez les petites annonces à la page 212 et essayez de former trois couples compatibles. Expliquez vos raisons.

1. L'homme No. 16440 voudrait bien rencontrer la femme No. _____ parce que

   _____

   _____

2. L'homme No. 12995 voudrait bien rencontrer la femme No. _____ parce que

   _____

   _____

(continued)

3. La femme No. 16554 voudrait bien rencontrer l'homme No. _____ parce que

_____

_____

Rencontres
ANNONCES MATRIMONIALES

Tél: 01.45.68.76.92

FEMMES

Ne cherchez plus, c'est moi! Grande, sportive et dynamique... pas trop modeste. 29 ans, femme ingénieur, célibataire, j'adore les voyages, les sports, l'amour. Vous êtes sensible,[a] sportif, intelligent et plein de charme? Alors, c'est vous! No. 13496

J'adore nager,[b] jardiner,[c] cuisiner. J'aime les bons livres, les bonnes discussions et la bonne musique (mais pas le rock). 50 ans, interprète, divorcée, élégante et calme. Désire rencontrer un M. simple qui veut comme moi une vie calme et pleine de bonnes choses. No. 15827

Blonde aux yeux verts, très gentille selon ses amis. 31 ans, célibataire, comptable[d] dans une grande entreprise parisienne. Adore la nature. Profond désir d'avoir une famille, de vivre en harmonie avec un H. agréable et de donner le jour à des enfants pleins de vie et de joie. No. 12998

Jolie jeune femme de 26 ans, elle a beaucoup de grâce, de charme et de beauté. Secrétaire, célibataire, c'est une jeune femme authentique, active et pleine de vie. Vous aimez le cinéma, les concerts de rock et les restaurants étrangers[e]? Elle vous attend! No. 16554

mars – avril 2009

HOMMES

Il est beau, très intelligent et il adore faire la cuisine. À 65 ans, il ne travaille plus et voudrait partager son temps libre avec une femme calme et sympathique. Vous aimez les plaisirs de la maison et les discussions intéressantes? N'hésitez pas! No. 16440

Pour lui, chaque jour est un jour plein d'aventures! Fonctionnaire,[f] 31 ans, divorcé, amoureux de la nature, il a énormément de charme. Il va être, un jour, un mari merveilleux et un père attentif. No. 12995

Depuis son divorce, il travaille beaucoup trop, mais il voudrait bien retrouver la joie de vivre... avec vous. Ses passions? La cuisine exotique, la musique rock et les films de Woody Allen. Vous êtes jeune, jolie et charmante? Ce médecin de 35 ans vous attend! No. 17402

[a]*sensitive* [b]*swimming* [c]*gardening* [d]*accountant* [e]*foreign* [f]*civil servant*

Structure 35

....

Les verbes réguliers en *-ir*

Talking about everyday actions

 A. Prononciation. There are three important things to remember about the pronunciation of regular –**ir** verbs.

1. As with many other verbs, the singular forms of regular **-ir** verbs all sound alike.

   je réfléchis   tu réfléchis   il réfléchit

2. The difference between the singular **il/elle** form and the plural **ils/elles** form is clear from the final syllable of the verb. In the singular it is /i/; in the plural it is /is/. Listen and repeat.

   elle choisit   elles choisissent

3. Since the past participle of regular **-ir** verbs ends in **i**, it sounds the same as the singular present-tense form. Therefore, it is important to be able to distinguish the use of the auxiliary verb so that you know the speaker is using a past tense. Listen and repeat.

   je finis   j'ai fini
   tu choisis   tu as choisi
   il applaudit   il a applaudi

Now listen to each sentence and repeat it aloud. Then circle the verb form you hear. Pay attention to both the pronoun and the verb. You will hear each sentence twice.

1. elle réfléchit   elle a réfléchi   5. je choisis   j'ai choisi

2. tu obéis   tu as obéi   6. tu applaudis   tu as applaudi

3. il réussit   il a réussi   7. il choisit   ils choisissent

4. je finis   j'ai fini   8. nous applaudissons   vous applaudissez

 B. Quelques activités typiques. Créez des phrases au présent en employant les éléments donnés et le sujet que vous entendez. Puis écoutez pour vérifier votre réponse.

> MODÈLE: Vous voyez: finir mes devoirs à neuf heures
>   Vous entendez: je
>   Vous dites: Je finis mes devoirs à neuf heures.
>   Vous entendez: Je finis mes devoirs à neuf heures.

1. choisir le menu à dix euros?   4. obéir toujours à leurs parents
2. applaudir après un bon film   5. finir de parler à sa classe
3. réfléchir à ton avenir (*future*)?   6. réussir à finir cet exercice

C. **Des actions de tous les jours.** Complétez chaque phrase en utilisant l'impératif, le présent ou le passé composé d'un verbe de la liste.

Verbes: applaudir, choisir, finir, obéir, réfléchir, réussir

1. C'est un enfant sage (*well-behaved*). Il _____ toujours à ses parents et à sa maîtresse.

2. _____ bien aujourd'hui, parce que vous allez vivre (*live*) longtemps avec les répercussions de votre décision.

3. Vous _____ de travailler hier soir à minuit? Vous devez être fatigué!

4. Avec leurs deux bons emplois, ils _____ à acheter la maison de leurs rêves (*dreams*) l'année dernière.

5. Richard, ingénieur depuis vingt-cinq ans, _____ à son avenir et considère maintenant une nouvelle (*new*) profession.

6. Mon frère vient d'apprendre à jouer au bridge. Hier, nous avons joué et il _____ à toutes les règles (*rules*).

7. Le public a adoré ce film. On _____ à la fin!

8. D'habitude, nous _____ le plat du jour (*special of the day*) quand nous mangeons ici. C'est toujours délicieux!

9. Je ne vais pas t'attendre pour dîner. Tu _____ rarement de travailler avant neuf heures.

10. Un sandwich ou de la soupe? _____ vite (*quickly*) et je le prépare pour toi.

11. Bon travail! Très bien! Je t'_____!

12. _____ à maman, et elle va nous donner des bonbons!

D. **Le présent, le passé.** Mettez la phrase que vous entendez au passé composé. Puis écoutez pour vérifier votre réponse.

MODÈLE:	Vous entendez:	Béatrice obéit à ses parents.
	Vous dites:	Béatrice a obéi à ses parents.
	Vous entendez:	Béatrice a obéi à ses parents.

MODÈLE:	Vous entendez:	Seth ne finit pas ses devoirs.
	Vous dites:	Seth n'a pas fini ses devoirs.
	Vous entendez:	Seth n'a pas fini ses devoirs.

| 1. ... | 3. ... | 5. ... | 7. ... | 9. ... |
| 2. ... | 4. ... | 6. ... | 8. ... | 10. ... |

E. La vie universitaire. D'abord, écrivez des questions du type «inversion» avec les éléments donnés. Mettez le verbe au passé composé si c'est indiqué. N'oubliez pas d'utiliser des prépositions quand c'est nécessaire. Ensuite, répondez aux questions.

> MODÈLE: pourquoi / vous / choisir (p.c.) / venir / à cette université / ? →
> Question: Pourquoi avez-vous choisi de venir à cette université?
> Réponse: Parce que les professeurs sont fantastiques.

1. vous / beaucoup / réfléchir (p.c.) / cette décision / ?

   Question: _____

   Réponse: _____

2. pourquoi / vous / choisir (p.c.) / étudier / le français / ?

   Question: _____

   Réponse: _____

3. comment / vous / choisir / vos cours / ?

   Question: _____

   Réponse: _____

4. quel / choses / vous / réfléchir / quand / vous / passer / un examen / ?

   Question: _____

   Réponse: _____

5. quand / vous / finir / un examen important, / que / vous / vouloir / faire / ?

   Question: _____

   Réponse: _____

6. la plupart (*most*) des étudiants / obéir / règles de l'université / ?

   Question: _____

   Réponse: _____

7 vos profs et vos parents / applaudir / quand / vous / réussir / vos cours / ?

   Question: _____

   Réponse: _____

8. vous / réfléchir / la vie après l'université / ?

   Question: _____

   Réponse: _____

À écrire

Une interview

Vous interviewez un chanteur ou une chanteuse célèbre (*famous*) à la télé.

Première étape. Préparez votre introduction, en notant certains faits (*facts*).

Identifiez cette célébrité (un homme ou une femme). _____

Comment est-il/elle physiquement? _____

Quelle est sa personnalité? _____

Il/Elle a à peu près (*about*) quel âge? _____

Pourquoi est-il/elle célèbre? (A-t-il/elle composé ou chanté une chanson célèbre? A-t-il/elle une voix originale? Fait-il/elle partie d'un groupe bien connu [*well known*]?...)

_____

Deuxième étape. Prenez des notes sur les réponses probables de cette personne aux questions que vous allez poser. Par exemple: les raisons pour son choix de profession; une description de ses tournées (*tours*) récentes—où il/elle est allé(e); s'il / si elle aime la vie d'une célébrité...

Notes: _____

_____

_____

Troisième étape. Maintenant, écrivez un court paragraphe d'introduction, suivi de (*followed by*) votre interview en forme de dialogue. Posez au moins (*at least*) cinq questions.

MODÈLE: Bonjour, tout le monde. Aujourd'hui, j'interviewe le chanteur célèbre Sting. Âgé de presque 60 ans, ce chanteur blond, connu pour son engagement politique, va nous parler de sa carrière (*career*).
Q: Sting, pourquoi avez-vous choisi cette carrière?
S: Eh bien,...

_____

_____

_____

_____

_____

_____

_____

_____

Quatrième étape. Maintenant, relisez votre interview et cherchez des fautes d'orthographe, de ponctuation, de grammaire (par exemple, les accords sujet-verbe et substantif-adjectif, l'usage des temps de verbes) et de vocabulaire. S'il y a des fautes, corrigez-les.

Appendice B: Answer Key

Chapitre 11

VOCABULAIRE EN CONTEXTE

Les métiers et les professions **B.** 1. f 2. c 3. k 4. h 5. l 6. e 7. b 8. j 9. a 10. i 11. d 12. g **C.** 1. gardien d'immeuble 2. une conservatrice (de musée) 3. femme écrivain 4. un interprète 5. une comptable 6. patron d'un restaurant 7. architecte 8. des artisans 9. une fonctionnaire 10. cadre **D.** *Réponses diverses.* **Les nombres ordinaux** **C.** 1. Noël a lieu pendant la quatrième semaine du mois. 2. Hanoukka a lieu pendant la première semaine du mois. 3. L'anniversaire de Paule est le troisième mercredi du mois de décembre. 4. Le troisième samedi est le 20 (vingt). 5. Le quatrième mardi est le 23 (vingt-trois). 6. Le réveillon a lieu pendant la cinquième semaine du mois de décembre. 7. L'anniversaire de mariage de la mère et du père de Michel tombe sur le deuxième lundi du mois.

À L'AFFICHE

A. 4, 3, 6, 5, 2, 1 **B.** 1. Qui perd la guerre contre l'Allemagne en 1940? 2. Quand est-ce que le chef du gouvernement français accepte les conditions des nazis? 3. Qu'est-ce que certains Français décident de former? 4. Qui est Antoine? 5. Qui commence à travailler avec la Résistance? 6. Où est Antoine quand il aide Samuel Lévy? 7. Où part Samuel Lévy? 8. Quand Antoine quitte-t-il Paris? (Quand est-ce qu'Antoine quitte Paris?) 9. Qu'est-ce qu'Antoine envoie à sa femme? 10. Où est Antoine à l'occasion du quatrième anniversaire de Mado? 11. De qui a-t-on perdu la trace? (De qui est-ce qu'on a perdu la trace?) 12. Qu'est-ce que Louise apprend? **C.** 1. faux 2. faux 3. vrai 4. impossible à dire 5. faux 6. vrai 7. faux

STRUCTURE 33

Le passé composé avec *être* **A.** 1. est resté 2. est morte 3. suis rentré(e) 4. êtes passé(e)(s) 5. est devenue 6. es allé(e) 7. sommes monté(e)s 8. sont tombées 9. est entré 10. êtes sorti(e) 11. sont descendus 12. est parti, est arrivé 13. sont nés 14. suis entré(e) **B.** 1. venue 2. allés 3. morte 4. montées 5. revenu 6. entré 7. parti 8. arrivées 9. nés 10. les deux **C.** 1. sont allés (descendus) 2. ont pris 3. ont voyagé 4. sont descendus (allés) 5. a organisé 6. est arrivée 7. sont passés 8. a acheté 9. a dansé 10. ai embrassé **D.** *Réponses diverses.*

STRUCTURE 34

Le passé composé des verbes pronominaux **A.** 1. Julie s'est levée tout de suite hier. 2. Julie et son amie se sont dépêchées pour arriver à l'université. 3. Julie et son chien se sont promenés l'après-midi. 4. Julie et ses parents se sont intéressés à un documentaire à la télévision. 5. Pete, le chien, s'est endormi à 23 h. 6. Julie s'est souvenue de ses devoirs à minuit. 7. Alors, elle s'est couchée à 2 h. **B.** 1. je me suis cassé 2. se sont disputés 3. t'es amusée 4. vous êtes habillés 5. se sont brossé 6. s'est reposée

REGARDS SUR LA CULTURE

Annonces matrimoniales *Réponses possibles*: 1. ...la femme No. 15827 parce qu'elle aime faire la cuisine (comme lui) et parce qu'elle désire une vie calme avec de bonnes discussions. 2. ...la femme No. 12998 parce qu'elle adore la nature et qu'elle veut avoir une famille. 3. ...l'homme No. 17402 parce qu'il voudrait retrouver la joie de vivre, et qu'il aime les concerts de rock, le cinéma et la cuisine exotique.

STRUCTURE 35

Les verbes réguliers en -*ir* **A.** 1. elle a réfléchi 2. tu obéis 3. il réussit 4. je finis 5. j'ai choisi 6. tu as applaudi 7. ils choisissent 8. nous applaudissons **C.** 1. obéit 2. Réfléchissez 3. avez fini 4. ont réussi 5. réfléchit 6. a obéi 7. a applaudi 8. choisissons 9. finis 10. Choisis 11. applaudis 12. Obéis (Obéissons) **E.** 1. QUESTION: Avez-vous beaucoup réfléchi à cette décision? RÉPONSE: *Réponse possible*: Oui, j'ai beaucoup réfléchi à cette décision. 2. QUESTION: Pourquoi avez-vous choisi d'étudier le français? RÉPONSE: *Réponse possible*: J'ai choisi d'étudier le français parce que j'aime bien les langues étrangères et que je voudrais voyager en France. 3. QUESTION: Comment choisissez-vous vos cours? RÉPONSE: *Réponse possible*: Je choisis mes cours avec les conseils de mes amis et de mes professeurs. 4. QUESTION: À quelles choses réfléchissez-vous quand vous faites un examen? RÉPONSE: *Réponse possible*: Je réfléchis aux questions de l'examen. 5. QUESTION: Quand vous finissez un examen important, que désirez-vous faire? RÉPONSE: *Réponse possible*: Quand je finis un examen, je veux sortir avec mes amis et me reposer. 6. QUESTION: La plupart des étudiants obéissent-ils aux règles de l'université? RÉPONSE: *Réponse possible*: Oui, la plupart des étudiants obéissent aux règles, mais certains ne le font pas. 7. QUESTION: Vos profs et vos parents applaudissent-ils quand vous réussissez à vos cours? RÉPONSE: *Réponse possible*: Oui, mes parents applaudissent quand je réussis à mes cours. 8. QUESTION: Réfléchissez-vous à la vie après l'université? RÉPONSE: *Réponse possible*: Non, je ne réfléchis pas à la vie après l'université.

Chapitre 12

VOCABULAIRE EN CONTEXTE

Les étapes de la vie **A.** a. 3, b. 1, c. 2, d. 4, e. 6, f. 5 **B.** 1. la retraite 2. l'adolescence 3. l'enfance 4. la vieillesse **D.** 1. un mariage; pacsé 2. une adolescente 3. sa naissance 4. prendre sa retraite 5. divorcent 6. un enterrement 7. un bébé 8. une étape 9. adulte 10. l'adolescence 11. des événements joyeux 12. la mort 13. l'enfance 14. une retraitée 15. du troisième âge **E.** *Réponses diverses.* **Les médias** **A.** 1. un magazine 2. un jeu 3. les actualités 4. une publicité **5.** la téléréalité **B.** 1. la météo 2. le carnet du jour 3. un gros titre 4. les avis de décès 5. une publicité 6. une bande dessinée 7. le courrier des lecteurs 8. les mots croisés **C.** 1. une station, une chaîne 2. des rubriques 3. médias 4. à la une 5. téléachat **D.** *Réponses possibles*: 1. On parle des actualités dans les gros titres et dans l'éditorial. 2. Si on a envie de s'amuser, on cherche les bandes dessinées ou les mots croisés. 3. Dans le journal, on exprime une opinion dans l'éditorial et le courrier des lecteurs. 4. Les émissions sérieuses et informatives sont les actualités ou les informations, les documentaires et la météo. 5. Les émissions comiques sont les dessins animés et les sitcoms. 6. Les dessins animés sont pour les enfants. 7. Les actualités ou les informations, les documentaires, les feuilletons et les séries sont pour les adultes. 8. Les documentaires, les séries et les sitcoms sont pour la famille. 9. Il y a beaucoup de suspense dans la téléréalité. 10. Ce sont les actualités ou les informations.

À L'AFFICHE

A. 1. Antoine 2. Louise 3. Camille 4. Camille 5. Mado 6. Alex 7. Camille **B.** Troisième étape: 7, 1, 3, 2, 5, 4, 6 **C.** 1. s'aiment 2. pour le père d'Antoine 3. des meubles 4. au café 5. l'atelier 6. un appartement

PRONONCIATION ET ORTHOGRAPHE

A. 1. verre (*French*) 2. super (*French*) 3. reporter (*English*) 4. retraite (*French*) 5. arrive (*French*) 6. marriage (*English*) 7. curry (*English*) 8. rubrique (*French*) 9. more (*English*) 10. bizarre (*French*) 11. rhapsody (*English*) 12. rhubarbe (*French*)

STRUCTURE 36

L'imparfait (I) **A.** 1. Il l'a appris. 2. J'ai été au zoo. 3. Il a eu une fille. 4. J'ai eu un rhume. 5. Papa a appelé Anne. 6. On coopère toujours. 7. Elle va à Arles et à Orange. 8. J'ai été à Montréal et à Orléans. 9. J'ai encore des choses à apprendre. **B.** LES QUESTIONS DE JEAN: Tu avais beaucoup de devoirs? Tu aimais l'école? LES RÉPONSES DE GRAND-PÈRE: Non, ils n'avaient pas de voiture. **C.** 1. étais 2. adorais 3. habitait 4. préférait 5. étudiait 6. aimait 7. s'intéressait 8. voulait 9. avaient 10. étaient 11. préféraient 12. voulaient 13. décidait 14. avions

STRUCTURE 37

L'imparfait (II) **B.** *Réponses possibles*: 1. Et il faisait beau et chaud à Marseille. 2. Et il faisait soleil à Marseille. 3. Et il y avait des plages à Marseille. 4. Et ta famille habitait près de nous à Marseille. 5. Et tes amis venaient te voir (souvent) à Marseille. 6. Et nous sortions souvent à Marseille. 7. Et nous étions très heureux à Marseille. **C.** 1. Nous voyagions ensemble au Canada quand ta mère est morte. 2. Luc et Simon partageaient un appartement quand Luc est tombé malade. 3. Marc et Paméla habitaient en Algérie quand leur fille est née. 4. Vous étiez dans la salle à manger quand vos amis sont arrivés. 5. Je prenais le petit déjeuner quand mon frère m'a téléphoné. 6. Les gens discutaient de l'accident quand la police est arrivée. **D.** 1. ne finissait pas, H 2. obéissait, H 3. dormions, I 4. regardait, H 5. tombaient, H 6. descendait, I 7. buvait, H **E.** *Réponses diverses.*

REGARDS SUR LA CULTURE

On se marie. 1. b 2. a 3. a, c 4. b, c 5. b 6. a

STRUCTURE 38

Les verbes *dire*, *lire* et *écrire* **A.** 1. écrit 2. lisent 3. lis 4. disent 5. écrivent 6. dit 7. lit 8. écris 9. dis 10. lisez 11. écrivons 12. dites **C.** 1. lit 2. lis 3. écrivent, écrit 4. dis 5. lis 6. écrivez 7. disons 8. Écris 9. Lisez 10. Dis, dit **E.** 1. écrivaient 2. lisions 3. décrivait 4. disais 5. écrivions 6. lisiez 7. disais **F.** *Réponses diverses.*

Chapitre 13

VOCABULAIRE EN CONTEXTE

Comment communiquer? **B.** 1. a 2. d 3. c 4. e 5. b **C.** 1. un signet 2. bavard 3. le courrier électronique 4. clique 5. navigue, semble 6. le site Web 7. laisse 8. remplacé, feuilles de papier, enveloppes, timbres, lettres 9. gens 10. boîte aux lettres électronique **Pour discuter des études universitaires** **A.** 1. Nous avons reçu nos diplômes aujourd'hui. 2. Oui, je l'ai préparée hier soir. 3. Je suis en première année. 4. Je suis des cours de biologie et de physique. 5. En général, elles sont bonnes. 6. Oui, hier. C'était facile! 7. Au mois de mai. 8. Oui, je passe deux examens demain. 9. Non, mais je n'ai pas eu une bonne note. **B.** 1. Quels cours suis-tu? 2. Sèches-tu souvent tes cours? 3. Est-ce que tu échoues parfois tes cours? 4. Quand vas-tu recevoir ton diplôme? 5. Est-ce que tu as préparé la leçon pour aujourd'hui? **C.** *Réponses diverses.*

À L'AFFICHE

A. SCÈNE I: Camille demande de l'aide à Rachid.   SCÈNE II: Les collègues sont très gentils.   SCÈNE III: Camille a besoin de l'aide de Bruno.   SCÈNE IV: C'est important d'avoir une amie.   SCÈNE V: Bruno parle d'Antoine le fantôme.   SCÈNE VI: Bravo, Hélène!   SCÈNE VII: Avez-vous trouvé mon grand-père? SCÈNE VIII: Bruno, jaloux de David?   SCÈNE IX: Antoine était-il un collaborateur?   **B.** Deuxième étape: 1. b 2. a 3. a 4. b 5. b 6. b 7. b 8. b

PRONONCIATION ET ORTHOGRAPHE

A. 1. /ʒ/ 2. /s/ 3. /z/ 4. /ʒ/ 5. /s/ 6. /ʃ/ 7. /s/ 8. /ʒ/ 9. /s/ 10. /z/ 11. /ʃ/ 12. /z/ 13. /ʃ/ 14. /ʒ/ 15. /ʃ/ 16. /z/ 17. /ʒ/ 18. /z/ 19. /ʃ/ 20. /s/ 21. /ʒ/ 22. /s/

STRUCTURE 39

Ne... rien, et *ne... personne*   **C.** 1. Je n'ai rien acheté pour ton anniversaire.   2. Je n'ai invité personne. 3. Je n'ai téléphoné à personne.   4. Personne n'a téléphoné pour toi.   5. Tes parents ne m'ont parlé de rien.   6. Rien n'est arrivé pour toi par la poste.   **D.** 1. Si! Tu dis quelque chose.   2. Si! Quelqu'un te téléphone.   3. Si! Tu vas danser avec quelqu'un.   4. Si! Tu vas recevoir quelque chose pour ton anniversaire.   5. Si, tu vas inviter beaucoup de gens (quelqu'un) chez toi.   **E.** 1. Personne ne peut faire un (de) dessert.   2. Je n'ai rien acheté.   3. Je n'ai téléphoné à personne.   4. Il n'y a rien pour décorer la table.   5. Je ne peux rien apporter.   6. Je n'ai parlé de rien à mes parents. (Je n'ai parlé de la fête à personne.)   **F.** *Réponses possibles*: 1. Je n'ai pas d'ami qui se spécialise en philosophie.   2. Je n'ai pas encore écrit ma thèse de doctorat.   3. Mes amis n'aiment pas du tout les examens.   4. Je ne connais personne à la bibliothèque.   5. Je ne parle plus (jamais) à mes profs de lycée.   6. Je n'ai rien à dire sur l'administration de l'université.   7. Je ne sèche jamais de cours.   8. Je n'étudie jamais le vendredi et le samedi soir.   9. Je ne m'amuse pas du tout.

STRUCTURE 40

Les verbes savoir *et* connaître   **A.** 1. sais 2. sait 3. connaissons 4. savons 5. savent 6. connais 7. connaît 8. connaissent   **D.** 1. Sachez que tout va bien.   2. Sache que je mange très bien.   3. Sachez que nous allons tous être ensemble à la fin du semestre.   **E.** 1. Est-ce que tes amis connaissent Mlle Simenon?   2. Tu connais la ville de Dijon?   3. Nous ne connaissons personne dans cette ville.   4. Je sais quand ils arrivent de Florence.   5. Vous savez le nom de son ami? (Vous connaissez le nom de son ami?) 6. Elle connaît quelqu'un au musée d'Orsay.   7. Est-ce qu'il sait combien d'enfants elle veut? 8. Est-ce que tu sais préparer cette leçon?   9. Ses parents savent qu'elle se spécialise en droit.   10. Je connais une bonne pâtisserie près de chez toi.   **G.** 1. connaissions 2. paraissaient 3. connaissais 4. savais 5. disparaissait 6. paraissait 7. apparaissait 8. savaient 9. ai reconnu   **H et I.** *Réponses diverses.*

REGARDS SUR LA CULTURE

Pour commencer des études universitaires   NOM: Robin   PRÉNOMS: Michel   SEXE: masculin NATIONALITÉ: française   NÉ LE: 07 08 1988   PAYS DE NAISSANCE: France   ADRESSE: NO: 23   RUE OU BP: bd Saint-Marcel   CODE POSTAL: 75005   COMMUNE: Paris   TÉLÉPHONE: 01 45 26 89 31   ADRESSE ÉLECTRONIQUE: michelrobin@noos.fr   FILIÈRE ET MENTION EN VUE DESQUELLES L'INSCRIPTION EST DEMANDÉE (1): licence en sciences humaines et sociales avec la mention histoire   UNIVERSITÉS DEMANDÉES: 1ÈRE: Université de Paris XII, Créteil   2ÈME: Université de Dijon   AVEZ-VOUS PRÉVU DE DÉPOSER UN AUTRE DOSSIER POUR VOUS INSCRIRE AUSSI EN SECOND CYCLE?: Non

STRUCTURE 41

Le passé composé et l'imparfait (I) **B.** 1. recevais, séchais 2. donnaient, ai eu 3. passais, connaissais 4. buvais, ai commencé 5. ai commencé, ai choisi **C.** 1. Quand j'étais jeune, ma famille habitait à Boston. 2. De temps en temps, en hiver, il neigeait beaucoup. 3. Un jour, je me suis rendu compte que je ne voulais pas aller à l'école. 4. J'ai dit à ma mère que j'étais malade. 5. Elle a téléphoné à l'école et je suis restée au lit. 6. Soudain, mon frère a crié: «Il n'y a pas d'école! Il neige trop!» 7. Mes frères et mes sœurs sont sortis jouer dans la neige. 8. J'ai demandé à ma mère: «Je peux jouer avec eux?» 9. Mais elle m'a répondu: «Non, tu es malade... et tu dois toujours dire la vérité!» **D.** 1. allions 2. aimions 3. prenais 4. nageais 5. sont partis 6. habitaient 7. ont demandé 8. ai répondu 9. avais 10. voulais 11. savait 12. a insisté (insistait) 13. avons mis 14. avons quitté 15. sommes arrivés 16. a dit 17. a sauté 18. ai vu 19. savait **E.** 1. avons préparé 2. a lavé 3. a acheté 4. ai téléphoné 5. étaient 6. avait 7. a dit 8. étions 9. avons trouvé 10. sommes partis **F.** 1. Lundi dernier, j'ai passé trois examens. 2. Les examens de biologie et de psychologie n'étaient pas faciles. 3. Le lendemain, nos profs nous ont dit que nous étions intelligents et que nous savions bien préparer nos examens. 4. Mercredi, j'ai écrit une longue dissertation. 5. Mes parents sont venus jeudi pour passer le week-end. 6. Enfin, hier, j'ai passé mon dernier examen. 7. À la fin, j'avais faim mais j'étais contente. 8. Hier soir, mes amis, ma famille et moi, nous avons fait la fête. 9. Ce matin, mes amis et moi, nous avons enfin reçu nos diplômes. 10. Cet après-midi, nous avons mangé au restaurant ensemble. **G.** 1. Dans le temps, j'habitais un appartement avec des amis. 2. Tous les jours en été, nous jouions au volley-ball à la plage. 3. D'habitude, je connaissais tout le monde. 4. Un week-end, une nouvelle jolie fille est venue jouer avec ses amies. 5. Le week-end suivant, je n'ai pas pu jouer parce que je devais travailler avec mon père. 6. La semaine suivante, la jolie fille n'était pas à la plage avec ses amies. 7. Dimanche, j'ai demandé à ses amies le nom de la fille et j'ai appris où elle habitait. 8. Je ne savais pas si elle se rappelait mon nom ou mon visage. 9. Lundi, je suis allé chez elle et j'ai fait la connaissance de sa mère. 10. Sa mère m'a dit que sa fille voyageait en Europe. Quelle malchance! **H, I et J.** *Réponses diverses.*

Chapitre 14

VOCABULAIRE EN CONTEXTE

Pour voyager **A.** 4a, 8b, 1c, 2d, 3e, 7f, 5g, 6h **C.** 1. e 2. g 3. a 4. c 5. h 6. d 7. i 8. f 9. j 10. b **D.** 1. l'autoroute 2. aller simple 3. moyen 4. (un) plan 5. les heures de pointe 6. une place, composter 7. le départ, la porte d'embarquement 8. (un) visa 9. la limite de vitesse 10. la sortie 11. arrivée **Circuler à Paris** **B.** 1. le terminus 2. des passagers 3. un arrêt 4. un autocar 5. le réseau du métro 6. directions 7. L'arrivée 8. Circuler 9. à pied **10.** Les pistes cyclables **C.** *Réponses diverses.*

À L'AFFICHE

A. 1. dans les Cévennes, près d'Alès, accessible en voiture, un joli village 2. une carte d'anniversaire, le collier de Louise, une photo de Louise et Antoine, une lettre d'Antoine 3. dit le nom de Jeanne Leblanc, donne une adresse, est pour l'anniversaire de Mado, dit le nom de Pierre Leblanc 4. avait honte, a découpé les photos de son père, a «tué» son père **B.** Deuxième étape: 1. lettres, photo 2. questions 3. répondre 4. mari 5. gens 6. école, enfants 7. traître 8. appartement 9. père, morceaux **C.** 1. C'est faux. Louise regardait une photo d'Antoine à l'âge de 20 ans. 2. C'est faux. Louise ne parlait pas d'Antoine, son mari. 3. C'est faux. Au marché, tout le monde a traité Louise d'un air méprisant. 4. C'est vrai. 5. C'est faux. Les enfants la taquinaient et chantaient «Mado, Mado, c'est la fille du collabo!» 6. C'est vrai. 7. C'est faux. Louise comprenait sa fille. 8. C'est vrai.

PRONONCIATION ET ORTHOGRAPHE

A. 1. h aspiré   2. h non aspiré   3. h aspiré   4. h non aspiré   5. h non aspiré   6. h non aspiré   7. h non aspiré   8. h aspiré   **B.** 1. <u>H</u>ollandais   2. <u>h</u>andicapés   3. <u>h</u>aricots   4. <u>h</u>aine, <u>h</u>onteux   5. <u>h</u>arpiste

STRUCTURE 42

Depuis **et** *pendant*   **B.** 1. depuis   2. Depuis, depuis   3. pendant   4. depuis, depuis   5. pendant   6. pendant   **C.** 1. Depuis quand étudies-tu le français?   2. Pendant combien de temps as-tu étudié hier?   3. Qu'est-ce que tu vas faire pendant le week-end?   4. Qu'est-ce que tu as fait depuis la dernière fois que je t'ai vu(e)?   5. Depuis quand habites-tu dans ton appartement (ou ta maison?)   **D et F.** *Réponses diverses.*

STRUCTURE 43

La forme et la place des adverbes   **C.** 1. mange lentement   2. s'habille follement   3. parle timidement   4. travaille mal   5. parle gentiment   **D.** 1. Mon oncle connaît peut-être dix acteurs célèbres. 2. Nous avons seulement une heure pour terminer ce travail.   3. Il a vite compris cette histoire difficile. 4. Apparemment, vous vous êtes trompé(e)(s).   5. Elles ont peut-être rendu visite à leur grand-mère? (Peut-être qu'elles ont rendu visite... *ou* Peut-être ont-elles rendu visite...)   **E.** 1. Vous êtes absolument sûr? 2. Apparemment, elle est la seule étudiante d'espagnol.   3. Mais vous êtes vraiment difficile!   4. J'ai parlé franchement avec le psychologue.   5. Il habite actuellement dans mon appartement.   6. Elle comprenait exactement ce que nous voulions.   7. Je suis rentré immédiatement après mon travail. 8. Ils étaient évidemment fâchés contre nous.   9. Elle veut sûrement venir avec nous.   10. Ce garçon est tellement petit.   **G.** *Réponses diverses.*

REGARDS SUR LA CULTURE

Les transports   1. Nous prenons le train 4631.   2. Nous prenons le TGV 8413.   3. Nous prenons le TGV 8501.   4. Nous prenons le TGV 8413 ou 8409 et, à Bordeaux, le train 6453/2.   5. Nous prenons le train 99901.

STRUCTURE 44

Les prépositions avec les noms géographiques   **D.** 1. en   2. en   3. à   4. en   5. à   6. l'   7. l' 8. au   9. d'   10. de   11. d'   12. le   13. X   **E.** 1. L'avion est parti de l'Antarctique et il est arrivé en Nouvelle-Écosse.   2. Jay Westin quitte souvent les États-Unis et cet été, il voyage en Allemagne.   3. Nous allons cet été au Havre et puis nous visitons Israël.   4. Vous avez quitté le Mexique et ensuite, vous avez voyagé à San Francisco?   **F.** *Réponse possible*: Alex va de Los Angeles au Québec en train. Ensuite, il quitte le Québec pour aller en Floride en train. Il voyage à la Nouvelle Orléans en voiture, et à Haïti en avion. Il visite la Guadeloupe en avion et va en Colombie en avion. Enfin, il voyage en Guyane en voiture et revient à Los Angeles en avion.   **G.** *Réponses diverses.*

Chapitre 15

VOCABULAIRE EN CONTEXTE

La cuisine maghrébine   **A.** (reading horizontally) 5, 1, 2, 3, 4   **B.** 1. courges   2. courgette, haricots verts   3. aubergine   4. tomate   5. carotte   6. pomme de terre   7. navet   8. oignons   9. maghrébine 10. pois chiches   11. huile d'olive, huile de sésame   12. recette   **C.** 1. d.   2. c.   3. e.   4. a.   5. f. 6. b.   **Spécialités du monde entier**   **A.** 1. les pâtes, l'ail, les tomates   2. l'oignon vert, le gingembre, la sauce de soja   3. la noix de coco, les cacahouètes, les pâtes   4. les champignons, les betteraves, les pommes de terre   5. le pain pita, les salades, les pois chiches   6. le curry, le yaourt, les lentilles   7. l'aubergine, la courge, la courgette   8. le raisin sec, le grain de couscous, le pois chiche   9. la pomme de terre, l'oignon, la carotte   10. *Réponses diverses.*   **B.** HORIZONTALEMENT: 2. pakistanaise   3. Maghreb   4. israëlien   6. russe   8. italien   9. Russie   VERTICALEMENT: 1. maghrebin   2. Pakistan   4. Italie   5. Israël   7. indien   8. Inde **C et D.** *Réponses diverses.*

À L'AFFICHE

A. 1. b   2. b   3. a   4. b   5. a   6. a   **B.** Deuxième étape: 1, 4, 6, 7, 2, 3, 5

PRONONCIATION ET ORTHOGRAPHE

B. 1. Céline ne veut plus faire la vaisselle.   2. Comment s'appelle le fils de Louise?   3. Il y a deux mille habitants dans cette ville.   4. Le nouvel étudiant est tellement intellectuel.   5. Est-il facile d'aller de Lille à Limoges en automobile?   6. Le village est tranquille en hiver quand il pleut et qu'il gèle.   7. Ma fille est follement amoureuse d'un bel homme (mais c'est ridicule).   8. Quelles dames s'habillent en tailleur? Les dames qui travaillent en ville?

STRUCTURE 45

Les verbes comme *ouvrir*   A. une personne: 6, 7, 4   2+ personnes: 2, 3, 5   impossible à dire: 1
E. 1. Nous avons souffert de la grippe le mois dernier.   2. Les patrons ont ouvert le restaurant en 1982 et ils l'ont fermé en 1998.   3. Pour mon anniversaire, elle m'a offert une radio.   4. J'ai couvert les fleurs hier soir parce qu'il faisait froid.   5. Tu as découvert la vérité et tu n'as rien dit?   6. Vous avez ouvert l'enveloppe et vous avez lu la lettre?   **F.** 1. Ouvre ton livre!   2. Offrez des cadeaux! (Offrez-leur des cadeaux)   3. Découvrons la vérité!   4. souffre   5. Fermons la porte!   6. Couvrez la table!   7. Ferme la porte du frigo!   **G.** *Réponses diverses.*

STRUCTURE 46

Les pronoms *y* et *en*   D. 1. J'y pense tout le temps.   2. J'en ai envie d'une.   3. J'en suis contente.   4. Vont-ils y répondre?   5. Qu'en penses-tu?   6. Je n'y obéis pas toujours.   7. J'en ai besoin d'une.   8. J'y réfléchis en ce moment et je veux en parler avec toi.   **E.** 1. Prends-en   2. Obéis-leur   3. N'en bois pas   4. Réfléchis-y   5. Pense à nous   6. N'y sors pas   7. N'y va pas souvent   8. Vas-y   9. Joues-en   10. Joues-y   11. Fais-en   12. Réfléchis-y   **F.** 1. Oui, elle en fumait.   2. Non, elle ne leur obéissait pas.   3. Oui, elle en mangeait trop.   4. Non, elle n'y réfléchissait pas.   5. Oui, elle voulait en acheter.   6. Non, elle n'y pensait pas.   7. Non, elle n'en avait pas honte.   8. Non, elle ne lui répondait pas.   **G.** *Réponses possibles*: 1. J'en bois deux par jour.   2. J'en achète beaucoup.   3. J'en fais deux fois par semaine.   4. Je n'y vais pas souvent.   5. J'y reste les soirs de semaine.   6. J'y pense quand je regarde de vieilles photos.   7. J'en parle avec ma meilleure amie.   8. J'en suis content(e) parce que j'ai beaucoup d'amis.

REGARDS SUR LA CULTURE

La France et les pays du monde arabe 1. F   2. V   3. F   4. V   5. F   6. V   7. F

STRUCTURE 47

Les verbes *vivre* et *suivre*   A. 1. vit   2. suivez   3. vivent   4. suis   5. suivons   6. vit   7. vivez   8. suivent   **D.** 1. suivre   2. être   3. suivre   4. être   5. suivre   **E.** 1. a vécu   2. a habité   3. a poursuivi   4. a suivi   5. a survécu

Chapitre 16

VOCABULAIRE EN CONTEXTE

Les loisirs dans les Cévennes A. 1. un cheval   2. monter à cheval   3. faire de la photographie   4. joué au hockey   5. faire du patin à glace   6. des patins   7. fait du ski de fond   8. fait du VTT   **C.** 1. loisirs   2. la (une) piste   3. cheval   4. des patins   5. vacances   6. surtout   7. en plein air   8. un camping   9. faire du VTT   10. prendre des photos   11. patiner   12. faire du ski de fond, jouer au hockey   **D.** Title: Animaux 1. un oiseau   2. un cerf   3. un ours   4. un cheval   5. un poisson   6. un chat   7. une souris   8. un lapin   9. un chien   **Les gloires de la Bretagne B.** 1. pique-niquer   2. un bateau à voile   3. un panier   4. en équipe   5. la plage   6. jouent à la pétanque, boules   7. un ballon, une balle   8. aller à un festival   9. en vacances   **C.** *Réponses diverses.*

À L'AFFICHE

A. 2, 6, 5, 1, 3, 4   **B.** Troisième étape: 1. c   2. b   3. b   4. b   5. a   6. b   **C.** 1. On ne le sait pas.   2. vrai   3. On ne le sait pas.   4. vrai   5. faux   6. faux

STRUCTURE 48

Le comparatif A. 1. faux   2. vrai   3. faux   4. vrai   5. faux   6. vrai   7. vrai   8. vrai   9. vrai   10. faux   11. faux   12. faux   **B.** 1. Catherine est moins gentille que Claude mais plus intéressante que lui.   2. Nicole est plus jolie que Catherine mais moins heureuse qu'elle.   3. Olivier et Nicole sont aussi intellectuels que Claude mais moins sérieux que lui.   4. Nicole est aussi sportive qu'Olivier et moi, mais beaucoup plus active que nous.   **C.** 1. moins de   2. autant de   3. plus de   4. moins de   5. plus   6. moins   7. autant   8. moins   **D.** *Réponses possibles*: 1. Nicole et Olivier travaillent plus que Claude mais moins que Catherine.   2. Geneviève va aussi souvent à la pêche que Nicole, mais moins souvent que Catherine. Geneviève et Nicole vont plus souvent à la pêche qu'Olivier.   3. Claude a autant d'animaux qu'Olivier, mais il a plus de chats que lui. Geneviève a plus d'animaux que Claude et Olivier et elle a plus de chats qu'eux.   4. Olivier a moins de devoirs que Geneviève, mais il a plus de devoirs que Nicole et Claude. Nicole a moins de devoirs que Claude.   5. Catherine pique-nique aussi souvent que Claude, mais plus souvent que Nicole.   **E.** 1. mieux   2. meilleure   3. mieux   4. meilleures, meilleur   **F.** *Réponses diverses.*

STRUCTURE 49

Le superlatif B. 1. Ce sont les cours les plus faciles de l'université.   2. Voici la plus belle cathédrale de France.   3. Voilà la personne la moins joyeuse de tous mes amis.   4. Nous achetons les meilleures viandes du supermarché.   5. Ce sont les avions les plus rapides du monde.   6. Voilà la plus petite aubergine du magasin.   7. Nous préférons la bière la moins douce du restaurant.   8. Elle fait la soupe la plus légère du livre de cuisine.   9. C'est la fille la moins gentille de la classe.   10. C'est le moins bon hôpital de la ville.   **C.** 1. meilleur   2. le mieux   3. le mieux   4. meilleures   5. meilleure   **D.** 1. Carla a le plus d'amis étrangers.   2. Philippe lit le plus.   3. Adrienne est la fille la plus franche.   4. Fred étudie le moins.   5. Étienne et Mireille s'habillent le plus élégamment.   6. Solène a le moins d'heures de travail et le plus de travail.   7. Laurence nage le plus.   8. Nicole est l'étudiante la moins intellectuelle.   9. Ferdinand parle le moins gentiment aux animaux.   10. Line a le moins de temps pour des loisirs mais elle s'amuse le plus.   **E.** *Réponses diverses.*

REGARDS SUR LA CULTURE

La maison du tourisme. *Réponses possibles*: 1. Je peux acheter une carte touristique et un guide France.   2. Je peux acheter un livre de cuisine avec des recettes de toutes les régions de France.   3. Je peux acheter une carte routière et peut-être un guide «Gites de France» sur la Bretagne.   4. Je peux me connecter au site web http://www.gites-de-France.fr.

STRUCTURE 50

Les pronoms interrogatifs (*suite*) C. 1. c 2. a 3. f 4. d 5. e 6. b **D.** 1. À quoi 2. Que 3. De quoi 4. À qui 5. Qui (Qui est-ce qui?) 6. Qui (Qui est-ce qui?) 7. Qui est-ce que 8. Qu'est-ce que 9. Qu'est-ce qui 10. Pour qui **E.** 1. que 2. À quoi 3. De quoi 4. Qui est-ce qui 5. Qu'est-ce qu' 6. Qui est-ce que 7. chez qui 8. Qu'est-ce que **F.** *Réponses diverses.*

Chapitre 17

VOCABULAIRE EN CONTEXTE

Le relief de la France A. 1. montagnes 2. la plaine 3. fleuve 4. vallées 5. plateaux 6. Bassin 7. relief **B.** 1. île 2. vallée 3. collines 4. champs 5. côte 6. baie 7. forêt 8. montagnes 9. plage 10. au bord de 11. océan 12. lacs 13. plaine 14. île 15. relief **C.** 1. La Côte d'Ivoire est au sud (sud-ouest) du Burkina Faso.   2. Le Niger est à l'ouest du Tchad.   3. Le Bénin est à l'est du Togo.   4. La République centrafricaine est au nord du Congo.   5. Le Sénégal est au sud de la Mauritanie. **D.** 1. Son grand-père joue à la pétanque au parc.   2. Sa mère fait de l'escalade dans la montagne.   3. Ses frères font de la planche à voile à la mer.   4. Son oncle et sa tante prennent des photos des oiseaux dans la forêt.   5. Toute la famille monte à cheval à la campagne.   6. Ses cousins vont à la pêche au bord de la rivière.   **Demander et donner le chemin A.** 1. m'indiquer 2. descendez 3. feu 4. traversez 5. gauche 6. remontez 7. poteau indicateur **C.** *Réponse possible:* D'abord, sors de la gare et descends le boulevard Victor Hugo. Continue tout droit sur le boulevard Gambetta. Tourne à droite dans la rue Mandajors. Continue jusqu'à la rue Florian. Tourne à droite dans la rue Florian et mon appartement est là, au coin de la rue 14 juillet.

À L'AFFICHE

A. 1. C 2. B 3. C 4. P 5. É 6. C 7. C 8. É **B.** Troisième étape: 1. b 2. b 3. b 4. b 5. a 6. a **C.** 1. Saint-Jean de Causse 2. On ne sait pas. 3. Saint-Jean de Causse 4. Alès 5. Saint-Jean de Causse 6. Alès 7. Saint-Jean de Causse **D.** 1. Antoine 2. Yasmine 3. Sonia 4. Camille (Mado) 5. Camille

STRUCTURE 51

Le futur A. 1. présent 2. futur 3. passé 4. passé (présent) 5. présent 6. passé 7. passé 8. futur 9. présent **D.** 1. sera 2. parleront 3. recevrai 4. ferons 5. m'installerai **E.** 1. pourrai 2. resterai 3. reviendrai 4. aura 5. ferai 6. travaillerai 7. paiera 8. offrira 9. prendrai 10. accepterai 11. resterai 12. discuterons 13. serai **F.** 1. Si Lionel ramasse notre argent, il pourra aller chercher les billets en avance.   2. Si Pierre et Jacqueline viennent, nous prendrons leur voiture. 3. Si nous prenons leur voiture, nous n'irons pas en train.   4. Si Yannick n'a pas le temps, moi, j'appellerai l'hôtel.   5. Quand ils arriveront, Yannick et Lionel feront du vélo dans la vallée.   6. Quand je serai au soleil, je devrai mettre de la crème solaire.   7. Si Ève a une réunion dimanche après-midi, nous reviendrons dimanche matin.   8. Quand nous finirons nos vacances, nous saurons apprécier la nature. **G.** 1. Elle réussira ses études et sera médecin.   2. Ils deviendront critiques de films et gagneront beaucoup d'argent.   3. Il écrira une thèse et deviendra professeur d'histoire.   4. Elle n'aura pas de bonnes notes et échouera au cours de français.   5. Elle recevra des prix d'interprétation musicale et jouera dans des orchestres célèbres. **H.** *Réponses diverses.*

STRUCTURE 52

Les pronoms compléments (*révision*)   **B.** 1. les   2. les   3. les   4. le   5. te   6. le (y)   7. lui   8. le   9. l'   10. en   11. y   12. leur   13. leur   14. leur   15. leur   **C.** *Réponses possibles:* 1. Non, n'y allons pas! Allons plutôt au café.   2. Non, ne le regardons pas! Regardons plutôt une sitcom.   3. Non, n'en parlons pas! Parlons plutôt des vacances!

REGARDS SUR LA CULTURE

L'agriculture dans le sud-ouest de la France   1. La tranche d'âge des 40 à 49 ans a augmenté le plus entre 1988 et 2000.   2. Il y a moins d'agriculteurs très jeunes (de moins de 30 ans) en l'an 2000 qu'en 1988.   3. Environ 20% des agriculteurs avaient entre 30 et 39 ans en l'an 2000.   4. La tranche d'âge des moins de 30 ans semble avoir changé le moins.   5. En 1988, il y avait plus d'agriculteurs de plus de 59 ans qu'en l'an 2000.

STRUCTURE 53

Les pronoms compléments d'objet direct et indirect   **C.** 1. il les leur enverra   2. ils ne l'inviteront pas   3. ils les y recevront   4. il ne le leur indiquera pas   5. il ne lui en offrira pas   6. il y en achètera   7. il y en aura sur la table   8. il ne leur en donnera pas   **E.** 1. il ne les lui a pas encore apportés, mais il les lui apportera demain   2. il ne le lui a pas encore rendu, mais il le lui rendra demain   3. il ne leur en a pas encore parlé, mais il leur en parlera demain   4. nous ne lui en avons pas encore parlé, mais nous lui en parlerons demain   5. nous ne leur avons jamais parlé de lui, mais nous leur parlerons de lui demain   **F.** 1. vendez-la-leur, ne la leur vendez pas   2. rends-le-moi, ne le lui rends pas   3. donne-nous-en, ne nous en donne pas   4. recommandez-nous-en, ne nous en recommandez pas.   **G.** 1. elles ne leur en donnent pas, elles nous (vous) en donnent   2. elle ne lui en écrivait pas, elle les lui écrivait   3. ils ne leur en offriront pas une, ils leur en offriront   4. je ne les ai pas perdues, je l'ai perdu   5. il ne les lui empruntera pas, il vous (nous) les empruntera   6. elle ne nous en parlera pas, elle nous en parlera   **H.** 1. Oui, elle en a reçu un quand elle y était.   2. Non, il ne lui en a pas donné.   3. Non, elle ne la lui a pas expliquée.   4. Oui, elle lui en a posé une.   5. Non, ils ne les y retrouvent pas.   6. Oui, elle l'y a rencontré.   7. Non, elle ne lui en parlera pas.

Chapitre 18

VOCABULAIRE EN CONTEXTE

L'environnement et la politique   **A.** 1. l'avenir   2. l'environnement   3. efficaces   4. La conservation   5. consommation   6. recycler   7. recyclage   8. parti politique   **B.** 1. Oui, nous consommerons moins.   2. Oui, nous gaspillerons moins d'energie que le gouvernement actuel.   3. Oui, nous soutiendrons les lois qui protègent l'environnement.   4. Non, nous n'encouragerons pas les consommateurs à acheter des 4×4.   5. Oui, nous essaierons de limiter notre empreinte écologique.   6. Nous préférons l'énergie solaire à l'énergie nucléaire.   7. Oui, nous reconnaîtrons les dangers du réchauffement climatique.   **C.** 1. arrêter, préserver   2. s'engager   3. se comporte, consommer   4. soutiendront   **L'individu et l'environnement**   **B.** 1. consommerons moins d'essence   2. conservera du papier   3. feront moins de pollution   4. aura un meilleur avenir   5. gaspillera moins d'énergie   6. conservera de l'eau.   **C.** *Réponses diverses*

À L'AFFICHE

A. 1. fait la cuisine pour Camille, a une photo d'Antoine, parle gentiment avec Camille   2. était gentil, était un résistant, était beau, était courageux, était le mari de Jeanne   3. a voulu monter des opérations plus fortes, habitait avec Pierre et Jeanne, parlait de sa femme   **B.** Troisième étape: 1. vrai   2. faux   3. vrai   4. faux   5. impossible à dire   6. faux   7. vrai   8. impossible à dire   **C.** 1. 14 ans   2. lire des livres   3. des animaux   4. au marché   5. des fleurs   6. en 1936   7. un fils

STRUCTURE 54

Les pronoms relatifs   A. 1. qui   2. que   3. où   4. qui   5. où   6. qui   7. qui   8. où   **B.** 1. f   2. c   3. e   4. a   5. b   **D.** 1. C'est le restaurant qui se trouve en face du Palais de justice.   2. Les clients que nous voyons au restaurant s'habillent élégamment.   3. Les garçons mettent des costumes qui sont à la mode.   4. Les filles portent des foulards en soie qu'elles ont achetés en Tunisie.   5. J'annoncerai la bonne nouvelle au moment où tout le monde sera là.   6. Nous nous retrouverons à l'endroit où les taxis attendent les passagers.   **E.** *Réponses possibles*: 1. Antoine a habité pendant la guerre   2. veut connaître l'histoire de son grand-père   3. j'ai vu pour mon cours de français   4. Jeanne a gardée dans une boîte   5. ont lutté dans la Résistance   6. Antoine et Pierre luttaient contre les Allemands   **F.** *Réponses diverses.*

STRUCTURE 55

Les verbes comme *conduire*   **A.** 1. détruit   2. réduit   3. construisent   4. traduis   5. réduisons   6. produit   7. détruis   8. traduisent   9. produisent   10. construisez   **C.** 1. a produit   2. a réduit   3. traduisait   4. ont construit   5. a détruit   **D.** 1. *présent*: tu produis, ils construisent, nous ne traduisons pas   *passé composé*: tu as produit, ils ont construit, nous n'avons pas traduit   *imparfait*: tu produisais, ils construisaient, nous ne traduisions pas   *futur*: tu produiras, ils construiront, nous ne traduirons pas   *impératif*: produis, ne traduisons pas   **E.** 1. Si nous consommons moins d'énergie, nous produirons moins de gaz dangereux.   2. Si les habitants de la ville conduisent moins, on réduira la production des gaz à effet de serre.   3. Si on recycle plus de papier, on ne détruira pas si vite les forêts.   4. Si le gouvernement construit plus de centres d'énergie solaire, notre société conservera les ressources naturelles.   5. Si nous produisons moins de pollution, nous serons en meilleure santé.   **F.** 1. traduisez   2. traduis   3. traduit   4. détruisons   5. construiront   6. construiront   7. conduiront   8. réduirons   9. conduit   10. produira

REGARDS SUR LA CULTURE

La ville de Toulouse   1. Il peut visiter la Cité de l'Espace.   2. Il peut faire une croisière en bateau mouche. Il peut acheter son billet à l'Office de Tourisme situé dans le Donjon du Capitole.   3. Le train touristique part de la place Wilson. On peut le prendre du 1er juin au 30 septembre.   4. La visite du Capitole commence à 15 h tous les samedis et, pendant les vacances scolaires, les mercredis.

STRUCTURE 56

La construction *verbe + préposition + infinitif*   **B.** 1. de   2. de   3. de   4. à   5. à   6. de   7. *none*   8. à   9. à   10. *none*   11. de   12. à   13. *none*   14. à   15. à   16. *none*   17. de   18. de   **C.** 1. Non, j'ai fini de travailler en entreprise.   2. Nous aimons mieux rester à la campagne.   3. Elle va devenir de plus en plus facile.   4. On doit savoir se réveiller tôt.   5. J'essaie de donner un nouveau sens à mon existence.   6. Non, ils préfèrent vivre en ville.   **D.** 1. Promets de lui être fidèle.   2. Ne refuse pas d'y aller.   3. N'hésite pas à lui en acheter.   4. Choisis de lui offrir les fleurs (les chocolats).   5. Dépêche-toi de lui téléphoner.   **E.** *Réponses possibles*: 1. Camille désire parler à la grand-mère d'Éric, mais elle refuse de la voir.   2. Éric permet à Camille d'entrer dans la maison parce que Jeanne accepte de parler à Camille.   3. Jeanne commence à raconter à Camille l'histoire qu'elle veut connaître.   **F.** *Réponses diverses.*

Chapitre 19

VOCABULAIRE EN CONTEXTE

Un reportage sur la Résistance A. 1. armes 2. ont attaqué 3. se sont réfugiés 4. Soudain 5. ont cherché 6. retarder l'avance 7. otages 8. un camion 9. un conducteur 10. piège 11. soldat 12. un pont 13. ont tiré 14. ont frappé 15. fusiller 16. ont tué 17. s'est échappé 18. voie de chemin de fer **B.** 1. guerre 2. tué 3. s'échapper 4. camion 5. s'est réfugié 6. troupes 7. rechercher 8. soldats 9. fusiller 10. fort **C.** 1. un conducteur 2. une voie de chemin de fer 3. silencieusement 4. un résistant 5. la trahison 6. retarder 7. la patrie 8. faible 9. un otage 10. fusiller (tuer) **D.** 1. Les résistants sont tombés dans un piège. 2. Les soldats allemands ont tiré sur les résistants français. 3. Plusieurs résistants se sont réfugiés sous le train. 4. Un résistant a accusé un ami de trahison. **Le changement paisible A.** 1. non-violente 2. violente 3. non-violente 4. violente 5. violente **B.** 1. cherche, grève 2. améliorer 3. attirent 4. coller 5. manière, signer

À L'AFFICHE

A. 1. Camille écoute l'histoire que Jeanne raconte. 2. Un ami d'Antoine, que Pierre ne connaissait pas, est arrivé de Paris. 3. Pierre a réuni ses amis qui étaient résistants. 4. Les résistants ont attaqué un train où il y avait des armes allemandes. 5. À la fin de l'épisode, Camille a une photo de Fergus qu'Éric lui a donnée. 6. Fergus habitait Marseille où il avait un garage. **B. Troisième étape:** 1. b 2. a 3. c 4. b 5. a 6. c **C.** 1. Jeanne, Michel 2. Antoine, Pierre, Fergus 3. Fergus 4. Michel 5. Jeanne 6. Pierre 7. Pierre 8. Michel 9. Jeanne

STRUCTURE 57

Le conditionnel C. 1. ils auraient un ordinateur dans chaque pièce 2. on finirait de travailler à 2 h 30 de l'après-midi 3. nous ne fumerions pas de cigarettes 4. les étudiants ne cesseraient pas de parler français 5. on irait plus souvent au cinéma 6. le cinéma serait gratuit **D.** 1. À ma place, est-ce que tu choisirais un appartement non meublé? 2. À ma place, est-ce que tu regarderais beaucoup d'appartements avant de choisir? 3. À ma place, est-ce que tu paierais une caution tout de suite? 4. À ma place, est-ce que tu obéirais à tous les réglements? 5. À ma place, est-ce que tu achèterais beaucoup de plantes? 6. À ma place, est-ce que tu rendrais les clés à la fin de la location?

STRUCTURE 58

Les phrases avec si A. 1. un fait 2. une situation hypothétique 3. un fait 4. une situation hypothétique 5. une situation hypothétique 6. une situation hypothétique 7. un fait 8. un fait 9. une situation hypothétique 10. une situation hypothétique **C.** 1. réfléchirais 2. me tuerais 3. pourrais 4. m'échapperai 5. retarderais 6. savent (savaient) 7. rechercheront (rechercheraient) 8. aura (a) 9. attendrais 10. ne voudrais pas **D.** 1. Si nous mangions moins de frites, nous perdrions plus de kilos. 2. Si nous perdions des kilos, nous nous sentirions moins fatigués. 3. Si on se sentait plus en forme, on ferait plus de sport. 4. Si je faisais plus de sport, j'aurais moins faim. 5. Si j'avais moins faim, je ne mangerais pas autant de frites. **E.** 1. ferais 2. irais 3. me reposerais 4. resterais 5. voyagerais 6. passerais 7. nous reposerions 8. rendrions 9. iriez 10. choisirais de

REGARDS SUR LA CULTURE

L'Occupation et la Résistance, 1940–1944 1. e 2. a 3. f 4. d 5. b 6. c

STRUCTURE 59

Les pronoms démonstratifs   C. 1. Ceux-ci, ceux-là   2. ceux-ci, ceux-là   3. Celles-ci, celles-là
4. celle-ci, celle-là   **D.** 2. celle, e. la Saint-Valentin   3. celle, b. la Deuxième Guerre mondiale   4. celui,
c. le jardin du Luxembourg   5. celles, a. les Pyrénées   6. ceux, f. Camille et Bruno   7. celui, d. Pétain
F. *Réponses diverses.*

Chapitre 20

VOCABULAIRE EN CONTEXTE

Rechercher un emploi   A. 1. le processus d'embauche   2. rédigé ton CV   3. offres d'emploi   4. posé
ma candidature   5. lettres de motivation.   6. les entretiens d'embauche   7. qualités   8. faiblesses
9. calme   **B. 1.** un chômeur   2. rédiger   3. modifier   4. poser sa candidature   5. un entretien
6. se renseigner.   **C. et D.** *Réponses diverses.*   **Le monde du travail et de l'argent   B. 1.** licencier
2. former   3. toucher un chèque   4. déposer un chèque   5. faire un chèque   **C. 1.** engager   2. contrat
3. former   4. salaire   5. montant   6. congé   7. travail   **D. 1.** D'abord, elle signera un contrat avec
l'entreprise.   2. Ensuite, elle ouvrira un compte à la banque.   3. Puis, à la fin du mois, elle touchera
un chèque.   4. Enfin, elle recevra de l'argent.

À L'AFFICHE

A. 1. Camille   2. Bruno   3. le président de Canal 7   4. Martine   5. le patron du bar à Marseille
6. Camille   **B.** Troisième étape: 1. a   2. c   3. c   4. b   5. c   6. c   7. a   **C. 1.** vrai   2. vrai
3. faux   4. vrai   5. faux   6. faux   7. faux   8. impossible à dire   9. faux   10. faux   **D. 1.** contrat
2. congé   3. vedette   4. formée, célèbre   5. licencie

STRUCTURE 60

Les expressions impersonnelles + infinitif   B. 1. le futur   2. le passé   3. le futur   4. le présent
5. le passé   6. le futur   **C.** *Réponses possibles*: 1. Il est bon de visiter autant de sites touristiques que
possible.   2. Il est nécessaire de téléphoner pour confirmer les réservations d'hôtel.   3. Il est bon d'écrire
des cartes postales à votre famille.   4. En été, il suffit de vous habiller avec des vêtements légers.
5. Il faut être ouvert à de nouvelles expériences.   **D. 1.** Il ne faut pas   2. Il ne faut pas   3. Il n'est pas
nécessaire d'   4. Il ne faut pas   5. Il ne faut pas   6. Il n'est pas nécessaire d'   **E. 1.** *Réponses possibles*: Il
est utile d'apprendre une langue étrangère.   2. Il est essentiel de voter pour un bon président.   3. Il est
triste de voir les gens souffrir.   4. Il est inutile de se fâcher pour rien.   5. Il est bon de manger beaucoup
de fruits et de légumes.   6. Il est juste de ne jamais mentir.   **F.** *Réponses diverses.*

STRUCTURE 61

Le subjonctif   A. 1. indicatif   2. subjonctif   3. subjonctif   4. impératif   5. impératif   6. subjonctif
7. indicatif   8. subjonctif   9. indicatif   10. indicatif   **B. 1.** attendent, attendes   2. finissent, finisse
3. se dépêchent, se dépêche   4. partent, partions   5. espèrent, espère   6. réfléchissent, réfléchissent
7. mettent, mettes   8. réduisent, réduisions   9. apprennent, apprenne   10. rendent, rendes   11. disent,
dise   12. suivent, suive   **D.** *Réponses possibles*: 1. Il est important que tu te reposes plus souvent.
2. Il est nécessaire que tu fasses du yoga.   3. Il est indispensable que vous dormiez huit heures chaque
nuit.   4. Il faut que tu manges beaucoup de fruits et de légumes.   5. Il suffit que tu consacres moins de
temps au travail.   6. Il n'est pas nécessaire de conduire si vite.   7. Il est important que vous connaissiez
bien les habitants d'une ville.   **E.** *Réponses possibles*: 1. Anthony, il est nécessaire que tu te brosses les
dents.   2. Anthony et Marie, il est indispensable que vous finissiez vos devoirs.   3. Anthony, il est
important que tu me rendes le journal.   4. Marie, il faut que tu fermes la porte.   5. Les enfants, il

est important que vous choisissiez un film à regarder.   6. Marie, il suffit que tu mettes le film dans le lecteur de DVD.

REGARDS SUR LA CULTURE

Payer par chèque   **A.** 5, 2, 7, 4, 3, 1, 8, 6   **B.** 1. Bruno Gall   2. Chloé Gall   3. 132,30 €

STRUCTURE 62

Les formes subjonctives irrégulières et le subjonctif de volonté   **A.** 1. fasse, fassions   2. aies, ayez   3. doive, devions   4. vienne, veniez   5. soit, soyons   6. sachent, sachiez   7. veuille, voulions 8. croie, croyiez   9. ailles, allions   10. boive, buviez   11. reçoive, recevions   **B.** 1. a   2. b   3. a 4. a   **D.** 1. allions   2. puisse   3. vienne   4. prenne   5. ait   6. soient   7. fassent, reviennent **E.** 1. Je veux que mon amie ait un bon travail.   2. Les parents d'Éric exigent qu'il ne soit plus chômeur. 3. Il est nécessaire que je sache parler une langue étrangère.   4. Il faut que nous croyions pouvoir être utiles à l'entreprise.   5. Nous exigeons que les employés soient payés 18 € de l'heure.   6. Nos parents veulent que nous recevions un bon salaire.   7. Il est important que je prenne un congé de trois semaines. **F.** 1. vous alliez en vacances la semaine prochaine   2. vous partiez à la fin de la journée vendredi. 3. vous retourniez avant le premier septembre   4. vous preniez une voiture de l'entreprise   5. vous soyez bien reposé après les vacances   **G.** *Réponses possibles*: 1. Je désire que nous allions loin avec notre éducation.   2. Je veux que nous croyions à l'avenir.   3. Je désire que les entreprises veuillent nous engager.   4. J'exige que vous vouliez réussir.   5. Je veux que nos professeurs puissent être fiers de nous.   6. Je désire que vous puissiez aussi être fiers de vos efforts.   **H.** *Réponses diverses.*

Chapitre 21

VOCABULAIRE EN CONTEXTE

Spectacles et manifestations culturelles à Marseille   **A.** 1. un vernissage de tableaux, une pièce de théâtre, un concert de musique française   2. donne des concerts au Canada, fait probablement ses derniers concerts, est un chanteur français célèbre   3. aura lieu au théâtre du Nouveau Monde, s'intitule «La Face cachée de la lune», est une pièce de théâtre   4. aura lieu au musée d'art de Mont Saint-Hilaire, est accompagnée d'une conférence sur le peintre, montre des tableaux du monde du cirque   5. MARIE-HÉLÈNE: Je lui proposerai le concert de Charles Aznavour.   PIERRE: Je lui proposerai le vernissage des tableaux de Chagall.   **B.** 1. manifestations   2. une soirée   3. chanteur   4. la chanson   5. concerts   6. spectacles 7. pièces de théâtre   8. l'auteur contemporain   9. un vernissage   10. l'œuvre   11. tableaux   12. une conférence   13. aura lieu   14. culturelles   **C.** 1. sorties   2. photographe   3. tableaux   4. peinture 5. rencontre   6. poésie   7. poèmes   8. romancier   9. roman   10. récits   11. opéra   12. Orchestre 13. compositeurs   14. culturelles   **D.** *Réponses possibles*: 1. Victor Hugo était un romancier français. Il est célèbre pour ses romans comme, par exemple, *Les Misérables*.   2. Édith Piaf était une chanteuse française. Elle est célèbre pour ses chansons comme, par exemple, «La Vie en rose».   3. Frédéric Chopin était un compositeur polonais. Il est célèbre pour ses compositions comme, par exemple, la «Polonaise en si bémol».   4. Charles Baudelaire était un poète français. Il est célèbre pour ses poèmes comme, par exemple, «Les Fleurs du mal».   5. Robert Doisneau était un photographe français. Il est célèbre pour ses photos comme, par exemple, «Le Baiser de l'hôtel de ville».   **E, F et G.** *Réponses diverses.*

À L'AFFICHE

A. 8, 2, 4, 3, 6, 7, 1, 5   **B.** Deuxième étape: 1. Que veut dire «raï» en arabe? (Qu'est-ce que «raï» veut dire en arabe?)   2. À qui le raï a-t-il donné une certaine liberté? (À qui est-ce que le raï a donné une certaine liberté?)   3. Qui a été assassiné?   4. Où travaillent Karim et Mourad? (Où Karim et Mourad travaillent-ils? Où est-ce que Karim et Mourad travaillent?)   5. Quand Karim et Mourad jouent-ils du raï? (Quand est-ce que Karim et Mourad jouent du raï?)   6. Comment s'appelle la chanson préférée de Karim et Mourad?   7. Où peut-on entendre la musique de Karim et Mourad? (Où est-ce qu' on peut entendre la musique de Karim et Mourad?)   **C.** 1. vrai   2. faux   3. vrai   4. vrai   5. impossible à dire   6. faux   7. faux   8. faux

STRUCTURE 63

Le subjonctif d'émotion et d'opinion   **A.** 1. émotion   2. possibilité   3. possibilité   4. émotion   5. émotion   6. émotion   7. possibilité   8. émotion   **C.** 1. fasse   2. payer   3. ait   4. trouver   5. soit   6. va   7. réussisses   8. voir   9. aille   **D.** 1. Camille est heureuse que le patron du bar lui donne l'adresse de Fergus.   2. Le patron de Camille est furieux que Camille prenne un long congé.   3. Bruno regrette que Camille ne veuille pas revenir tout de suite.   4. Camille est ravie que le musicien sache où elle peut trouver une piste.   5. Camille souhaite que Fergus soit facile à retrouver.   **E.** 1. Marie préfère finir ses études et elle préfère que Pierre finisse ses études aussi.   2. Marie espère aller à Marseille et elle espère que Pierre y ira aussi.   3. Marie souhaite aller à la conférence sur la musique du vingtième siècle et elle souhaite que Pierre y aille aussi.   4. Marie est heureuse de recevoir un congé payé et elle est heureuse que Pierre en reçoive un aussi.   **F.** *Réponses possibles*: 1. Il est bon que le président modernise le système de santé.   2. Il est juste que l'Organisation des Nations Unies veuille humaniser le commerce international.   3. Il est normal qu'Internet joue un rôle important dans la campagne présidentielle.   4. Je suis heureux (heureuse) que Koné Dramane puisse aider l'entreprise Burida en Côte d'Ivoire.   5. Je suis étonnée que la Chine et l'Inde fassent face aux dangers du réchauffement climatique.   6. Il n'est pas juste qu'une femme d'affaires doive travailler plus qu'un homme d'affaires à salaire égal.   **G.** 1. *Réponses possibles*: ÈVE: Il est bon que Didier fasse de la peinture. GENEVIÈVE: Il est surprenant qu'il en fasse.   2. ÈVE: Je suis heureuse que Claudine lise ses poèmes dans un café.   GENEVIÈVE: Il est absurde qu'il en les lise dans un café.   3. ÈVE: Il est bon que la pièce de théâtre ait lieu à 19 h.   GENEVIÈVE: Il est dommage qu'elle ait lieu à 19 h.   4. ÈVE: Je suis ravie que José veuille rencontrer la conservatrice du musée.   GENEVIÈVE: Je suis étonnée qu'il veuille la rencontrer   **H.** *Réponses diverses.*

STRUCTURE 64

Le subjonctif de doute, d'incertitude et de possibilité   **A.** CERTITUDE: 1, 4, 5, 8   DOUTE: 2, 3, 6, 7   **C.** *Réponses possibles*: 1. Il n'est pas sûr qu'elle fasse du ski de fond.   2. Je doute qu'il aime les frites.   3. Il n'est pas certain qu'elle vienne de Bratislava.   4. Je ne pense pas qu'elle conduise une grosse voiture.   **D.** *Réponses possibles*: 1. Je ne pense pas que Camille perde son travail à Canal 7.   2. Il se peut que Fergus et Camille se réunissent.   3. Il est possible que le grand-père de Camille soit un traître.   4. Il est probable que Camille suivra la piste jusqu'au Maroc.   5. Je ne doute pas que Camille mettra en ordre sa vie personnelle.   6. Il est sûr que Camille apprendra la vérité sur son grand-père.   **E.** *Réponses possibles*: 1. Êtes-vous certain que ma maladie ne soit pas sérieuse?   2. Est-ce que vous croyez que j'aie un rhume?   3. Êtes-vous sûr que les médicaments soient disponibles sans ordonnance?   4. Souhaitez-vous me voir dans une semaine?   **F.** *Réponses possibles*: 1. Oui, il est certain que nous descendons à l'Hôtel Royal Azur.   2. Il n'est pas sûr que nous partions le 19 juillet.   3. Il est sûr que le petit déjeuner est inclus.   4. Je suis certaine que nous aurons une chambre avec trois lits.   5. Il est peu probable que tu doives acheter de nouvelles raquettes de tennis.   6. Il n'est pas certain que les enfants suivent un cours de planche à voile.

REGARDS SUR LA CULTURE

Musées en France   *Réponses possibles*: 1. Didier voudrait visiter l'Exposition Internationale Inquisition et Punition dans la Cité médiévale de Carcassonne.   2. Christian va préférer le Musée d'Art Contemporain.   3. David pourrait visiter le Louvre.   4. Anna visitera le Musée Picasso.   5. Sophie aimera le Muséum National d'Histoire Naturelle.   6. Paul ira voir l'Exposition Internationale Inquisition et Punition et le Louvre.   7. *Réponses diverses.*

STRUCTURE 65

Autres usages du subjonctif   B. 1. Bien qu'   2. avant que   3. sans que   4. jusqu'à ce que   5. Bien que   6. pour qu'   7. Avant de   8. sans   9. afin de   **C.** 1. avoir préparé   2. être arrivés   3. avoir fini   4. nous être levé(e)s   **D.** 1. Avant que la romancière n'écrive son roman, son mari écoute ses histoires.   2. Le compositeur travaillera jour et nuit afin que la date limite soit respectée.   3. Le photographe envoie ses photos à l'exposition bien que le conservateur ne veuille pas les mettre dans le programme.   4. Le chanteur chante jusqu'à ce que le public rentre à la maison.   5. La pièce de théâtre n'aura pas lieu sans que l'acteur principal apprenne son monologue.   6. Le poète lit ses poèmes à la radio pour que le public connaisse son œuvre.   **E.** 1. afin que (pour que)   2. Bien que   3. avant que   4. jusqu'à   5. afin de (pour)   6. Pour   7. Avant de   8. afin qu' (pour qu')   **F et G.** *Réponses diverses.*

Chapitre 22

VOCABULAIRE EN CONTEXTE

En voyage à Casablanca   A. 1. au Maroc   2. au milieu   3. à l'écart de   4. courts   5. la médina   6. voisins   7. en décolleté   8. dignement   9. berbère   10. étonnant   11. arabe   **B.** 1. faux   2. vrai   3. faux   4. faux   5. faux   6. faux   7. vrai   8. faux   9. faux   **C.** 1. en décolleté   2. dignement   3. mosquée   4. larges, sombres   5. au milieu d'   **D.** *Réponses possibles*: 1. Je leur suggérerais de voir l'exposition de peinture de la Médina de Marrakech à la Qoubba Galerie d'Art.   2. Je leur proposerais d'assister à la conférence de l'architecte Bernard Desmoulin.   3. *Réponses diverses.*   **E.** *Réponses diverses.*

À L'AFFICHE

A. 1. Camille   2. Fergus   3. Antoine   4. Camille   5. Fergus fils   6. Fergus père   7. Fergus   8. Camille   9. Camille   10. Antoine   11. Leblanc   12. les Allemands   13. Antoine   14. Les Allemands   15. Antoine   16. Antoine   17. Fergus fils   18. Leblanc   19. Antoine   **B.** Troisième étape: 1. V   2. F   3. F   4. V   5. V   6. I   7. V   8. F   **C.** 1. Marseille   2. Lyon   3. Lyon   4. Paris   5. Paris   6. les Cévennes   7. les Cévennes   8. Casablanca   9. Marseille   10. Casablanca

STRUCTURE 66

Le passé composé et l'imparfait (II)   A. 1. ai descendu   2. sommes monté(e)s   3. avez sorti   4. ont passé   5. es sorti(e)   6. sont descendues   7. est passé   8. a monté   **B.** 1. I   2. P.C.   3. I   4. P.C.   5. I   6. I   7. P.C.   8. P.C.   9. P.C.   10. P.C.   11. I   12. I   **C.** 1. Janine a décidé de donner une fête parce que c'était son anniversaire.   2. Elle a invité tous ses amis.   3. Elle a fait les préparatifs toute seule.   4. Elle a fait le marché, (a) préparé la nourriture et (a) décoré l'appartement.   5. Quand Joëlle et Jean-Marc sont arrivés, tout était prêt.   6. Mais Janine dormait sur le canapé.   7. Ils ne voulaient pas (n'ont pas voulu) la réveiller.   8. Quand les autres invités sont venus, Joëlle et Jean-Marc buvaient du coca et Janine dormait toujours.   9. Les invités ont dû réveiller leur hôtesse.   10. Janine s'est excusée parce qu'elle avait honte.   **D.** *Réponses diverses.*

STRUCTURE 67

Le plus-que-parfait   C. 1. étais allé   2. étions sortis   3. étions allées   4. étiez partis, étiez revenus   5. étiez parties   6. étiez allé   7. vous étiez cassé   8. avais pris   **D.** 1. avait mis   2. avaient repris   3. étaient tombés   4. avaient lancé   5. avaient été   6. avait fait   **E.** 1. n'avais pas mis   2. était déjà passé   3. étaient déjà entrés   4. avait déjà commencé   5. avions rencontré   6. avait préparés   7. était partie   8. avait déjà vu   9. avais déjà perdu   **F.** *Réponses possibles*: 1. M. Simard a réparé la fenêtre que ses enfants avaient cassée.   2. Julie a téléphoné à ses amis en France pour célébrer une bonne nouvelle qu'elle avait reçue.   3. Les Dubé ont divorcé cet été; ils s'étaient mariés en 1990.   4. Sophie a montré à ses parents des photos de vacances qu'elle avait prises à la Martinique.   **G.** *Réponses diverses.*

REGARDS SUR LA CULTURE

Visiter le Maroc 1. *Réponses diverses.*   2. Le formulaire est écrit en plusieurs langues.   3. *Réponse possible*: Je suis à l'hôtel Wassim, dans la rue de Liban. Tu peux me contacter par téléphone, au (212–55) 65.49.39. Demande la chambre 134 ou bien demande-moi par mon nom. Tu peux aussi envoyer un fax au (212–55) 93.02.20. Enfin, tu peux m'écrire à l'adresse suivante: Hôtel Wassim, Av. Hassan II, Rue de Liban-Fes. À bientôt!

STRUCTURE 68

Le discours indirect **A.** 1. d 2. e 3. a 4. b 5. c **B.** 1. a 2. b 3. a 4. a 5. b 6. a 7. a
C. 1. a 2. a 3. b 4. b 5. a **D.** 1. VÉRONIQUE: «Bonjour Amy! As-tu vu le film *Le Chemin du retour*?»
2. AMY: «Bonjour Véronique! Oui, je l'ai vu dans mon cours de français.»   3. VÉRONIQUE: «Ah bon. Tu sais, tu parles très bien français. Est-ce que le cours est difficile?»   4. AMY: «Non, le cours n'est pas difficile, mais il est intéressant et utile.»   5. VÉRONIQUE: «As-tu étudié le français avant ce cours?»
6. AMY: «Non, j'ai appris le français en classe. Le film m'a aidée à comprendre et à parler le français.»
7. VÉRONIQUE: «Eh bien, au revoir, Amy! Nous pouvons peut-être continuer à parler français ensemble, si tu veux bien.»

Épilogue

À L'AFFICHE

A. (*reading across*) 1. b.   2. c.   3. a.   4. e.   5. d.   6. f.   **B.** 2, 3, 5, 6, 1, 4   **C.** *Réponses diverses.*

REGARDS SUR LA CULTURE

Un film bien français. **A et B.** *Réponses diverses.*